Knaur

Über die Autorin:

Christina Gottschall, geboren 1963 in Marburg, lebt in Hamburg und auf den Kapverdischen Inseln.
Sie arbeitet als freie Journalistin für verschiedene Printmedien und TV-Sender mit den Schwerpunkten Sport und Reisen. Über die Kapverdischen Inseln, wo diese Geschichte spielt, hat sie gemeinsam mit ihrer Co-Autorin Sabine Heilig einen Reiseführer geschrieben, der im Frühjahr 2000 im Unterwegs-Verlag erschienen ist. Außerdem hat die sportbegeisterte Autorin Bücher zu verschiedenen Sportthemen veröffentlicht.

Christina Gottschall

Ein Caipirinha zuviel

Roman

Knaur

Besuchen Sie uns im Internet:
www.droemer-weltbild.de

Originalausgabe Juni 2000

Redaktion: Gisela Menza
Umschlaggestaltung: Agentur Zero, München
Umschlagabbildung: Photonica, Hamburg / M. Yamaguchi
Satz: Ventura Publisher im Verlag
Druck und Bindung: Ebner Ulm
Printed in Germany
ISBN 3-426-61490-1

2 4 5 3 1

Für Zéca

Nina Moritz kam aus dem Staunen kaum heraus. Die Frau vor ihr hatte schwarze, schulterlange Haare, leuchtende dunkle Augen und Beine bis ins Jenseits. Sie trug ein knöchellanges Seidenkleid, das ihre Figur betonte – eine Figur, auf die sogar Kate Moss neidisch gewesen wäre. Das war offensichtlich nicht das Ergebnis von Trennkost, Körnerkur oder *Brigitte*-Diät. Das war Natur. Das mußte angeboren sein.

Dicht hinter der Frau standen noch drei weitere exotische Gestalten, die Nina nie zuvor gesehen hatte. Neugierig schielten sie an ihr vorbei ins Haus.

Wer um Himmels willen waren diese Leute? Was wollten sie von ihr? Und weshalb hatten sie solche Unmengen von Gepäck dabei?

Die Bilderbuchschönheit streckte ihr die Hand entgegen, setzte ein umwerfendes Lächeln auf und sagte: »Bom dia! Chamo me Enelda Fortes dos Santos. Esta é a minha família e desejavamos falar com o Senhor Moritz, se faz favor!«

Nina hatte nicht einmal die Hälfte verstanden, aber doch begriffen, daß diese Menschen ihren Mann besuchen wollten. Es kam öfter einmal vor, daß sie Geschäftsfreunde von ihm zu bewirten hatte. Ein feuerrotes Seidenkleid und aquamarinbesetzte Ohrringe hatte allerdings noch keiner von ihnen getragen.

»Mein Mann müßte jeden Augenblick hiersein«, sagte sie, »aber kommen Sie doch erst einmal herein ...«

Kurz darauf saß sie mit ihren Überraschungsgästen im Wohnzimmer, schenkte ihnen Kaffee ein und fragte sich im stillen, welche Art von Geschäft ihr Mann mit einem lasziven Geschöpf wie diesem und dessen Anhang wohl verbinden mochte. Beruflich hatte er seit Anfang des Jahres regelmäßig an der Börse von Rio de Janeiro zu tun,

aber unter brasilianischen Brokern hatte sie sich immer Männer in maßgeschneiderten Anzügen vorgestellt und keine langbeinigen Fabelwesen.
Enelda Fortes dos Santos hatte aus ihrem Suitcase einen kleinen Übersetzungscomputer hervorgezaubert, tippte eifrig etwas ein, schob Nina den Computer zu und deutete aufs Display.
»Herr Moritz meine haben verheißen der Hochzeit«, stand dort. Weiß auf schwarz.
Nina Moritz stellte ihre Kaffeetasse ab und tippte ihrerseits etwas ein: »Wie bitte?«
Die Elfe zog die Brauen in die Höhe und überlegte kurz. Dann zeigte sie zunächst auf ihren rechten Ringfinger und anschließend auf das große Foto von Herrn Moritz auf dem Kaminsims.
Nina blickte auf das Foto, vom Foto zum Ringfinger, vom Ringfinger zum Foto und erneut zurück zum Ringfinger. Vier Augenpaare strahlten sie an, und allmählich fiel bei ihr der Groschen. In Pfennigstücken.
Plötzlich war ihr blümerant zumute. Sie fühlte sich wie 1973, als ihr am ersten Schultag die von Süßigkeiten überquellende Schultüte gestohlen worden war – verraten und verloren.
An der Haustür klapperten Schlüssel. Dann waren Schritte zu hören. »Ausziehen, ausziehen!« rief Christoph Moritz fröhlich vom Flur herüber. »Nina! Ich bin spitz wie Nachbars Lumpi!«
Er stürmte ins Wohnzimmer und erstarrte, die Hand an der bereits gelösten Gürtelschnalle.
Der Mund von Christoph Moritz öffnete und schloß sich wie das Maul eines an Land gezogenen Fischs, doch es drang kein Laut daraus hervor.

Nina Moritz räusperte sich und sagte: »Ich glaube, du hast Besuch, mein Schatz.«

»Ja, und dann? Ich hoffe, du hast ihm ordentlich den Kopf gewaschen!« rief Mareike, Ninas beste Freundin.
Nina schwenkte verdrossen ihr Portweinglas. »Der soll sich seinen Kopf alleine waschen«, entgegnete sie. »Mit diesem Scheißkerl bin ich fertig! Was bildet der sich überhaupt ein? Der lacht sich in Brasilien irgendeine blutjunge Zuckerhutschönheit an und verspricht ihr die Ehe, während er ganz nebenbei noch mit mir verheiratet ist!« Sie nahm einen großen Schluck, um das Zittern ihrer Unterlippe zu bekämpfen.
»Ich habe gestern einen Artikel über die durchschnittliche Dauer von Beziehungen gelesen«, sagte Mareike. »Danach gehen fast achtzig Prozent aller Beziehungen nach spätestens vier Jahren in die Grütze. Das haben irgendwelche amerikanischen Forscher ermittelt. Statistisch gesehen müßtet ihr schon fast zweieinhalbmal geschieden sein.«
»Meine Ehe ist ja auch in der Dreifaltigkeitskirche geschlossen worden und nicht im Statistischen Bundesamt«, erwiderte Nina trotzig.
»Und was hast du jetzt vor?« fragte Mareike. »Willst du dich sofort scheiden lassen, oder wollen wir uns erst mal betrinken?«
Jetzt verlor Nina die Fassung. Mareike hatte alle Hände voll zu tun, um die Tränenflutkatastrophe mit Kleenex und Trostworten einzudeichen.
»Was soll denn aus Miriam werden, wenn ich mich schei-

den lasse?« schluchzte Nina und gestikulierte so heftig, daß die Portweinflasche vom Tisch fiel.
Mareike sprintete in die Küche und schnappte sich die Meersalzpackung.
»Tut mir leid«, rief Nina und versuchte den Portweinfleck mit ihren vollgeheulten Kleenextüchern zu beseitigen. »Ich bin wirklich zu nichts zu gebrauchen! Weder als Ehefrau noch als Säuferin!«
Seit Mareike Nina kannte, saß sie mindestens viermal jährlich weinend auf diesem Sofa, verschüttete Portwein und übte Selbstkritik, ein Ritual, das sie bereits vor einem Dutzend Jahren meisterlich beherrscht hatte. Damals war Nina zwanzig, drei Kilo leichter und Volontärin bei einer Tageszeitung in München gewesen. Die beiden Frauen hätten kaum unterschiedlicher sein können: Nina, die dunkelblonde, etwas spießig kostümierte Nachwuchsjournalistin mit großen Rosinen im Kopf und Schmetterlingen im Bauch, wenn ihr Verlobter anrief, was er damals mindestens fünfmal täglich tat – und dagegen Mareike, eine rothaarige, ungestüme Lebenskünstlerin, die unter anderem als Bardame, Surflehrerin, Location Scout, Hand-Model und Comic-Zeichnerin jobbte und die Fähigkeit besaß, innerhalb von Sekunden einen netten Mann von einem Mistkerl zu unterscheiden. Dafür war sie in Dingen des praktischen Lebens manchmal etwas schußlig und verlor ungefähr alle zwei Monate einmal Portemonnaie und Kreditkarte. Mareike war, anders als Nina, des öfteren pleite. Doch nachdem sie zum erstenmal miteinander einen Liter Soave teils getrunken, teils verschüttet hatten, waren sie unzertrennliche Freundinnen geworden. Für Mareike war Nina der einzige Mensch, den sie telefonisch immer erreichen konnte,

wenn sich wieder einmal einer von Mareikes Liebhabern als Betriebsunfall erwiesen hatte, und aus Ninas Sicht gab es kaum etwas Aufregenderes, als aus sicherem Abstand an Mareikes turbulentem Leben teilzuhaben.

»Und diese Enelda Dingsbums, hat die auch schon einen Braten in der Röhre?« fragte Mareike herzlos, als sie die Portweinflecken beseitigt hatte.

Um ein Haar hätte Nina nun auch noch ihr Glas fallen lassen. »Mal nicht den Teufel an die Wand! Ich weiß allmählich nicht mehr, wo mir der Kopf steht. Ich weiß ja nicht mal, ob ich meine Ehe überhaupt retten will. Zum Glück kriegt Miriam nichts davon mit in ihrem Internat!« Sie sah auf die Uhr. »O Gott, schon halb zwei! Morgen früh ist Redaktionskonferenz. Ich wollte, ich wäre am anderen Ende der Welt – an irgendeinem Platz, wo ich in Ruhe überlegen könnte, was nun werden soll …«

Mareike lachte. »Wie wär's mit Brasilien?«

Nina saß an ihrem Schreibtisch und nahm einen ordentlichen Schluck aus ihrer Garfield-Kaffeetasse. Der Henkel war nur noch ein Stumpf. Das war ein Schönheitsfehler, der kaum auffiel in einer Redaktion, wo die Fenster Sprünge hatten, Tag und Nacht der Wasserhahn tropfte und das Archiv den Eindruck erweckte, als ob es umschichtig von Quasimodo, Rübezahl und Catweazle verwaltet würde. Das alles sah nicht gerade aus wie ein Karrieresprungbrett, sondern eher wie die Redaktion einer Schülerzeitung.

Seit Nina hier eine Halbtagsstelle angetreten hatte, mußte sie sich regelmäßig Mareikes Spott gefallen lassen. »*Wie* heißt diese Zeitschrift?« hatte Mareike gefragt.

»*Die Schuppe?* Und das soll die sogenannte vierte Gewalt im Staate sein? Also, entweder willst du mich verkohlen, oder du bist übergeschnappt. Du hattest doch früher einen Bombenjob bei einer richtig seriösen Tageszeitung!«

»Und zwar vor mehr als zehn Jahren«, hatte Nina erwidert. »Ich kann von Glück sagen, daß die mich überhaupt genommen haben.«

»Tickst du noch ganz richtig? Ich kann dir aus dem Stegreif zwanzig Redaktionen aufzählen, die eine wie dich mit Handkuß nehmen würden. Du hast doch was auf dem Kasten!«

»Laß mal, so schlecht ist das da gar nicht. Und außerdem tue ich wenigstens was Sinnvolles. Lieber eine Zeitung für Schuppenflechtenkranke redigieren als bei einem dieser Magazine für gepiercte Besserverdiener über die letzte Busenverkleinerung von Pamela Anderson schwadronieren ...«

Mareike hatte das nicht überzeugt, und Nina, wenn sie ehrlich war, ebenfalls nicht.

Die Tür ging auf. »Frau Moritz?«

»Hier bei der Arbeit.«

»Ist der Artikel über die Selbsthilfegruppe in Goslar schon fertig?« schnaufte Wilhelm Bock, seines Zeichens Chefredakteur und Vorsitzender des Psoriasis-Bundes. Bis heute hatte Nina ihrem Chef nicht abgewöhnen können, wenigstens in ihrem Büro auf das Schmauchen seiner gräßlichen Billigzigarren zu verzichten.

»Der Artikel ist seit vorgestern in der Herstellung«, sagte sie.

»Ach? Und ich erfahre das mal wieder als letzter!« brummte er, lutschte verdrossen an seinem Zigarren-

stumpen, fauchte eine graue Qualmwolke aus dem Mundwinkel und knallte die Tür hinter sich zu.
Nina stand auf und öffnete das Fenster. Vielleicht, dachte sie, hatte Mareike recht. Dieser Job war wirklich keine Herausforderung, auch wenn ihr Chef jedesmal vor Aufregung Herzrhythmusstörungen bekam, sobald der Redaktionsschluß nahte oder wenn wieder ein Leser von der Schuppenflechte genesen war und sein Abo kündigte. Nina schwirrte der Kopf. Diese verfluchte Brasilianerin! Wie sollte man sich auf seinen Job konzentrieren, wenn die eigene Ehe dabei war, in die Brüche zu gehen? Und wenn die Arbeit ungefähr so amüsant war wie ein Urlaub im Leichenschauhaus? Am liebsten hätte sie den ganzen Krempel hingeschmissen.
Das Telefon klingelte.
»Nina Moritz, Redaktion *Die Schuppe*, was kann ich für Sie tun?«
»Kindchen, es ist ein E-Mail für Sie gekommen. Ich druck's Ihnen gerade aus. Es ist auch ein Foto dabei. Nicht ganz jugendfrei, würd ich mal meinen. Am besten holen Sie das schnell ab, bevor der alte Bock das in die Finger kriegt«, sagte Fräulein Niehoff, die Sekretärin.
Wenn Fräulein Niehoff ihre Mutterinstinkte unter Kontrolle hatte, kam Nina gut mit ihr zurecht. An Fräulein Niehoff war eine Oberschwester verlorengegangen. Die Schubladen ihres Schreibtischs wimmelten von Pillen, Zäpfchen, Salben und Heilwässerchen gegen alle der Schulmedizin bekannten Leiden, von Akne bis Zahnfleischbluten, und bisweilen mußte Nina sich mit Händen und Füßen dagegen wehren, von Fräulein Niehoff mit Medikamenten vollgestopft zu werden.
»Kindchen, was sehen Sie blaß aus!« rief Fräulein Niehoff

entsetzt, als Nina hereinkam. »Haben Sie die Nacht mit einem Vampir verbracht? Aber warten Sie mal, ich glaube, ich hab da was für Sie ...« Schon kramte sie in einer ihrer Schubladen nach einer geeigneten Arznei.

»Besten Dank, ich habe nur meine Tage«, schwindelte Nina.

»Ach, wenn das so ist«, sagte Fräulein Niehoff verständnisvoll und zog eine andere Schublade auf. »Gott sei Dank bin ich ja aus dem Alter raus. Ich hab früher immer Johanniskrautzäpfchen genommen, die wirken Wunder. Ein oder zwei müßten hier noch irgendwo rumrollen ...«

Aber an Fräulein Niehoffs weiblichem Geheimwissen war Nina nicht interessiert. »Danke vielmals. Mir genügt die E-Mail, wirklich!«

»Ach ja, die E-Mail. Nein aber auch! Das ist so 'n bißchen vom andern Ufer, scheint mir.« Sie hielt die beiden Blätter ins Licht. »Ich hätte nicht gedacht, daß ich so was in meinem Alter noch einmal zu sehen kriege – zwei nackte Mannsbilder am Strand, einer weiß und einer schwarz, und einer hübscher als der andere. Aber so, wie die sich anschmachten, scheinen sie für Frauen nicht viel übrig zu haben ...«

»Das sind mein kleiner Bruder Guido und sein Liebster«, sagte Nina. »Geben Sie mal lieber her, ich glaube, der Bock ist im Anmarsch.« Sie nahm die Blätter an sich und ging.

»Machen Sie sich mal nichts draus«, rief Fräulein Niehoff ihr nach. »So was kommt in den besten Familien vor! Ich hatte mal eine Bekannte, deren Schwester ist lesbisch geworden. Mit fünfzig Jahren noch! Gegen so was ist kein Kraut gewachsen!«

In ihrem Büro legte Nina die Füße auf den Tisch und las, was ihr kleiner Bruder ihr geschrieben hatte.

Liebe Nina!

Wie Du siehst, geht es mir tierisch gut. Napoleon liebt mich immer noch heiß und innig. Wußtest Du schon, daß seine Blinddarmnarbe die Form eines Seepferdchens hat? So wie Napoleon hat mich noch keiner zum Singen gebracht! Du weißt ja selbst, wie schön es ist, verliebt zu sein. Wir kommen kaum zum Schlafen, aber zum Glück ist die Arbeit alles andere als anstrengend. Erinnerst Du Dich noch daran, daß ich bei der EU dieses Forschungsprojekt eingereicht hatte, auf den Kapverdischen Inseln Wasser zu suchen, damit ich in Napoleons Nähe sein kann? Stell Dir vor, die haben das tatsächlich bewilligt, obwohl man hier auch in einer Million Jahre kein Wasser finden wird. Meistens lassen wir es schon nach einer Viertelstunde Exploration gut sein und gehen surfen. Hier ist ein Superside-Shore wie in Hoopika. Ich sage Dir, das ist der perfekte Spot! Alles, was ich zum Glücklichsein brauche, ist ein Mann und das Meer – und ab und zu Besuch von meiner großen Schwester, die ich seit fast einem Jahr nicht mehr zu Gesicht bekommen habe. Deine Busenfreundin Mareike läuft ja öfter mal hier ein, aber was ist mit Dir?? In meinem Haus am Strand mit Blick aufs Meer sind noch zwei Zimmer frei. Hast Du nicht Lust auf ein paar Wochen im Paradies? Kannst Du Dich bei Deinem komischen Käseblatt loseisen? Und Deinen Alten dazu überreden, Dir eine Zeitlang freizugeben? Oder bring ihn einfach mit. Der muß auch mal Urlaub machen! Also, sag zu und komm her! Lots of Love, und halt die Ohren steif!

Dein Guido

PS: Kannst Du mir eine Stange Light-Zigaretten mitbringen?

Aus dem Wohnzimmer tönte laute Musik. Christoph und seine Geliebte schienen Lambada zu tanzen. Nina stampfte stinksauer die Treppe hoch. So eine Frechheit! Im stillen hatte sie ja noch gehofft, daß das brasilianische Weib und seine Bagage schon wieder im Flieger nach Rio säßen. Und daß Christoph sie auf Knien um Verzeihung bitten werde. Unter solchen Umständen hätte Nina sicherlich noch einmal mit sich reden lassen. Sie wollte ja nicht dreizehn Jahre Ehe einfach in die Tonne treten. Schließlich hatten Nina und ihr Mann schon viele Krisen überstanden, und es war auch keine Neuigkeit, daß er gelegentlich vom Pfad der Tugend abwich. Als sie vor vielen Jahren das erstemal auf belastende Indizien gestoßen war – Lippenstiftspuren und ein langes blondes Haar auf seinem Hemd –, hatte Nina noch Rotz und Wasser geheult und Christoph eine filmreife Szene hingelegt. Später hatte sie sich an seine Affärchen gewöhnt, denn schließlich war er wie ein treuer Hund jedesmal zu ihr zurückgekehrt. Und wenn er manchmal, nach »Chanel No. 5« riechend, spätnachts zu Hause angekommen war und ihr absurde Lügengeschichten über nächtliche Konferenzen aufgetischt hatte, war sie insgeheim sogar amüsiert gewesen. Arme Männer, hatte sie gedacht. Tagsüber wollen sie die Welt erobern, aber wenn nachts eine Frau mit dem Hintern wackelt, zeigt sich, daß sie doch nur Sklaven ihrer Gene sind. Nina selbst hatte jedenfalls nie das Bedürfnis gehabt, fremdzugehen. Sie hatte über Christophs Amouren großzügig hinweggesehen, solange die Ehe nicht gefährdet war und Miriam von den Eskapaden nichts mitbekam. Im großen und ganzen waren sie immer ein solides Team gewesen. Aber diesmal hatte Christoph die Grenze deutlich überschritten.

Im Schlafzimmer holte Nina den großen Samsonite vom Kleiderschrank und starrte einen Moment lang den Gran-Canaria-Aufkleber an. Der pappte seit ihrer legendären Hochzeitsreise auf dem Kofferdeckel. An den Rändern war der Aufkleber etwas abgeschabt, und die Farben waren verblaßt. Als Nina die Sommerkleider und den Neopren-Anzug in den Koffer warf, kämpfte sie mit den Tränen.

»Nina«, sagte Christoph, der unbemerkt hereingekommen war. Er hielt einen Kognakschwenker in der Hand und wirkte leicht angesäuselt. »Miriam hat uns wieder eine Kassette geschickt. Hier!« Er warf die Kassette aufs Bett.

Nina antwortete nicht. Sie packte weiter ihre Sachen ein.

»Ich sagte, unsere Tochter hat uns wieder eine Kassette geschickt! Hörst du mir überhaupt zu?«

»Nein.«

»Du bist doch wohl nicht immer noch sauer wegen Enelda? Glaub mir, es ist anders, als es scheint!«

»Ja, das habe ich mir schon gedacht!« stieß Nina aus. Sie kehrte Christoph den Rücken zu und sortierte ihre Sachen: Unterhosen, BHs, Pyjama, Bikini, Sonnencremetube, Parfüm ...

Christoph kam einen Schritt näher. »Ich weiß, was du jetzt denkst. Aber du irrst dich. Die Kleine ist irgendwie in mich verschossen, doch da ist nie was zwischen uns gelaufen, ich schwör's dir! Das ist alles nur ein Mißverständnis! Ich dachte, wir könnten sie vielleicht erst einmal auf Au-pair-Basis hierbehalten oder so. Du würdest dich gut mit ihr verstehen. Und ihre Familie ist eigentlich auch ganz nett.« Er ging zu Nina und legte seine Hände auf ihre Schultern. »Komm schon, sei keine Spielverderberin ...«

Jetzt platzte Nina der Kragen. Sie fuhr herum und spritzte Christoph ihre Sonnencreme ins Gesicht. »Wohl bekomm's, du Schuft!«
Er war zurückgewichen, wischte sich die Creme vom Kinn und seufzte. »Lichtschutzfaktor 20 ist teuer, mein Darling. Vergiß nicht, daß dein Haushaltsgeld nicht aus der Steckdose kommt ...«
Nina stemmte die Arme in die Hüften und holte tief Luft. »Jetzt paß mal auf. Heute und morgen nacht schlafe ich woanders, und übermorgen früh fliege ich nach München und dann weiter nach Sal, zu meinem Bruder. In vier Wochen komme ich zurück. Sieh zu, daß du in der Zwischenzeit dieses Weibsstück hier rauskriegst, sonst sind wir geschiedene Leute. Ich hoffe, ich habe mich deutlich ausgedrückt!«
Christoph lachte auf. »Zu deinem warmen Bruder willst du? Na, da bin ich aber froh, daß ich nicht mit muß. Mein Arsch bleibt Jungfrau!«
Wenn es seine Absicht gewesen sein sollte, Nina aufzuheitern und ihr die Reisepläne auszureden, hatte er es irgendwie falsch angefangen. Wenige Minuten später stieg sie, vor Wut und Kummer zitternd, in ein Taxi und verschwand.
Er sah ihr nach. Dann nahm er einen Schluck von seinem Kognak, schüttelte den Kopf und ging zurück ins Haus.

Dr. Gregor Feldmann goß die Gemüsebrühe vorsichtig in den Couscous.
»Und jetzt?« fragte er, als er damit fertig war.
Mareike drückte ihm einen Holzlöffel in die Hand. »Einfach umrühren. Dann kann eigentlich nix schiefgehen.«

Als Rechtsanwalt mochte er eine Koryphäe sein, er war Stammkunde bei Europas besten Herrenschneidern, und vermutlich hatte er auch noch andere Qualitäten, aber in der Küche war dieser Mann eine Katastrophe. Was er vorrätig hatte, waren ein paar Beutel mit tiefgefrorenem Mischgemüse, eine alte Knoblauchzehe, eine Dose Kichererbsen, einige verstaubte Zutaten aus dem Nachlaß seiner bereits vor zwei Jahren davongelaufenen Exfrau und eine Sechserpackung Duftkerzen von geradezu unterirdischer Häßlichkeit. Sowie, immerhin, eine Flasche Champagner.

Mareike hatte es bei ihrem Überraschungsbesuch einfach darauf ankommen lassen, ob dieser ungewöhnlich attraktive, nur in der Küche etwas überfordert wirkende Bilderbuchmann, auf den sie es schon seit längerem abgesehen hatte, zu Hause und solo war. Sie hatte ihn vor einem Monat im Speisewagen zwischen Hannover und Hamburg flüchtig kennengelernt und ihm dabei seine Visitenkarte und ein Lächeln sowie die Information entlockt, daß er seit längerem geschieden sei.

Mareike liebte die Abwechslung. Sie liebte auch die Kapverdischen Inseln, wo sie schon so manche Woche ihres Lebens versurft und verfeiert hatte. Über die Frage, ob sie Nina kurzerhand nach Sal begleiten sollte, hatte Mareike nicht lange nachdenken müssen. Dann war ihr eingefallen, daß sie bei dieser Gelegenheit die große Chance hatte, dem hübschen Anwalt auf den Zahn zu fühlen, denn das Flugzeug der Cabo Verde Airlines startete in München, und just dort wohnte Dr. Gregor Feldmann.

»Muß ich noch lange rühren?« fragte er und lockerte seinen Schlipsknoten.

»Nein, jetzt haben wir frei. Der Couscous muß erst einmal

ziehen. Wie wollen wir die Zeit nutzen?« Sie nahm ihm den Löffel aus der Hand und setzte ihren verführerischen, vielfach bewährten Augenaufschlag ein.
Gregor wurde rot.
Wie süß! dachte Mareike. Der Staranwalt ist verlegen!
Er griff mit leicht vibrierenden Fingern nach seinem Champagnerkelch, nahm einen langen Schluck, räusperte sich und krächzte: »Mareike, ich muß dir was sagen.«
Mit Männern, die verkündeten, daß sie ihr was sagen müßten, hatte sie keine guten Erfahrungen gemacht. Meistens bekam sie dann Sachen zu hören wie *Ich habe eine Beziehung* oder *Ich habe eine Hefepilzinfektion* oder *Gleich kommt meine Mutter zu Besuch* – alles keine Mitteilungen, die das Herz einer liebeshungrigen Frau höher schlagen ließen.
Fragend sah Mareike Gregor an.
»Ich habe eine Beziehung«, sagte er.
»Na und?«
»Also weißt du! Ich meine, ich finde dich durchaus ... äh ... aufregend, aber ... ich kann mir nicht vorstellen, daß Heidi damit einverstanden wäre, wenn wir hier einfach so übereinander herfallen ...«
»Nur ein One-Night-Stand«, sagte Mareike und gab Gregor einen Kuß auf die Nasenspitze. »Keine Briefe, keine Verwicklungen, keine Beziehungsgespräche. Nichts als Sex. Das ist mein Angebot. Es gilt bloß für heute nacht.«
Gregor hielt die Luft an, als Mareike ihn auf den Küchentisch zog. Von Gregors Nase fiel ein Tropfen Schweiß auf Mareikes Unterlippe. In Gregors hinterer Hosentasche stießen Mareikes Finger auf einen Kamm. Sie wußte, daß Männer, die ihren Kamm in der Potasche beherbergten, mit neunzigprozentiger Wahrscheinlichkeit bunte Unter-

hosen von FRUIT OF THE LOOM trugen, aber dieses Risiko ging sie ein.
Allmählich kam Bewegung in den Mann. Sie küßten sich, heftig und hitzig.
Geschafft, dachte Mareike. Es war immer noch das gleiche Hochgefühl wie vor einer Milliarde Jahren, als es ihr gelungen war, den Klassensprecher der Sexta in der großen Pause aufs Mädchenklo zu locken und abzuknutschen.
»Nicht so stürmisch«, keuchte Gregor und befreite sich aus der Umarmung. Er atmete durch, lächelte schief und rückte seinen Schlips zurecht. »Ich muß zuerst noch ins Bad.«
»Wozu das denn?«
»Händewaschen.«
Schon war er weg. Mareike sah ihm nach. Ihr Faible für gutgekleidete Männer wurde nur noch von ihrem Faible für das genüßliche Ausziehen solcher Männer übertroffen. Sie hoffte, daß er seinen Anzug noch anhatte, wenn er wiederkam. Und daß das Badezimmer nicht gerammelt voll mit Souvenirs von seiner Heidi war. Mit Bergen von Er- und Sie-Waschlappen womöglich. Oder mit Heidis Reinigungsmilch und ihren Verhütungsmitteln. Gregor sollte auf keinen Fall auf den dummen Gedanken kommen, jetzt noch einen Rückzieher zu machen.
Als er nach zehn Minuten noch immer nicht da war, steckte Mareike sich eine Zigarette an. Was trieb er dort bloß die ganze Zeit? Sie hörte Wasser laufen, und sie hörte ihn gurgeln. Für die meisten Männer, die sie kannte, war das Badezimmer ein Ort, an dem sie sich nach Möglichkeit nicht länger aufhielten als eine Hummel auf einer heißen Herdplatte. Gregor jedoch schien kein Freund der Kat-

zenwäsche zu sein. Ob er vielleicht noch schnell ein Moorbad nahm?
Nach einer Viertelstunde drückte Mareike die Zigarette aus, zupfte ihr Kleid zurecht und kümmerte sich um den Couscous. Also gut, dachte sie, dann wird eben erst gegessen. Sie war dabei, den Tisch zu decken, als ihr Handy klingelte. »Hallo?«
»Mareike? Hier ist Nina! Ich lande morgen um halb zehn in München. Wollen wir uns in der Wartezone treffen? Wartezone C, gegen zehn?«
»Gerne!«
»Und, wie geht's dir? Bist du gut angekommen?«
»Besser als ich dachte. Ich bin mit einem charmanten Mann zum Essen verabredet. Und er weiß auch schon, daß er der Nachtisch ist.«
»Na dann, guten Appetit!«
Rasiert, parfümiert und mit einem maliziösen Lächeln kehrte Gregor aus dem Bad zurück. Beim Essen versenkte er seinen Blick so tief in Mareikes Augen, als ob er sie hypnotisieren wollte, und als Mareike sich in seinem Schlafzimmer wiederfand, war es Zeit für den Nachtisch.
Das Bett war riesengroß und frisch bezogen, draußen ging ein Regenschauer nieder, und Gregor trug offensichtlich doch keine Unterhosen von FRUIT OF THE LOOM.
Es war alles perfekt, bis Gregor ohne Vorwarnung zur Seite kippte. Er faßte sich ans Herz, schnappte nach Luft und verlor das Bewußtsein.
O nein! dachte Mareike. Hoffentlich hat er keinen Herzinfarkt! Ihre Erste-Hilfe-Ausbildung lag bereits vierzehn Jahre zurück, und vor den Beatmungsübungen an der schmuddligen Plastikpuppe in der Fahrschule hatte sie sich immer erfolgreich gedrückt.

Da lag er nun, der splitternackte Anwalt. Immerhin, er atmete noch, und sein Pulsschlag war deutlich zu spüren, wie Mareike erleichtert feststellte. Aber der Mann war ohnmächtig. Merkwürdigerweise hatte er auch jetzt noch eine Erektion von ehrfurchtgebietendem Ausmaß.
Fieberhaft rekapitulierte Mareike ihre spärlichen Notfallkenntnisse. Ob eine Herzmassage nötig war? Und wie ging man dabei vor? Dreimal drücken, fünfzehnmal beatmen? Oder umgekehrt? Alles, worauf Mareike sich besinnen konnte, war die häßliche Farbe der Bestuhlung in der Fahrschule. Und daß der Erste-Hilfe-Kurs immer mittwochs von fünfzehn bis siebzehn Uhr stattgefunden hatte. Und daß das Leibgericht des Kursleiters, seinem Mundgeruch nach zu schließen, Bratwurst mit Sauerkraut gewesen war. Daß er grüne Badelatschen getragen hatte und daß seine Zehennägel Ähnlichkeit mit Vogelkrallen gehabt hatten. Lauter Unsinn fiel ihr ein, der ihr hier nicht im geringsten weiterhalf.
»Gregor!« brüllte Mareike und ohrfeigte ihn. »Wach auf!«
Doch er rührte sich nicht.
Vielleicht war ja auch die stabile Seitenlage das richtige Rezept, überlegte Mareike. Aber wie ging die noch? Es half nichts, hier mußte ein Fachmann her. Sie lief zum Telefon und schlug Alarm. Dann zog sie sich hastig an.
Zehn Minuten später kam der Rettungssanitäter. Er fühlte Gregors Puls, untersuchte seine Pupillen, schlug die Decke zurück und machte große Augen.
»Nimmt Ihr Mann potenzsteigernde Mittel?« fragte er.
Mareike rang die Hände. »Das weiß ich nicht. Das ist auch nicht mein Mann!«
Der Sanitäter ging ins Badezimmer. Er stöberte im Medi-

zinschrank und deutete auf zwei Pillenschachteln. »Da haben wir's! Blutdrucksenkende Medikamente und Potenzmittel vertragen sich nicht. Das Gehirn will ja schließlich auch noch ein bißchen mit Blut versorgt werden.«
»Und jetzt? Besteht Lebensgefahr?«
»Das nicht, aber sicherheitshalber müssen wir Ihren ... Ihren Sexualpartner in die Notaufnahme bringen.«
Diesen Abend hatte sich Mareike anders vorgestellt.

Verschwitzt und abgehetzt ließen Nina und Mareike sich in ihre Sitze in der Economy Class fallen. Mareike hatte eine Viertelstunde gebraucht, um das Flughafenpersonal davon zu überzeugen, daß ihr Surfbrett, die drei Segel, der Ghetto-Blaster und das restliche Gepäck das zulässige Höchstgewicht nicht überschritten. In Wirklichkeit waren es fast vierzig Kilo zuviel. Irgendwann hatte die Angestellte am Check-in ihren Widerstand aufgegeben und alles entnervt aufs Band geworfen.
In der Zwischenzeit war Nina auf der Suche nach einer Apotheke durch die Hallen gerannt. Sie hatte im Reiseführer gelesen, daß es an den Inselküsten Haie geben sollte. Haie, stand dort, riechen Blut auf eine Distanz von mehreren Kilometern. Deshalb sollten Frauen auf keinen Fall ins Wasser gehen, wenn sie ihre Tage haben. Nina war schon zweimal ausgerufen worden, als ihr eine Apothekerin die Auskunft erteilte, daß es menstruationsverschiebende Medikamente nur auf Rezept gebe.
»Das fängt ja gut an«, stöhnte Nina und suchte nach ihrem Sicherheitsgurt. »Und übernächste Woche werde ich von den Haien gefressen!«
»Keine Angst«, sagte Mareike, »erst bin ich dran. Wenn

du deine Tage hast, haben die Haie immer noch an mir zu kauen.«
»Danke, das beruhigt mich sehr. Wie war übrigens dein Nachtisch gestern abend?«
Mareike verdrehte die Augen und klebte sich ein Nikotinpflaster in den Ausschnitt. »Frag mich lieber was anderes! Der Mann hat zwar verführerisch ausgesehen, aber als Liebhaber hat er gefloppt. Auf ganzer Linie. Er ist erst im Krankenhaus wieder zu sich gekommen.«
»Ist das dein Ernst?«
»Und ob. Ich hab die halbe Nacht am Krankenbett meines Nachtischs verbracht. Dann ist seine Verlobte aufgekreuzt und hat mich abgelöst. Es herrschte eine etwas frostige Atmosphäre.«
»Und was hat er gehabt?«
»Sein Tablettencocktail ist ihm nicht bekommen. Es war zuviel spanische Fliege drin.«
»Der Ärmste!«
Weiter vorne erhob ein zorniger Mann seine Stimme: »Was haast hier iwwerbucht? Isch reise immä äster Klasse! So ene Behandlung muß isch mir net biete lasse! Wisse Sie iwwerhaupt, wen Sie vor sisch hawwe?«
Drei Stewardessen flöteten auf den Rüpel ein und brauchten mehrere Minuten, um ihn endlich auf den letzten freien Platz zu bugsieren. Neben Nina.
»Der hat uns gerade noch gefehlt«, flüsterte Mareike.
Das Flugzeug rollte an.
»Gestatten: Mayer! Mit A unn Ypsilon!« röhrte Ninas neuer Sitznachbar und nötigte ihr einen Händedruck auf. »Eischentlisch hab isch ja äster Klasse gebucht, awwer mit so enem hübsche Geschöpf an meinä Seit, da will isch emal e Aach zudrücke!«

Der lärmige Herr Mayer gehörte zu jener Sorte von Menschen, die mit größter Selbstverständlichkeit gleich beide Armlehnen für sich beanspruchten. Nina schätzte sein Alter auf Mitte Fünfzig, sein Gewicht auf rund zwei Zentner und den Preis seiner Armbanduhr auf dreißigtausend Mark. Kein Zweifel, der Mann hatte Geld, doch er schien keine gute Kinderstube genossen zu haben. Und ganz offensichtlich hatte er die Absicht, Nina die kommenden sechs Stunden mit seinem rauhen Charme zu versüßen.

»Fliege Sie aach zu de Kapvädische Inseln?« fragte A-Ypsilon-Mayer. »Wisse Sie, isch bin Vielfliegä. Impott-Expott. Elektronik. Wo isch schon iwwerall gewese bin, das geht auf kaa Kuhhaut mehr. Auf meinä Miles-and-more-Katt sinn so viele Freimeile, bis isch die all abgefloche hab, sinn mei Kinnä Urgroßeltern!« Er lachte knarzend über seinen eigenen Witz. »Isch päsönlisch hab ja siwwe Kinnä. Drei aus äster Ehe, drei aus zweiter Ehe unn dann noch aans, das en klaane Unfall war. Das waaß awwer kaner. Na ja, Ihne kann isch's ja sache. Wir sinn hier ja unnä uns!«

Nina war klar, daß sie dieser hessischen Quasselstrippe schleunigst übers Maul fahren mußte. Aber wie?

»Meine äste Frau«, fuhr A-Ypsilon-Mayer fort, »war aus Heddänheim gebürtisch, unn die zweite war aus Rußland. Ludmilla. Die kam aus enem Ort mit enem unaussprechlische Name. Djeppetepoffsk oddä so ähnlisch. Awwä die hat misch hinnärs Lischt geführt. Unn wisse Sie, mit wem? Mit meinem eischenen Sohn aus äster Ehe! Mein liebe Hä Gesangverein! Unn isch hadde diesem Ludä schon sei Abitursgeschenk gekaaft, ene Alfa Romeo Spider! Den hat er sisch dann awwä in die Haar schmiere könne, der Hä Sohnemann!«

»Entschuldigen Sie«, sagte Mareike und beugte sich vor. »Meine Freundin ist taubstumm.«
A-Ypsilon-Mayer stand der Mund offen.
Obwohl sie der Gebärdensprache überhaupt nicht mächtig war, fing Mareike an, der verdutzten Nina Mitteilungen mit den Händen zu machen. Nina kapierte. Sie und Mareike fuchtelten sinnlos herum, schnitten Grimassen und freuten sich diebisch darüber, daß sie den Mann auf diese Weise zum Schweigen verurteilt hatten.
Der redselige Import-Export-Kaufmann brummte mißvergnügt und zerrte eine Ausgabe der Zeitschrift *Auto-Bild* aus seiner Reisetasche. Zu Ninas und Mareikes großer Erleichterung dauerte es nicht lange, bis er über seiner Lektüre eingeschlafen war.
Eine Stewardeß erschien mit der Getränke-Rollbox.
»Wecken Sie unseren Vater nicht auf«, sagte Mareike rasch. »Wenn der seinen Schönheitsschlaf nicht kriegt, lassen sie ihn nach der Landung nicht durch den Zoll. Dann wird er wieder für ein Nilpferd gehalten und kommt sechs Wochen lang in Quarantäne. Am besten, Sie bringen uns noch zwei Schlaftabletten für ihn.«
Die Stewardeß nickte verständnisvoll, servierte den Sekt und ging weiter.
»Gratuliere, Schwester«, sagte Nina. »Das war 1:1 sendefähig.«
»Ja, mit Vollidioten kann ich umgehen. Das Problem sind die *netten* Männer.«
»Tröste dich, auch nette Männer können über Nacht zu Vollidioten mutieren.«
»Wem sagst du das!«
Als die Stewardeß die Schlaftabletten gebracht hatte, rührte Nina einen schmackhaften Schlummertrunk da-

mit an. »Sicher ist sicher«, sagte sie und tippte A-Ypsilon-Mayer mit dem Zeigefinger auf die Schulter.
»Herr Mayer, die Getränke sind da!« rief Mareike fröhlich. »Ein Prosit der Gemütlichkeit!«
Er kam zu sich, kippte schnell seinen vergifteten Sekt hinunter und trat in Rekordzeit den Rückzug ins Land der Träume an.
So wurde es doch noch ein schöner Flug, obwohl Nina und Mareike, wenn sie zur Toilette wollten, wie Bergziegen über A-Ypsilon-Mayers ausladenden Leib hinwegkraxeln mußten. Schwer zu ertragen war auch sein Grizzlybär-Schnarchen. Abhilfe schaffte hier erst eine Nasenklemme, die eine Stewardeß Gott weiß wo aufgetrieben hatte, nachdem zahlreiche Beschwerden der Passagiere bei ihr eingegangen waren.
»Kann ich mir kurz deinen Walkman pumpen?« fragte Nina Mareike. »Ich möchte doch mal hören, was mir meine große Tochter zu erzählen hat ...«
Sie legte Miriams Kassette ein und schloß die Augen.
»Hallo, liebste Mama, hallo, Papa! Letztesmal hab ich euch ja von meinem Freund Steven erzählt, aber der hat nach zwei Tagen mit mir Schluß gemacht, weil er sich in die Ramona verliebt hat. Schade, was? Dann hab ich mich in den Hoffie verliebt, aber der wollte nicht mit mir gehen. Der ist so süß, ich liebe den ja so! Oder nein, ich muß anders anfangen. Also, erst wollte der nicht mit mir gehen, und dann hat die Lucy dem Hoffie einen Glücksbringer gegeben, so einen Schornsteinfeger, und gesagt, daß der von mir ist. Und dann habe ich den Hoffie neulich noch mal gefragt, ob er sich's überlegt hat, und da hat er gar nichts gesagt. Aber dann ist er fünf Minuten später zu mir gekommen und hat mich auf deutsch ge-

fragt: ›Miriam, willst du mit mir gehen?‹ Und da hab ich gesagt: ›Meinetwegen!‹ Ich hatte ja schon sieben Freunde hier, soll ich die mal aufzählen? Als erstes hatte ich den Dennis, dann hatte ich den Tom, dann den Franklin, aber der hat so ein komisches Muttermal am Ohr, und dann den Harold, der war nett, der war der netteste von allen. Und dann den Christopher, aber nur ganz kurz für ein paar Minuten. Dann kam der Steven und dann der Hoffie. Mit dem wollte ich letzte Woche zum Aron-Carter-Konzert, aber wir haben keine Karten mehr gekriegt ...«

Nina schaltete den Walkman aus. Sieh an, dachte sie, das Liebesleben meiner elfjährigen Tochter ist ja noch viel anstrengender als mein eigenes. Von wem sie das wohl hat? Von mir jedenfalls nicht!

Sie spulte zurück und reichte Mareike den Walkman. »Hör dir das mal an. Schulmädchenreport, neueste Folge. Garantiert unterhaltsamer als das Gebrabbel gewisser Vielflieger!«

Sechs Stunden später standen Nina und Mareike am Zielflughafen in brüllender Hitze in der Gepäckwartezone. Endlich fuhr ein orangefarbener Wagen mit mehreren Anhängern vor, der unter anderem Mareikes sperrige Sportgeräte und den immer noch selig schlummernden A-Ypsilon-Mayer herantransportierte, inklusive Nasenklemme.

»Der Schlaf vor Mitternacht soll ja der gesündeste sein«, sagte Mareike.

Nina lachte. »Aber schöner ist er trotzdem nicht geworden, unser Sugar-Daddy!«

Einheimische Gepäckträger entluden die Anhänger, und Mareike stibitzte A-Ypsilon-Mayer die Nasenklemme.

»Die können wir beim Rollwendetrainieren gut gebrauchen. Träum weiter, Paps!«
Die Gepäckträger fuhren erschrocken auseinander, als plötzlich A-Ypsilon-Mayers grusliges Schnarchen ertönte.
Am Zollschalter lief eine Flugbegleiterin auf Nina und Mareike zu. »Hallo, Sie! Sie haben Ihren Vater vergessen!«
»Oje«, seufzte Nina. »Ich glaube, aus dieser Nummer kommen wir nie mehr raus!«

So!« sagte Guido, drückte Nina ein Glas Caipirinha in die Hand und setzte sich auf die Terrassenmauer. »Nun erzähl mal. Willst du dich jetzt ohne deinen Göttergatten durchs Leben schlagen? Oder nimmst du hier nur eine Auszeit?«
»Weiß ich nicht. Ich weiß überhaupt nichts mehr.« Sie wischte sich eine Träne aus dem Augenwinkel.
»Gibt's hier einen Adapter?« schrie Mareike aus dem Haus. »Für die Steckdose?«
»Frag Napoleon!« schrie Guido zurück.
Der Strand lag gleich vor Guidos Haus in Santa Maria auf der Insel Sal. In der Brandung war ein Wellenreiter unterwegs und vollführte halsbrecherisch wirkende Manöver. Aber immer, wenn man dachte, jetzt fällt er gleich vom Brett, sauste er wieder zum Wellenkamm hoch und glitt elegant weiter. In Ufernähe rutschten ein paar Kinder auf ihren Bodyboards herum, und an der nahen Mole bewegten sich die vertäuten Fischerboote im Wasser und stießen sanft aneinander. Es war ein Abend wie aus dem Katalog. Die Welt schien hier mit drei Farben auszukommen: Der Strand war weiß, das Meer war blau, und die Sonne

war rot. Die Art, in der sie unterging, war ausgesprochen malerisch.
»Was heißt Adapter auf portugiesisch?« schrie Mareike.
Guido drehte sich um. »Das Lexikon liegt im Arbeitszimmer!«
»Spricht dein Napoleon nicht inzwischen ein bißchen Deutsch?« fragte Nina.
»Ein bißchen schon. Er kennt fünf Wörter: Boris, Becker, Kindergarten, Franz und Beckenbauer.«
»Und wie verständigt ihr euch dann?«
»In der Sprache der Liebe.«
»Witzbold!«
Dann war wieder Mareikes durchdringende Stimme zu hören: »Adapter steht im Lexikon nicht drin! Erst kommt Adamsapfel und dann gleich Adel!«
Seufzend stand Guido auf. »Entschuldige mich. Ich glaube, deine Freundin kommt ohne männliche Hilfe nicht aus.«
Ein halbe Stunde später hatte sich der Garten mit zwei Dutzend Partygästen gefüllt. Es waren sonnengebräunte Portugiesen, Südafrikaner und Franzosen, krebsrote Deutsche, kalkweiße Russen und tiefbraune Kapverdianer, die hingebungsvoll Fische brieten und selbstgebrannten Zuckerrohrschnaps ausschenkten. Mareike hatte ihren Adapter gefunden und ihren Ghetto-Blaster auf volle Lautstärke gestellt. Es wurde Funana getanzt, eine Sache, die in Ninas Augen nur mit Mühe von einem Geschlechtsakt zu unterscheiden war. Besonders oft trieb es Guido und Napoleon auf die Tanzfläche.
Nina saß ein bißchen abseits, nippte am Caipirinha und beneidete ihren Bruder heimlich um seinen Männergeschmack. Mit diesem Napoleon, dachte sie, hat er wirk-

lich ein Schnäppchen gemacht. Alles an Napoleon war zum Weinen schön, seine dunkelbraunen Augen, seine femininen Wimpern, seine schwarzen, zu Rastazöpfen geflochtenen Haare und sein geschmeidiger Wellenreiterkörper. Als er diesen Mann geschaffen hatte, mußte der liebe Gott die Spendierhosen angehabt haben.
Paolo, ein kräftiger Kapverdianer, zog Nina mit sich, und bevor sie wußte, was los war, hatte er sie zwischen die Tanzenden verfrachtet und ihren Körper fest an sich gedrückt. Was er dabei mit seinem Becken machte, kam Nina etwas unseriös vor, aber das Tanzen tat ihr gut. Es lenkte sie ab, und es milderte ihren Schwips. Paolo roch nach *cK be.* Beim dritten Tanz raunte er ihr ins Ohr: »Bô tá gostá fazê amor ma mi?«
Nina sträubten sich die Nackenhaare.
»Nach zwei Tänzen mußt du deinen Partner wechseln«, rief Guido ihr zu, »sonst heißt das, du willst die Nacht mit ihm verbringen!«
»Oh!« sagte Nina und machte sich los. »Entschuldigen Sie, ich bin verheiratet!«
»Ach nee!« flüsterte Mareike ihr im Vorbeitanzen zu.
Paolo lächelte, wandte sich schulterzuckend ab und angelte sich die nächste Kandidatin.
Nina zog sich in eine Ecke zurück, die außerhalb von Paolos Jagdrevier lag. Nach einer Weile gesellte sich Mareike zu ihr, aufgedreht und erhitzt. Sie genehmigte sich einen Zuckerrohrschnaps, steckte sich eine Zigarette an und knuffte Nina mit dem Ellbogen in die Seite. »Wieso hast du denn den Knaben da eben so kaltherzig abserviert? Der war doch goldig! Ich würde den jedenfalls nicht von der Bettkante stoßen.« Sie trat ihre Zigarette aus. »Wenn du ihn nicht willst, ich nehm ihn gerne!«

Als Mareike und Paolo dreimal miteinander getanzt hatten, sah Nina die beiden über die Außentreppe nach oben schlüpfen, wo die Gästezimmer lagen. Mareikes Zielstrebigkeit versetzte Nina immer wieder in Erstaunen. Sie und Christoph hatten fast ein Jahr lang miteinander geliebäugelt, bevor sie bis zum Äußersten gegangen waren.

Christoph. Dieser Windhund. Vielleicht hätte sie doch auf ihre Großmutter hören sollen. »Du wirst dich noch umgucken«, hatte sie gesagt. »Die bürgerliche Ehe ist nichts anderes als eine Institution zur Unterdrückung der Frauen. Und die Männer sind alle Verbrecher! Als dein Großvater unter der Erde war, hab ich da vielleicht ein zweites Mal geheiratet? Da hätte ich ja wohl mit dem Klammerbeutel gepudert sein müssen! Eine Frau, die heiratet, begibt sich freiwillig ins Joch!«

Aber eine Zwanzigjährige, die bis über beide Ohren verliebt ist, hört natürlich nicht auf die Gardinenpredigten ihrer Oma. Auch wenn es eine Oma ist, die anders ist als andere Omas, eine, die gar nicht daran denkt, ihre Haare zum Dutt zu schlingen und die Nachmittage bei Brombeerkuchen und volkstümlicher Musik in der Seniorentagesstätte zu verdämmern. Selbst mit siebzig Jahren hatte Ninas Oma noch an Marathonläufen teilgenommen, war vom Fünfer gesprungen und hatte bei Sitzblockaden vor Raketenrampen in der ersten Reihe gehockt.

Jedenfalls hatte Nina den Rat ihrer Großmutter in den Wind geschlagen und Christophs Heiratsantrag angenommen. Denn sie hatte geglaubt, daß Christoph wiederum ein Mann war, der anders war als andere Männer. Zwölf Jahre lang hatte sie sich diesen Glauben bewahrt. Und erst vor achtundvierzig Stunden hatte er sich in

Wohlgefallen aufgelöst. Na ja, dachte sie, Wohlgefallen ist vielleicht nicht ganz das richtige Wort …
Sie sah sich um. Die trinkfesten Russen waren inzwischen dazu übergegangen, allen anderen den Kasatschok beizubringen. Besonders grotesk sah das bei den Deutschen aus. Der Grill war umgekippt, und zwei Strandköter stritten sich um die Fische. Als Nina hörte, wie einer der Gäste hinter den Wait-a-bit-tree in den Garten kotzte, dachte sie, daß es an der Zeit sei, ins Bett zu gehen. Es war zwar noch recht früh am Abend, aber sie war elend müde.
Erst auf der Außentreppe fiel ihr ein, daß Mareike beim Knobeln das Durchgangszimmer zugefallen war. Nina mußte ihr Ohr erst gar nicht an die Tür legen, um zu dem Schluß zu kommen, daß es taktlos wäre, jetzt hineinzuplatzen. Die Geräusche, die nach außen drangen, waren laut und deutlich zu vernehmen.
Ob sie trotzdem einfach in ihr Zimmer gehen sollte?
Nein, das gehörte sich nicht. Nina schwankte wieder hinunter. Sie nahm noch ein Glas Caipirinha vom Tablett auf dem Terrassentisch, trank einen großen Schluck und bewegte sich in einem leichten Schlingerkurs auf die Gartenmauer zu.
Jetzt, dachte Nina und setzte sich, habe ich einen in der Krone. Und mein Leben ist ein Trümmerhaufen. Ihr kamen die Tränen. Außerdem hatte sie sich auch noch einen Schluckauf eingehandelt. Zwölf Jahre Ehe im Eimer, dachte sie, und nun sitze ich betrunken und mit Schluckauf in Afrika, und ein paar Meter neben mir sind lauter glückliche Menschen und tanzen.
Einfach ins Wasser gehen, das war ja wohl auch keine Lösung. Oder doch? Weit hinausschwimmen und untergehen? Und Christoph müßte dann ihre Leiche identifizie-

ren? Das würde ihm recht geschehen. Aber dann fielen Nina die Haie ein. Da gäbe es ja wohl nicht mehr viel zu identifizieren. Und überhaupt, von Haien zerfleischt werden? Das war wahrscheinlich eher unerfreulich.
Dann schon lieber ins Kloster gehen. Ein Keuschheitsgelübde ablegen. Auf Strohsäcken schlafen, in einem weiß gekalkten Zimmer, und kniend den Psalter lesen. Beten, bis Blut kommt! Und nach Jahrzehnten, wenn sie schon kurz davor ist, ihr Leben auszuhauchen, als weißhaarige Greisin, würde Christoph klapprig und zahnlos an ihr Sterbebett gepilgert kommen, als gebrochener Mann, und sie um Vergebung bitten. Und sie würde dann stolz und wortlos den Kopf zur Wand drehen und sterben ...
Vor Rührung heulte Nina hemmungslos.
Jemand legte ihr den Arm um die Schultern. Es war Napoleon. Sie sank an seine Brust, froh darüber, daß es jemanden gab, der sie jetzt hielt. Irgendwann um diese Zeit riß bei ihr der Film.

Etwas Feuchtes strich über Ninas Stirn. Etwas Feuchtes und Rauhes. Etwas, das dort nicht hingehörte. Etwas, das hechelte.
Sie wich ein Stück zurück, aber das hätte sie nicht tun sollen, denn jetzt fuhr ihr Gehirn auf einmal Karussell, und ihr drehte sich der Magen um.
Erschrocken riß Nina die Augen auf.
Vor ihr baumelte eine violette Hundezunge.
Nina stöhnte. Sie wälzte sich auf die andere Seite.
Dort befand sich ebenfalls ein Lebewesen. Es war ein Mensch. Sie sah genauer hin. Es war ein Mann.

Ein schwarzer, nackter Mann, der auf dem Rücken lag und friedlich schlief.
Napoleon.
Der Liebhaber ihres Bruders.
Auch das noch. Wie war sie hier hingeraten? Was war geschehen? Und konnte nicht um Himmels willen jemand ihr Gehirnkarussell zum Halten bringen?
Wieder schleckte ihr die aufdringliche Töle über die Stirn. Als Karussellbremse war die nasse Zunge nur von geringem Nutzen.
»Geh weg«, krächzte Nina und schob den Hund von sich fort, aber er schien der Meinung zu sein, daß sie mit ihm spielen wollte und bellte entzückt.
Napoleon drehte sich behaglich knurrend auf die Seite und legte seinen Arm um Nina, ohne zu erwachen.
Möglicherweise ist es ja nur ein böser Traum, dachte sie, aber sie hatte noch nie von solchen Kopfschmerzen geträumt.
Und von solchen Gewissensbissen. Hatte sie nicht zweiunddreißig Jahre lang ein moralisch einwandfreies Leben geführt? Abgesehen von kleinen Notlügen und einem verjährten Lippenstiftdiebstahl bei Karstadt, als sie dreizehn gewesen war? Und jetzt führte sie sich plötzlich wie eine mannstolle Schlampe auf und zerrte, sinnlos betrunken, den Geliebten ihres Bruders ins Bett?
Oder war die Initiative von Napoleon ausgegangen? Nina konnte sich an nichts erinnern.
Kapverdische Inseln, dachte sie. Sal. Mareike. Guido.
Party.
Caipirinha.
Igitt! Wie hatte sie so etwas nur trinken können? Nie mehr im Leben würde sie Alkohol anrühren!

Ihr nächster Gedanke war: Aspirin.
Viel Aspirin. Und Alka-Seltzer.
Sie befreite sich vorsichtig von Napoleons Arm, setzte sich auf und sah sich nach der Hausapotheke um, wobei ihr wieder schwindlig wurde.
In der Mitte des Zimmers stand ein schiefer Holztisch. Sie erkannte Napoleons auf links gezogene Jeans. Und ihren Büstenhalter, der wie ein belastendes Indiz von der Tischkante baumelte. Vor Ninas geistigem Auge entstand das Bild ihres Ehemanns, der sie vorwurfsvoll ansah. Wie würde sie ihm diese verfängliche Situation erklären, wenn er jetzt da wäre? Was würde sie sagen? *Glaub mir, es ist anders, als es scheint?*
Sie mußte alle Kräfte aufbieten, um zum Tisch zu krabbeln, ohne sich zu übergeben. Begeistert sprang der Hund um sie herum. Dieser Besuch war außergewöhnlich unterhaltsam. Er benahm sich ganz anders als andere Besucher, und er roch auch anders. Hauptsächlich nach diesen salzigen Tieren aus dem Meer, die keine Beine hatten und beim Zerkauen piekten, aber auch nach einer Fülle blumiger Essenzen. Über diesen Menschen, der so interessant roch und außerdem die sympathische Angewohnheit hatte, auf allen vieren zu laufen, freute er sich sehr. Um seine Begeisterung kundzutun, bellte er laut.
»Schnauze, blöder Köter!« schimpfte Nina und kämpfte mit dem BH-Verschluß, der so unpraktisch war, daß ihn wirklich nur ein Mann entworfen haben konnte. Bevor sie sich ihr verwurschteltes Kleid überziehen konnte, brauchte sie nervtötend lange, um herauszufinden, wo dabei außen, hinten und oben war.
Schwanzwedelnd und erwartungsvoll hechelnd stand die Promenadenmischung vor ihr.

Nina dachte nach. Irgendwas hatte sie doch gewollt? Richtig, Aspirin. Sie tapste zur Flurtür, öffnete sie und erschrak. Auf dem Flur stand ein riesiger Ziegenbock. Er meckerte laut und machte Anstalten, ins Zimmer einzudringen.
Nina warf die Tür wieder zu und erblickte zwei Kakerlaken, die einen Verdauungsspaziergang über den Türrahmen machten. Erschauernd wich sie zurück, stolperte über den Hund und purzelte japsend aufs Bett.
»Bom dia«, sagte Napoleon.

Die Sonne knallte herab. Nina kraulte keuchend durch die Wellen. Das war eine bessere Medizin als jede Kopfschmerztablette. Gut eine Stunde lang hatte sie sich wieder und wieder von den grünblauen Wellenbergen in die Brandung tragen und gründlich durchspülen lassen. Die in Aufruhr geratenen inneren Organe nahmen allmählich wieder ihre angestammten Plätze ein. Vorher hatte sich Nina wie ein anatomisches Modell aus der Biologiestunde gefühlt, mit dessen Eingeweiden Sextaner gespielt hatten. Jetzt kehrte wie von Zauberhand langsam Ruhe und Ordnung ein zwischen Magen, Lunge, Leber, Darm und Nieren. Auch ihr Brummschädel wurde klarer, und die Welt nahm erneut ihre vertrauten Züge an.
Weiter vorne schipperte Mareike auf einer durchsichtigen Luftmatratze herum. Heiß und heiter flutete das Sonnenlicht vom Himmel. Zur Abwechslung zeigte sich das Leben hier einmal von der Schokoladenseite.
»Hilfe!« schrie Mareike plötzlich. »Ein Hai!«
Entsetzt riß Nina Mund und Augen auf, schlug um sich,

wurde von einer Welle überrollt, verschluckte einen Viertelliter Wasser, kämpfte sich wieder nach oben, gurgelte, rang nach Atem und kraulte dann drauflos, mit voller Kraft. Als sie sich fragte, in welcher Richtung der Strand lag, hatte sie schon eine gute Strecke aufs offene Meer zurückgelegt. Und als sie dann innehielt und sich umblickte, war sie darauf gefaßt, das todverheißende schwarze Segel einer Haifischrückenflosse auf sich zuschießen zu sehen, und ihr Magen krampfte sich zusammen.
Doch es kam kein Haifisch.
Nina ließ sich von der nächsten Welle in die Höhe tragen und hielt Ausschau nach Mareike.
Die stand am Strand und winkte. »Juhu! Nina! Komm zurück! Ich hab nur Spaß gemacht!«
»Das zahle ich dir heim, du Miststück!« rief Nina und dachte sich, während sie aufs Ufer zuschwamm, Rachepläne aus. Etwas mit Niespulver müßte es sein oder mit Tintenfischen unterm Kopfkissen. Oder mit Krebsen im Schuh.
Als Nina prustend wie ein Meeresungeheuer aus den Fluten stieg, quietschte Mareike vor Vergnügen. »Vergib mir!« rief sie, fiel auf die Knie und faltete die Hände. »Laß mich leben, großes Monster! Ich werde dich auch trokkenrubbeln und eincremen!«
Lachend warf sich Nina neben Mareike aufs Badetuch. »Dann mal los, du falsche Schlange! Du hast mir den Schrecken meines Lebens eingejagt, ist dir das klar? Ich wäre fast ertrunken! Ich stehe ja jetzt noch kurz vorm Kreislaufkollaps ...«
Mareike fühlte Ninas Puls. »Falscher Alarm. Das Leben geht weiter, mach dir keine Illusionen. So einfach lassen sich deine Probleme nun auch wieder nicht lösen.«

»Ich denke, du willst mich abtrocknen«, brummte Nina. »Wenn ich deinen Rat als Seelenklempnerin brauche, sage ich dir schon Bescheid.«
»Sehr wohl, Mylady!« Mareike nahm ein Handtuch und machte sich mit der Hingabe einer Geisha an die Arbeit. »Und jetzt verrat mir mal, wo du die Nacht verbracht hast. Dein eigenes Bett hast du ja verschmäht.«
»Verschmäht ist gut. Du hast doch mit deinem neuen Liebhaber den Durchgang blockiert!«
Mareike legte das Handtuch weg und rieb Nina eine kühle, zwischen die Schulterblätter gespritzte Sonnencremewurst in die Haut ein. »Nun mal langsam. Erstens haben wir nichts blockiert, und zweitens ist Paolo nicht mein neuer Liebhaber.«
»Sondern?«
»Das ist ein Mann für eine Nacht gewesen, weiter nichts.«
»Aha. Und woran erkennt man den Unterschied?«
»Normalerweise daran, daß man morgens auseinandergeht, ohne vorher die Telefonnummern auszutauschen.«
»Nein, ich meine am Abend vorher.«
»Weiß ich auch nicht. Das ergibt sich so. Irgendwann weißt du eben, was du vor dir hast – ein kleines Abenteuer, eine längere Affäre oder die Liebe deines Lebens. Die ist mir noch nicht über den Weg gelaufen, aber mit Affären kenne ich mich nun mal aus. Und mit kleinen Abenteuern auch. Die kommen und gehen.«
Nina runzelte die Stirn. »Du meinst, du hast diesen Paolo schon wieder abgehakt?«
»Abgehakt würde ich das nicht nennen. Das ist ein häßliches Wort für eine vernünftige Sache. Länger als eine Nacht könnte ich Paolo nicht ertragen. Und er mich

wahrscheinlich auch nicht. Als erstes müßte ich ihm abgewöhnen, mir beim Sex den Namen einer fremden Frau ins Ohr zu stöhnen. Und die Badelatschen von Adidas – o Gott! Ich meine, es war geil, und er ist wirklich süß, aber deswegen muß ich ihm doch keine Jahreskarte für den Platz in meinem Herzen schenken. Oder in meinem Bett. Männer benehmen sich besser, wenn sie ihrer Sache nicht zu sicher sind. Ich habe die dumpfe Befürchtung, daß es brenzlig wird, wenn sich ein Mann in meinem Leben niederläßt wie in einem Fernsehsessel. Zuerst bin ich noch die Geliebte, für die er sich ein Bein ausreißt und der er morgens Blütenblätter um den Eierbecher streut, doch eines Tages wache ich auf und bin nur noch die Partnerin, die sowieso da ist, ob er sich Mühe gibt oder nicht. Und dann benimmt er sich immer mehr wie ein typischer Ehemann, der besoffen nach Hause kommt und den Kühlschrank leer frißt oder sich beim Mittagessen die Zehennägel schneidet.«
»Christoph macht so was nicht.«
»Nein. Der macht andere Sachen, wie man weiß. Einmal umdrehen bitte.«
Nina rollte sich auf den Rücken. »Auf alle Fälle hast du im Durchgangszimmer mit Paolo eine Orgie gefeiert, so daß ich unmöglich in mein Bett konnte.«
»Wieso? Wir hätten dich gar nicht bemerkt«, sagte Mareike und strich Sonnencreme über Ninas Bauch. »Trotzdem danke ich dir für deine Rücksichtnahme. Du bist also nicht in dein Bett gegangen, als du müde warst. Und was hast du statt dessen gemacht?«
»Wenn ich das nur wüßte. Zuerst habe ich noch was von diesem Teufelszeug getrunken …«
»Caipirinha?«

Nina schauderte. »Sprich dieses Wort bitte nie mehr aus, jedenfalls nicht in meiner Gegenwart.«
»Okay. Aber verlier nicht schon wieder den roten Faden. Du hast noch etwas Unaussprechliches getrunken, und dann?«
»Dann weiß ich nicht mehr so genau weiter ...«
»Wirklich, Nina, du raubst mir den letzten Nerv! Ich will jetzt wissen, wo du – hoppla! Wen haben wir denn da?«
Nina sah auf. In zwanzig Metern Entfernung walzte A-Ypsilon-Mayer über den Strand, angetan mit nichts als einer Sonnenbrille und einer blutroten, ultraknapp geschnittenen Badehose, unter der sich die Konturen seines primären Geschlechtsmerkmals deutlicher abzeichneten, als unbedingt nötig gewesen wäre. Aus dem Wulst zwischen Bauch und Leiste zerrte er mit beiden Daumen den Tangasaum heraus, ließ ihn klatschend zurückschnappen, leckte sich genießerisch die Lippen und nahm Kurs auf eine in der Sonne bratende Bikinischönheit.
»Oje«, meinte Nina, »glaubt der wirklich, daß er bei der landen kann?«
»Schwer zu sagen. Aber wenn sie ihn abblitzen läßt, werde ich ihm verraten, daß du dir alle Finger nach ihm leckst. Es sei denn, du packst jetzt endlich aus!«
Nina sah Mareike zweifelnd an. »Würdest du das wirklich tun? Den Mayer auf mich hetzen? Mit A und Ypsilon?«
»Es wäre mir ein Vergnügen! Und du müßtest nicht einmal Angst davor haben, daß er stundenlang Süßholz raspelt, bevor er dir die Kleider vom Leib reißt. Er glaubt ja, daß du taubstumm bist. Ihr könntet euch natürlich mit zärtlichen Blicken unterhalten ...«
»Hör auf, mir wird schlecht.«
»Also packst du jetzt aus?«

»Da gibt es nicht viel auszupacken. Ich habe noch einen ... einen Dings getrunken, und dann bin ich auf einmal aufgewacht.«
»Und wo?«
»In einem Bett.«
Mareike schnalzte ungeduldig mit der Zunge. »Zur Sache, Schätzchen. Wer lag neben dir?«
»Bin ich hier eigentlich im Urlaub oder im Kreuzverhör?«
»Noch bist du im Urlaub, aber wenn du dich weiter so zierst, bist du bald in den Flitterwochen. Mit A-Ypsilon-Mayer. Soll ich ihn rufen? Er ist gerade wieder solo.«
Von der Bikinischönheit war A-Ypsilon-Mayer abgewimmelt worden. Jetzt steuerte er auf drei Frisbee spielende Mädchen zu.
»Die sind auch nicht seine Kragenweite«, murmelte Nina.
»Stimmt! Eine taubstumme Frau in deinem Alter würde besser zu ihm passen. Du wärst überhaupt die ideale Gespielin für ihn. Von einer Frau, die keine Widerworte geben kann, hat er bestimmt sein Leben lang geträumt.«
Nina bekam eine Gänsehaut. »Ich wäre dir sehr verbunden, wenn du dem Kerl den Rücken zudrehen könntest. In dem Moment, in dem A-Ypsilon-Mayer uns erkennt, sind wir geliefert. Dieser Eierkopf schreckt vor nichts zurück.«
A-Ypsilon-Mayer hatte sich die Frisbeescheibe geschnappt und schwallte in belehrendem Ton auf die drei Mädchen ein. Er schien ihnen die richtige Wurftechnik beibringen zu wollen.
Mareike wandte sich Nina zu. »Du hast die Wahl. Entweder weihst du mich jetzt ein, oder ich sorge dafür, daß sich der dickste Schürzenjäger der Kapverdischen Inseln auf dich stürzt.«

»Schon gut!« sagte Nina. »Aber du mußt mir versprechen, daß du keinem Menschen was davon erzählst.«
»Großes Ehrenwort.«
»Schwörst du's?«
»Ich schwöre.«
Nina seufzte. »Also ... ich bin neben Napoleon aufgewacht.«
»Wie bitte? Sag das noch mal!«
»Ich werde mich hüten.«
»Und weiter?«
»Nichts weiter. Jetzt weißt du's.«
Mareike suchte nach Worten. »Ich meine, habt ihr ... hast du mit ihm ... seid ihr ... wie seid ihr denn ... sag doch mal was! Lieg nicht einfach da wie ein Fisch! Mach den Mund auf!«
»Was soll ich denn sagen? Ich weiß doch nichts! Ich weiß nicht, wie ich in Napoleons Bett gekommen bin, ich weiß nicht, was in der Nacht passiert ist, und ich weiß nicht, wie ich jemals meinem Bruder wieder unter die Augen treten soll. Ich weiß leider nur, daß ich heute morgen von einem sabbernden Hund geweckt worden bin. Und daß ich nackt war. Und daß mich ein Ziegenbock attackiert hat, als ich fliehen wollte. Und daß ich heulen könnte, wenn ich daran denke, wie unbeschwert ich noch vor ein paar Tagen durchs Leben gegangen bin. Und daß ich im Traum nicht daran gedacht habe, Guido den Liebhaber auszuspannen.«
Mareike pfiff leise durch die Zähne. »Und Napoleon? Was hat der dazu gesagt?«
»Bom dia.«
»Mehr nicht?«
»Den Rest habe ich nicht verstanden. Aber ich glaube,

Napoleon weiß noch weniger als ich. Er hat so unschuldig und ahnungslos ausgesehen wie ein Säugling.«
Eine leichte, warme Brise wehte über den Strand.
»Und was willst du jetzt machen?« fragte Mareike.
»Meinem Bruder aus dem Weg gehen. Sonst eigentlich nichts.«
»He, ihr zwei Hübschen!« brüllte Guido und eilte in langen Sprüngen herbei. »Habt ihr Napoleon irgendwo gesehen? Wir wollten nach Ponta Preta zum Wellenreiten, aber ich kann ihn nirgends finden. Habt ihr nicht Lust, mitzukommen? Es ist phantastisch da!«
Nina erbleichte. Im gleichen Augenblick kam die Frisbeescheibe angesurrt und knallte ihr mit voller Wucht an den Kopf.
»Bidde tausendma um Entschuldischung!« rief A-Ypsilon-Mayer. »Des war der Wind, des himmlische Kind! Awwer kenne mer uns net, schönes Frollein?«

Eine Viertelstunde später hatten sie Ponta Preta erreicht, den »Schwarzen Punkt«, der so hieß, weil der Strand dort von schwarzen Lavasteinen umsäumt war.
»Das ist der Top-Spot«, verkündete Guido und brachte den Geländewagen zum Stehen. »Alles aussteigen!«
»*Was* ist das hier?« fragte Nina. Ihr kam jedes Thema gelegen, das nichts mit Napoleon zu tun hatte.
»Der Top-Spot. Eine bessere Stelle zum Wellenreiten findest du auf den ganzen fünfzehn Inseln nicht.«
Eine Handvoll Surfer jagte auf einem grünblauen Wellenkamm aufs Ufer zu, haarscharf an einer Felsengruppe vorbei, an der sich die Welle krachend brach.
»Das sieht ja lebensgefährlich aus«, sagte Nina und beta-

stete ihre Beule an der Stirn. A-Ypsilon-Mayer hatte wirklich einen Volltreffer gelandet.
Mareike lachte. »No risk, no fun! Aber die Megawellen sind das auch wieder nicht. Kannst du mir mal meinen Shorty aus der Tasche geben?«
»Gerne, wenn du mir sagst, was das sein soll.«
»Du hast aber auch wirklich von nichts eine Ahnung. Ich meine den kurzen Neopren-Anzug.«
»Top-Spot, Shorty – woher soll ich denn auf einmal die Geheimsprache der Wellenreiter kennen?« Sie kramte in der Tasche. »Meinst du dieses Gummiding?«
»Genau.«
»Schade, daß Napoleon nicht da ist«, rief Guido und zog sein Board von der Ladefläche. »Den müßtet ihr mal waven sehen. Das ist ein Anblick für die Götter.«
»Was ist eigentlich der Unterschied zwischen Surfen, Waven und Wellenreiten?« fragte Nina.
»Das ist nicht so einfach zu erklären«, antwortete Guido. »In Deutschland sind Surfer eigentlich Windsurfer, aber überall sonst in der Welt sind Surfer Wellenreiter.«
»Und was sind Waver?«
»Bist du doof? Das sind ebenfalls Wellenreiter.«
»Aha. Und was ist der Unterschied zwischen Windsurfern und Wellenreitern?«
Guido seufzte. »Mareike, erklär du ihr das bitte. Von Frau zu Frau. Ich muß mein Board wachsen.«
»Wenn's unbedingt sein muß! Also, Nina, fürs Windsurfen braucht man ein Brett mit Segel und viel Wind, und fürs Wellenreiten braucht man nur ein Brett und eine gute Welle.«
»Und keinen Wind?«
»Das ist die Fortgeschrittenenlektion, die nehmen wir

nächstesmal durch. Ich will jetzt aufs Wasser. Bis nachher!«
Die Surfer wurden gerade von einer prachtvollen Welle ans Ufer getragen und ließen sich, als sie auslief, von den Brettern ins Wasser fallen.
Nina kniff ein Auge zu. »Machen die das alles ohne Bademeister?« Sie zeigte auf eine kleine, windschiefe, mit Palmenblättern abgedeckte Bambushütte. »Oder ist das da die Baywatch-Station?«
»Nein, das ist nur so eine Art Sonnenschutz«, erklärte Guido. »Wir müssen hier ohne David Hasselhoffs Hilfe auskommen. Geiler Typ übrigens. Leider hetero.« Er stand auf. »Ich hoffe, du langweilst dich nicht, während wir uns austoben.«
»Keine Sorge. Es ist bestimmt nicht langweilig, meinem Bruder und meiner besten Freundin dabei zuzusehen, wie sie sich das Genick brechen.«
Guido lief mit seinem Board zum Ufer und rief den Surfern zu: »Tud fish?«
»Tud drêd!« riefen sie zurück und zeigten mit den Daumen nach oben.
Auch das schien zur Geheimsprache der Wellenreiter zu gehören. Nina kletterte auf einen Felsen mit guter Sicht aufs Meer, setzte ihre Sonnenbrille auf und winkte Mareike zu, die bereits mit ihrem Brett weit draußen war und auf die nächste gute Welle wartete.
Was Christoph jetzt wohl machte? Nina sah auf die Uhr. Mittagspause wahrscheinlich. Ob ihm die brasilianische Tussi wohl irgendwas eingepackt hatte? Tacos vielleicht? Ach nein, das war ja eher mexikanische Küche. Was gaben denn Brasilianerinnen ihren Männern so ins Büro mit? Maisfladen? Mit Pfeffersoße? Aber vermutlich konn-

te die Schlampe gar nicht kochen. Dafür hatte sie ja ihre Mutter mitgebracht.
Denkbar war natürlich auch, daß die ganze Familie schon wieder im Flugzeug nach Brasilien saß. Und daß Christoph händeringend auf die Rückkehr seiner angetrauten Frau wartete. Daß sein Essen aus geschmacksneutralen *bo*frost*-Fertiggerichten aus der Mikrowelle bestand und er zum erstenmal im Leben die Bedienungsanleitung der Waschmaschine studieren mußte. Und daß er erstaunt feststellte, wie sich der Kühlschrank nach und nach leerte, ohne sich wie von Zauberhand wieder zu füllen. Ob Christoph überhaupt wußte, wo der nächste Supermarkt war? Nina dachte nach. Sie konnte sich tatsächlich nicht daran erinnern, daß Christoph jemals dort eingekauft hatte.
Und schon in wenigen Tagen würden ihm die gebügelten Hemden ausgehen. Beim Hantieren mit Bügeleisen und Ärmelbrett würde er vielleicht sogar einen Zimmerbrand entfachen. Garantiert mußte er dann erst die Auskunft anrufen, um die Nummer der Feuerwehr in Erfahrung zu bringen.
Außerdem würde jetzt wohl der Philodendron verdorren. Und die Yuccapalme. Und der Pfennigbaum. Und der Drachenbaum im Flur. Und Christoph selbst. Er würde verschiedenfarbige Socken tragen und seine Anzüge falsch kombinieren. Spätestens nach einer Woche würde er so verwahrlost aussehen, daß die Hundefänger Jagd auf ihn machten …
Aber Mitleid mit Christoph war fehl am Platz. Sie würde ihn zappeln lassen, erbarmungslos, bis zum letzten Tag des Urlaubs, und sie würde sich auch keine Sorgen mehr um ihn machen. Das nahm sie sich fest vor.

Sie sah zum Meer. Auf einer der größten Wellen, die sie je erblickt hatte, bretterten Mareike, Guido und die anderen in mörderischem Tempo auf den Strand zu, machten Faxen dabei und jauchzten laut und fröhlich, als wäre das alles ein Kinderspiel.
Nina stockte der Atem. Daß Guido als Surfer alles andere als ein Anfänger war und daß Mareike sogar in dem Ruf stand, auf dem Surfbrett so etwas wie der Schrecken der sieben Meere zu sein, war Nina zwar bewußt, aber vom Zuschauen wurde ihr trotzdem mulmig, und sie zog es vor, sich einen schattigen Platz zu suchen, wo sie sich entspannen konnte und die ausgelassene Meute nur hörte, aber nicht sah.

»Nina! Wir haben Zuwachs bekommen!« rief Mareike und warf ihr nasses Haar in den Nacken. »Darf ich euch bekannt machen? Das ist Andrew, das ist Mark, and this is Nina! Andrew und Mark kennen die beste Bar in Espargos, und da düsen wir jetzt alle zusammen hin, wenn's recht ist! Ich sterbe vor Durst!«
Nina nickte den quaddernassen Fremdlingen zu und stand auf. Es war ihr nicht entgangen, daß etwas in den Augen des Mannes namens Andrew aufgeblitzt hatte, als er ihr vorgestellt worden war, und ein Frösteln überlief sie, trotz der Hitze.
Bitte nicht, dachte sie. Ich habe mit mir selbst genug zu tun. Auf einen liebestollen Kavalier kann ich verzichten.
Während die Männer ihre Ausrüstung auf die Ladefläche warfen, zog Nina Mareike beiseite. »Was soll das? Wie kommst du dazu, hier irgendwelche fremden Kerle auf-

zugabeln? Wer weiß, was die sich alles davon versprechen ...«

Mareike lachte in sich hinein. »Keine Sorge, die beißen schon nicht. Andrew hat in Espargos noch sein Rad in der Werkstatt, das müssen wir abholen. Außerdem tut es dir ganz gut, wenn du mal unter Menschen kommst. Das hält dich vom Grübeln ab. Glaub mir, von zuviel Grübelei kriegt man Falten!«

»Na, hoffentlich. Der eine hat mich schon angeglotzt wie ein hungriger Wolf. Das hätte er bestimmt nicht getan, wenn ich aussehen würde wie Rübezahl.«

»Jetzt mach aber mal halblang. Wenn du Andrew meinst, der ist alles andere als ein Casanova. Der ist ein typischer Brite, mal abgesehen von seinem Körperbau und von der Tatsache, daß er in der Sonne braun wird und nicht bloß rot wie alle anderen Briten. Im Vertrauen gesagt, ich bin schon seit letztem Winter hinter ihm her, doch der ist schwerer zu erobern als ein katholischer Erzbischof. Und hinzu kommt noch, daß er im Gegensatz zu seinem merkwürdigen Kumpel Mark kaum Deutsch versteht und ungefähr so redselig ist wie ein Tintenfisch. Flirte du mal mit einem britischen Tintenfisch, dann wirst du sehen, was ich meine.«

»Den Teufel werde ich tun.«

»Na ja, jedenfalls brauchst du dir nicht einzubilden, daß Andrew sich nach dir die Lippen leckt. Ich weiß zwar aus sicherer Quelle, daß er kein Homo ist, aber er scheint auch kein Hetero zu sein. Er ist eben Engländer. Die haben keinen Sex. Das ist wirklich ein Jammer. Er surft wie ein junger Gott. Wenn ich mir seinen Alabasterleib ansehe, läuft mir jedesmal das Wasser im Mund zusammen ...«

Mareike schielte zu Andrew hinüber, der sich gerade reckte und streckte, und Nina folgte ihrem Blick.
Dieser Mann war eine Augenweide, das mußte sie zugeben. Überall, wo Muskeln hingehörten, schienen auch welche zu sein, nicht zuviel und nicht zuwenig. Seine Hautfarbe zeigte, daß er heute wahrlich nicht zum erstenmal im Leben an der frischen Luft war. Im Profil sah er aus, als wäre er soeben vom Sockel einer antiken Statue gestiegen.
Mark war von Mutter Natur etwas kürzer gehalten worden. Er hatte Geheimratsecken bis ins Genick, O-Beine und unten dran ein Paar Füße, die so dick und kurz waren, daß sie eher Hufen glichen. Dafür sprach er, wie sich noch zeigen sollte, leidlich Deutsch.
»Komm«, sagte Mareike. »Sonst verdursten wir hier noch.«
Nicht alle hatten im Führerhaus Platz. »Ich fahre auf der Ladefläche mit«, erklärte Nina schnell. Auf drangvolle Enge und Körperkontakt bei der Fahrt verzichtete sie lieber.
»Me too«, sagte Andrew und folgte Nina nach hinten.
»Dann gehe ich auch nach hinten!« rief Mareike.
»Und ick«, fügte Mark hinzu.
Als alle vier auf der Ladefläche saßen, ließ Guido den Motor aufheulen. »Haltet euch bloß fest. Die Strecke ist ziemlich holprig.«
Nina klammerte sich ans Gitter, und Andrew lachte ihr aufmunternd zu. »Have a nice trip!« sagte er.
Sie blieb ihm die Antwort schuldig, denn jetzt fuhr der Wagen an. Guido schien sich große Mühe zu geben, keine Bodenwelle und kein Schlagloch auszulassen. Nina fiel von einer Seite auf die andere. Sie wünschte sich, sie hätte ein paar Reisetabletten mitgenommen.

Den anderen schien das Geschaukel nichts auszumachen.
»In Ponta Preta habe ich letztes Jahr einmal mehr als zehn Cutbacks auf einer einzigen Welle gefahren!« schrie Mareike.
»When man in Luv startet, man kann dem second Peak for radical Aerials usen!« schrie Mark zurück.
»Ja, und bei richtig geilem Swell bricht in Lee vom Hauptbreak eine Welle zum Springen!« schrie nun wieder Mareike.
Es fielen noch andere Fachbegriffe wie »Shorebreak«, »Pointbreak«, »Peaks« und »Speedstrip«, und Nina fragte sich, wovon sie die schlimmeren Kopfschmerzen bekam – vom Restalkohol, von Guidos rasantem Fahrstil auf der unebenen Strecke oder von dem Surferjargon, in dem sich Mark und Mareike anbrüllten.
Nina knirschte der Sand zwischen den Zähnen. Der Wagen wirbelte Wolken von Staub und Sand auf, und binnen kurzem sahen alle aus, als hätten sie die besten Jahre ihres Lebens im Inneren eines Staubsaugerbeutels verbracht.
In einer scharfen Kurve verlor Nina den Halt und wurde von Andrew aufgefangen.
»I got you«, sagte er und half ihr galant auf ihren Platz zurück.
»Sorry«, keuchte Nina und wurde rot. Sie hoffte inständig, daß die Staubschicht in ihrem Gesicht dick genug war, um es zu verbergen. Jetzt klammerte sie sich noch fester an das Gitter.
»Verdammt trockene Luft hier!« brüllte Mareike ausgelassen. »Fahr gefälligst schneller, Guido! Wir haben Durst!«
Guido hupte und steuerte das nächste Schlagloch an.
Der Wagen krachte hinein und federte wieder hinaus,

und die Passagiere mußten aufpassen, daß sie nicht über Bord gingen.

»Das ist besser als Achterbahn!« rief Mareike.

Nina strich sich die vom Fahrtwind zerzausten Haare aus dem Gesicht. Eine so verfilzte und verklebte Mähne hatte sie nicht mehr gehabt, seit ihr im dritten Schuljahr der hinterhältige Vielfraß Josef Boven sein Hubba-Bubba ins Haar geschmiert hatte.

Wieder schenkte ihr Andrew einen seiner Schlafzimmerblicke, und als der Wagen in das nächste Schlagloch knallte, biß sie sich fürchterlich auf die Zunge. Nina fragte sich, warum sie ihren Urlaub von der Ehe eigentlich nicht auf einer gemütlichen, friedvollen Nordseeinsel verbrachte, auf Föhr zum Beispiel, zwischen Rentnern und Seehunden, mit Strandspaziergängen und gesitteten Wellenbadbesuchen – an einem Ort, wo man nichts Aufregenderes zu gewärtigen hatte, als daß im Gasthof die Bratkartoffeln alle waren.

Von der Sandpiste bog Guido in die Teerstraße ein, die nach Espargos führte. Zu Ninas Erleichterung hörte damit das wilde Rütteln auf. Sie entspannte sich etwas, bis sie sah, daß die Böschung an beiden Seiten der schmalen Straße drei Meter abfiel und sich auf der Gegenfahrbahn ein breiter Omnibus näherte, während Guido seinen Kopf aus dem Seitenfenster streckte, ihnen irgendeinen Witz zu erzählen versuchte und dabei in Schlangenlinien fuhr.

»Paß auf!« schrie Nina. »Da kommt was!«

In letzter Sekunde riß Guido das Steuer nach rechts. Um ein Haar wären sie jetzt die Böschung hinuntergestürzt. Die Bushupe ertönte tief und dröhnend wie eine Schiffssirene, und als Nina sich in Gedanken schon mit Ober-

schenkelhalsfraktur, Milzriß und Schädelbasisbruch im Graben liegen sah, riß Guido das Steuer des schlingernden Wagens nach links und drückte wieder aufs Gaspedal.
»Unverhofft comes oft!« brüllte Mark. »Hier links es geiht ubrigens to Rife. Da weht der Wind sideshore too, aber die Wellen brecken nur an dem Spitze von die Buckt!«
»Das ist was für Anfänger!« rief Mareike. »Da schicken wir Nina morgen hin!«
Am liebsten hätte Nina sofort eine passende Antwort gegeben, aber ihr war noch zu flau zumute. Sie schloß die Augen.

Ich gehe mich erst mal frisch machen«, sagte Nina, als sie die Bar betraten. »Bestellt ihr mir ein Mineralwasser?«
Sie bahnte sich ihren Weg durch einen schmalen Gang, an dessen Ende es deutlich nach Sanitäranlage roch. Ein breitschultriger Mann kam ihr entgegen.
»Is this the way to the Ladies' Room?« fragte sie ihn.
Er zuckte mit den Schultern, lachte laut auf, zeigte dabei seine imposanten Zahnlücken und ging, noch immer lachend, an ihr vorbei.
Nina arbeitete sich weiter vor. Der Gang machte einen Knick nach rechts, und dort, in einer Nische, entdeckte sie immerhin ein Waschbecken. Es hing sogar ein Spiegel darüber. Eine Scherbe, besser gesagt, die schon so gut wie blind war. Nina mußte ein paar leere, morsche Obstkisten wegräumen, mit spitzen Fingern einen toten Fisch entfernen – und das Becken gehörte ihr.
Sie drehte den Wasserhahn auf. Erst passierte gar nichts.

Dann stieß der Hahn einen häßlichen, heiseren Klagelaut aus und würgte mit großer Anstrengung einen rostbraunen Wassertropfen hervor. Einen einzigen, nicht mehr und nicht weniger.
Nina seufzte. Sie stützte sich mit beiden Händen auf den Beckenrand und betrachtete sich im Spiegel. War sie das wirklich selbst? Sie hauchte den Spiegel an, rieb mit dem Daumenballen darüber und schaute genauer hin. Augen, Mund und Nase saßen noch an den gewohnten Stellen, aber der Rest war Nina fremd. Ihr Spiegelbild sah wie die Maske einer Kräuterhexe aus, der die Haare zu Berge standen. Fehlt nur noch ein Reisigbesen, dachte Nina, und ich kann zur Feier der Walpurgisnacht reiten.
Sie blickte sich um. Flugtaugliche Besen waren keine da, aber am Ende des Gangs befand sich eine halb offenstehende Tür.
Dort war das Klo. Nina drückte sich in den winzigen Raum, zog die Tür hinter sich zu, legte den Riegel vor und lehnte sich an die Wand. Wie war noch mal ihr Name?
Nina Moritz. Gut. Den hatte sie noch nicht vergessen.
Weiter. Wo war sie hier?
Auf Sal, einer Kapverdischen Insel. In Espargos, um genau zu sein. Auf einer Art Toilette, die sich aber schon vor langer Zeit ihrer Bestimmung entzogen hatte, durch Altersschwäche vermutlich. Oder funktionierte sie etwa noch?
Nina zog an der Strippe, und aus dem Wasserkasten kam ein trockenes, kehliges Schnarren. Sie ließ die Hand wieder sinken.
Und weiter. Was hatte sie hier verloren?
Eigentlich nichts. Sie war gewissermaßen verschleppt wor-

den, von ihrem Bruder und ihrer besten Freundin, und ein britischer Tintenfisch machte ihr schöne Augen, obwohl sie im Grunde nur ihre Ruhe haben wollte. Um über alles nachzudenken. Über die Tatsache, daß sie zum erstenmal im Leben eine Nacht mit einem anderen Mann als ihrem eigenen verbracht hatte. Über die nicht weniger alarmierende Tatsache, daß jener Mann der Liebhaber ihres eigenen Bruders war. Über die ungeahnten Auswirkungen des Deutschlandbesuchs einer gewissen Brasilianerin. Über Christoph, der offensichtlich nicht mehr alle Tassen im Schrank hatte. Über ihre Ehe. Über ihre Familie. Über ihre Zukunft. Über ihr Leben.

Sie unterdrückte einen Schrei, als plötzlich ein großes grün schillerndes Käfertier aus einer Ritze in der Wand gekrabbelt kam. Es hielt inne, bewegte eine Zeitlang seine Zangen und machte dann schwerfällig kehrt.

Um gründlich über das Leben nachzudenken, war das hier wohl nicht der geeignete Ort, entschied Nina. Aber wo sollte sie hin? Zurück in die Bar, um sich die Fachsimpeleien über Shorebreaks und Cutbacks anzuhören? Und sich währenddessen von einem Tintenfisch mit Blicken ausziehen zu lassen?

Lieber blieb sie hier. Sie hatte ja sogar Gesellschaft. Zwar nur die eines altersschwachen Käfers ohne große Entertainerqualitäten, aber dafür gab er wenigstens nicht mit seinen Kunststücken als Surfer an. Und er hatte auch nicht den Eindruck erweckt, als ob er scharf darauf wäre, Nina mit Blicken auszuziehen. Das waren gute Voraussetzungen für eine gedeihliche Partnerschaft.

»Nina?« rief Mareike. »Wo steckst du?« Sie rüttelte an der Klinke. »Bist du da drin?«

»Nein«, sagte Nina.

»Aha. Und was machst du da drin, wenn du nicht drin bist?«
»Ich mache mich frisch. Habe ich doch gesagt.«
»Du spinnst ja. Komm da raus! Wir wollen mit dir anstoßen!«
»Worauf?«
Mareike lachte. »Worauf schon? Auf dich natürlich! Aufs blühende Leben!«
»Tut mir leid. Solange mich dieser komische Tintenfisch anglotzt, als wäre ich ein besonders leckerer Appetithappen, setze ich keinen Fuß vor die Tür.«
»Das ist alles?«
»Reicht das nicht?«
»Und wenn ich mit Andrew zur Fahrradwerkstatt gehe, kommst du dann aus deinem Versteck?«
Nina dachte nach. »Wie lange bleibt ihr denn weg?«
»So lange, wie es geht«, antwortete Mareike und räusperte sich. »Mindestens zwanzig Minuten, möglicherweise aber auch für den Rest des Lebens. Übrigens habe ich hier etwas, das du mir aus der Hand reißen wirst, wenn du siehst, was es ist.«
»Was könnte das schon sein?«
»Ich will nicht zuviel verraten, aber es fängt mit *Erf* an.«
»*Erf*? Hast du sie noch alle?«
»Ja. Es fängt mit *Erf* an, und es hört mit *rischungstücher* auf.«
»Sag das doch gleich!« Nina riß die Tür auf. »Her damit!«

Die anderen sind in die Stadt gegangen«, sagte Guido, als Nina sich an den Tisch setzte.
»Alle drei?«

»Ja. Sie haben alle einen guten Grund. Andrew ist hinter seinem Fahrrad her, Mareike ist hinter Andrew her, und wenn mich nicht alles täuscht, ist Mark hinter Mareike her.« Er nahm einen Schluck von seinem Bier. »Bleiben nur noch wir beide übrig. Ich bin hinter Napoleon her. Und du? Hinter wem bist du her?«

»Wieso? Komische Frage.« Nina spürte, daß ihr der Schweiß über der Oberlippe stand, und sie trank, um irgendwas zu tun, ihr Mineralwasser aus. Dann wischte sie sich mit dem Handrücken den Mund ab. »Muß man denn auf dieser sonderbaren Insel ständig hinter jemandem her sein?«

»Muß man nicht. Aber es bringt Leben in die Bude. Was ist eigentlich mit deinem Gesicht passiert? Hast du Röteln?«

»Danke für das Kompliment. Ich habe nur den Schmutz mit einem Erfrischungstuch besser verteilt.« Sie fächelte sich mit der Speisekarte Luft zu. »Kannst du deiner großen Schwester ein Getränk empfehlen, das nicht so brühwarm ist wie das Mineralwasser?«

»Wie wäre es mit Cortada?«

»Ist da Alkohol drin?«

»Und zwar nicht zu knapp. Das ist Zuckerrohrschnaps.«

»Besten Dank. Gibt es auch etwas für Abstinenzlerinnen?«

»Laranjada. Das ist so eine Art afrikanische Fanta.«

»Die nehme ich. Oder besser gleich zwei von der Sorte. Wenn möglich mit Eis.« Während Guido bestellte, durchstöberte Nina ihr Gehirn nach unverfänglichen Themen. Es mußte doch möglich sein, ein Gespräch zu führen, das sich weder um Napoleon noch ums Flirten drehte. Ein Gespräch über geistige Dinge. Leider fiel ihr überhaupt

nichts ein. Warum hatte sie nicht einen Bruder, der Mönch war?
»Sag mal, wann hast du eigentlich Napoleon zuletzt gesehen?« fragte Guido. »Gestern abend war er plötzlich weg.«
»Napoleon?« Sie mußte husten. »Meinst du *deinen* Napoleon?«
»Natürlich, wessen Napoleon denn wohl sonst? Heute hat er doch Geburtstag! Ich wollte um Mitternacht mit ihm darauf anstoßen, aber er war auf einmal wie vom Erdboden verschluckt und ist seitdem nicht mehr aufgetaucht. In seiner Hütte ist er auch nicht gewesen. Wahrscheinlich weiß er nicht mal, daß er heute Geburtstag hat, der alte Heiopei. Er hat ein Zahlengedächtnis wie ein alter Sabbergreis, auch wenn er heute erst süße sechsundzwanzig geworden ist. Wo steckt er bloß? Ich hab ein sündhaft teures Geschenk für ihn.«
Nina wurde heiß und kalt. »Ach ja?« stammelte sie und kam sich reichlich dämlich vor. »Was für ein Geschenk denn?«
»Ein Waveboard. Das habe ich selbst geshaped. Ein oberradikaler Cut!«
»Aha«, sagte Nina, obwohl sie kein Wort verstand. Ihre Gedanken flogen. Ausgerechnet an Napoleons Geburtstag hatte sie sich also in seinem Bett herumgetrieben. Ob Guido etwas ahnte? War das hier schon wieder ein Verhör?
»Den Kern habe ich eigenhändig ausgeschäumt«, prahlte Guido. »Und auf die Oberfläche habe ich mit wasserfestem Lack unsere Namen gesprüht.«
»Wie, unsere? Meinen auch?«
»Bist du blöd? Natürlich nicht. Nur Napoleons und mei-

nen. Und ein Herz drumherum. Etwas kitschig, aber formvollendet.«

Nina biß sich auf die Zunge, leider genau auf die wunde Stelle.

»Ist dir nicht gut?« Guido legte ihr die Hand auf die Schulter. »So kenne ich dich gar nicht. Die Sache scheint dich ja wirklich ganz schön mitzunehmen.«

Nina erstarrte. »Welche Sache?«

»Na, welche wohl? Ich denke, du steckst in der größten Ehekrise aller Zeiten.«

Diesmal biß sie sich auf die Unterlippe. Sie stolperte von einem Fettnäpfchen ins andere, sobald sie den Mund öffnete. So ging es nicht mehr weiter. Vielleicht wäre es das beste, reinen Tisch zu machen. »Entschuldige«, sagte sie, »ich bin ein bißchen durch den Wind. Ich habe gestern etwas zuviel getrunken. Und ich bin noch gar nicht richtig zur Ruhe gekommen, seit ich hier bin. Es gibt soviel, worüber ich nachdenken muß, und ich komme nicht dazu, weil dauernd irgendwas Neues passiert, das mir Kopfzerbrechen bereitet ...«

»Ja, das ist mir nicht entgangen.«

Nina hielt den Atem an. »Wie meinst du das?«

»Ich bin vielleicht schwul, Schwesterherz, aber ich kann auch heterosexuelle Schwingungen wahrnehmen, wenn sie in der Luft liegen.«

Also doch, dachte Nina. Er weiß es. Sie hätte sich ohrfeigen können. Weshalb hatte sie nicht gleich von sich aus die ganze Angelegenheit zur Sprache gebracht? Ehrlich währt am längsten! Sie betrachtete ihre Fingernägel. »Und was sollen wir jetzt machen?«

»Wieso wir? Damit wirst du schon alleine fertig. Aber wenn dich meine Meinung interessiert, ich finde, ihr seid füreinander wie geschaffen, und ich würde dir raten, nichts anbrennen zu lassen.«

»Du meinst, dir macht das gar nichts aus?« Nina wußte, daß sie ihn anglotzte, aber sie konnte nicht anders.

»Na ja, gar nichts ist vielleicht übertrieben«, sagte Guido. »Ich muß zugeben, daß ich auch schon mal ein Auge auf ihn geworfen habe. Aber für mich ist da nichts zu holen. Und im übrigen bin ich sowieso Napoleon verfallen. Mit Haut und Haaren.«

Jetzt verstand Nina überhaupt nichts mehr. »Moment mal. Ich komme da nicht mehr mit. Tut mir leid, aber du mußt noch mal ganz von vorne anfangen ...« Sie trank hastig das eine Glas Laranjada aus und hielt sich das andere zur Kühlung an die Schläfe.

Guido lachte. »Liebe Nina, du bist wirklich durch den Wind! Andrew ist scharf auf dich, das sieht ein Blinder mit dem Krückstock, und ich finde, du solltest ihn erhören. Andrew, nicht den Krückstock. Das ist alles.«

Es wurde noch ein schöner Tag, auch wenn Nina das Gefühl nicht los wurde, ständig auf der Hut vor Andrew sein zu müssen. Mehr als einmal spürte sie seinen Atem im Nacken, und es kam vor, daß seine Hände die ihren wie zufällig streiften. Sie steckte ihre Hände in die Hosentaschen und hielt sich sicherheitshalber in Mareikes Nähe.

In Palmeira sahen sie den Hafenarbeitern zu, die die Frachtschiffe entluden und Obst, Gemüse, Reis, Mais und Mineralwasser an Land brachten. Am Ende der Mole stand eine riesige Fischfabrik, die mit Krabben, Langusten und Hummer beliefert wurde. Nach der Hafenbesichtigung kehrten Guido, Nina, Mareike, Andrew und Mark in einer heruntergekommenen Spelunke ein, in der es hochprozentige Cocktails aus Limettensirup und Zuckerrohrschnaps gab. Nina zog es vor, eine Art Milchkaffee namens Galao zu trinken. Anschließend fuhren sie über eine staubige Wüstenstraße zum Meerwasserschwimmbad, wo die grün glänzenden Wellen schäumend in ein großes, natürliches Felsbecken rollten. Andrew und Mark stellten durch Kopfsprünge von den Felsen ihren Wagemut unter Beweis. Mareike traute sich allerdings noch einige Meter höher hinauf und beschämte die Herren mit einem olympiareifen Salto vorwärts.

Eine gute Stunde später kutschierten sie durch eine goldbraune Wüstenlandschaft zur Ostküste, in die Geisterstadt Pedra Lume. Zum Schluß nahmen alle noch ein Bad im Salzsee. Auf der Wasseroberfläche lag man wie in einer Hängematte.

Es dämmerte, als sie wieder in Santa Maria eintrafen. Napoleon hatte Thunfischklöße gekocht. »Bô noit!« rief er und füllte eine Schüssel mit den Klößen. Daß er Geburtstag hatte, war ihm neu, aber dann geriet er vor Stolz außer Rand und Band, erst recht, als ihm Guido feierlich sein Geschenk überreichte.

Nina nahm vom Essen nur einen kleinen Happen, dann holte sie sich einen Pulli und verschwand. Auf diese Weise entging sie Andrews weiteren Annäherungsversuchen, Napoleons Nähe und Guidos ahnungslosem Gequake. Sie sehnte sich danach, allein am Strand entlangzupilgern.

Es wehte ein leichter Wind. Ein paar Jungs spielten Fußball, und es waren auch noch späte Jogger unterwegs. Nina füllte ihre Lungen mit der salzigen Meeresluft und dachte an zu Hause. Möglicherweise führte Christoph die glutäugige Schlampe jetzt gerade zum Essen aus. Ins *Landhaus Dill* womöglich, an der Elbchaussee. Dort hatten Christoph und Nina einmal getafelt, vor zwölf Jahren, zur Feier jenes Tages, an dem der Schwangerschaftstest positiv ausgefallen war.

Wie es Miriam wohl ging? Nina hätte sie jetzt gerne bei sich gehabt. Es war schon ein Vierteljahr her, daß sie ihre Tochter zuletzt gesehen hatte. Wahrscheinlich war sie in der Zwischenzeit erneut einen halben Meter größer und noch um einiges cleverer und reifer geworden. Sicher hatte sie auch schon wieder drei neue Freunde verschlissen. Mit ihren elf Jahren war Miriam manchmal abgebrühter als ihre Mutter mit zweiunddreißig. Selbst diesen Andrew hätte Miriam vermutlich ganz souverän abblitzen lassen, dachte Nina, und sich keinen dabei abgebrochen.

Sie hing ihren Gedanken nach, hörte das Meer rauschen und spazierte ohne Ziel dahin. Eigentlich, dachte sie, war es völlig verrückt, sich die Lebensfreude permanent von irgendwelchen albernen Problemen mit Männern verderben zu lassen. Sie war kerngesund und im besten Alter, und sie sah nicht gerade aus wie eine Seekuh mit Gürtelrose und zehn Dioptrien. Sie war die Mutter einer prachtvollen Tochter und hatte keine finanziellen Probleme. Statt dessen hatte sie das Glück, an einem wohltemperierten Abend auf einer bildschönen Insel über den Strand zu flanieren, sich vom Wind durchpusten zu lassen und dem Himmel dabei zuzusehen, wie er nach und nach seine festliche schwarzblaue Nachtgarderobe anlegte und sich mit Sternen schmückte.

Nina setzte sich in den Sand und lehnte sich an ein kleines Fischerboot, das umgedreht am Strand lag. Es dauerte nicht lange, und sie war eingeschlafen. Im Traum wurde sie von riesigen Käfern, Kakerlaken und Napoleons Ziegenbock verfolgt. Sie suchte Zuflucht in der Redaktion der *Schuppe.* Dort stand Fräulein Niehoff und jonglierte mit Thunfischklößen. Dann saß Nina plötzlich rittlings auf einem Haifisch, hielt sich an seiner Rückenflosse fest und durchpflügte mit ihm den Salzsee in Pedra Lume. Merkwürdigerweise hatte sie keine Angst. Der Hai vertraute ihr an, daß er ein verzauberter Prinz sei. Sie müsse ihn nur küssen, dann werde er sich verwandeln, und sie könnten heiraten. Nina sagte, sie sei schon verheiratet. Das mache nichts, erwiderte der Hai. Amerikanische Forscher hätten herausgefunden, daß fast achtzig Prozent aller Beziehungen spätestens nach vier Jahren in die Grütze gingen. Die Wahrscheinlichkeit, daß ausgerechnet ihre Ehe eine Ausnahme bilde, sei äußerst gering. Außerdem küsse er sehr gut. Das könnten diverse Haifischdamen bestätigen. Und er kratze auch nicht, er sei gut rasiert. Nina beugte sich vor, um das zu überprüfen. Der Haifisch roch nach *cK be.* Sie war schon drauf und dran, ihm einen Kuß zu geben, als der Hai sich aufbäumte. Er war von einer Harpune getroffen worden, die A-Ypsilon-Mayer abgeschossen hatte, um Nina das Leben zu retten. Er stand am Ufer des Salzsees, in Badelatschen, und fuchtelte wild mit den Armen. Hoffentlich wache ich bald auf, dachte Nina im Traum. Dieser Quatsch, der hier passiert, ist ja nicht zum Aushalten!

Der harpunierte Hai zappelte im Todeskampf und schüttelte sie durch. »Nina!« rief er mit Mareikes Stimme. »Aufwachen, du Schlafmütze! Wir wollen in die *Rasta-Bar!*«

Es war pechdunkle Nacht, als Mareike Nina am Strand gefunden hatte und sie wachschüttelte. Nina hatte fast drei Stunden geschlafen.

»Was machst du bloß immer für Geschichten!« rief Mareike. »Daß du mir Andrew kampflos überlassen hast, ist ja nett von dir, aber deswegen mußt du doch nicht gleich bis ans Ende der Welt latschen! Hast du überhaupt was gegessen? Die Thunfischklöße von Napoleon waren super! Einen hab ich für dich gerettet. Hier!« Sie drückte ihr den kalten, etwas deformierten Kloß in die Hand. »Nimm und iß! Damit du groß und stark wirst!«

Nina schloß die Hand um den Kloß und rieb sich die Augen. Sie wußte noch nicht so genau, wo sie war. Hatte sie nicht eben noch versucht, einen sprechenden Haifisch zu küssen?

»Du wirst es vielleicht nicht glauben«, sagte Mareike, setzte sich neben Nina, lehnte sich an das Boot und zündete sich eine Zigarette an, »aber es ist mir gelungen, Andrew davon zu überzeugen, daß weit und breit kein Mann außer ihm mutig genug ist, die dicke Spinne zu entfernen, die an der Wand in meinem Zimmer gesessen hat. Dieser Spinne habe ich es zu verdanken, daß ich Andrew in mein Zimmer locken konnte. Er hat die Spinne in die Hand genommen und aus dem Fenster geworfen, aber als ich mich für diesen Liebesdienst erkenntlich zeigen wollte, ging plötzlich die Tür auf, und dieser Giftzwerg namens Mark ist reingeplatzt. Was sagst du dazu?«

»Du rauchst zuviel.«

»Ach nee. Jedenfalls stand auf einmal dieser Dämel im Zimmer und wollte wissen, ob wir was zu kiffen hätten. Glaub mir, es hat nicht mehr viel gefehlt, und ich hätte Andrew mit Haut und Haaren vernaschen können. Am

besten suchen wir heute nacht eine Frau, die zu jeder Schandtat bereit ist, stecken ihr ein bißchen Geld zu und setzen sie auf Mark an, damit er auf andere Gedanken kommt und aufhört, mich beim Flirten zu stören. He, hörst du mir überhaupt zu?«
»Ich? Was? Wie?« Nina öffnete ihre etwas verklebten Augen. »Hast du was gesagt?«
»Nichts von Bedeutung«, antwortete Mareike und schnippte ihre Zigarette weg.
Majestätisch wälzten sich die Wellen an den Strand. Der Platz, an dem Mareike und Nina saßen, schien auch den vier Elementen, Luft, Wasser, Feuer und Erde, gut zu gefallen. Der Wind war frisch und würzig, der Atlantik gab sein Bestes, am Nachthimmel brannten alle Sterne, die sich in ein paar Millionen Jahren Stammplätze am Firmament erobert hatten, und in die Erde, die hier aus feinem Sand bestand, ließen sich prima die Zehen eingraben.
»Am liebsten«, sagte Nina, »würde ich immer hier sitzenbleiben und nie mehr weggehen.«
Mareike sah aufs Meer hinaus. »Ja, diese Insel ist mit Geld nicht zu bezahlen. Manchmal könnte ich hier fast wieder an Gott glauben. Oder lieber an eine Göttin. Vielleicht gibt es ja auch beide, Gott und Göttin. Die Göttin hat alles Gute geschaffen, die Kapverden, das Meer und das Aspirin, und der liebe Gott den doofen Rest – die Eifersucht, das Finanzamt, A-Ypsilon-Mayer, den Krieg, den Eisprung, die Orangenhaut ...« Sie setzte sich auf. »Aber jetzt«, sagte sie, »hören wir auf zu philosophieren. Jetzt stürzen wir uns ins Nachtleben.«

Ihrem Vorsatz, nichts zu trinken, was mehr Promille hatte als naturtrüber Apfelsaft, blieb Nina treu, auch in der *Rasta-Bar*, wo alle anderen Bier und Zuckerrohrschnaps in sich hineingossen wie Wasser. Die Grundfläche der Bar war nicht größer als eine bessere Picknickdecke, und es war so eng, daß selbst die fanatischsten Nikotinsüchtigen zum Rauchen freiwillig nach draußen gingen. Auch ohne Zigarettenqualm war die Luft zum Schneiden. Auf den sechs Quadratmetern zwischen Tür und Tresen drängelten sich ständig zwanzig bis dreißig Gäste. Der Barkeeper legte gerade die neue CD von Blackside ein, einer kapverdischen Garagenband.

»Eine ganze Fußballmannschaft hätte in einer Telefonzelle mehr Platz als wir hier«, rief Nina.

»Das ist noch gar nichts«, rief Mareike zurück. »Du hättest mal hier sein sollen, als Josh Angulo da war, mit seinem ganzen Hofstaat. Dagegen ist es jetzt so leer wie in Harald Juhnkes Minibar morgens um sechs!«

»Wer zum Henker ist Josh Angulo?«

»Einer der berühmtesten Surfer der Welt. Ich würde sagen, er ist der beste von allen!«

Von der Seite mischte sich ein junger Mann mit Pferdeschwanz und hammerförmigem Schädel ins Gespräch. Unterhalb des roten Zopfgummis waren seine Haare streichholzkopfkurz abrasiert. »Josh Angulo reitet am geilsten die Welle ab!« schrie er. »Aber der ist schon längst kein World Cupper mehr. Der fährt nur noch so 'n paar Contests mit, für seine Sponsoren. Die halten zu ihm, obwohl er schon mehr wie dreißigmal im Knast gewesen ist ...«

»Mehr *als*«, korrigierte Nina.

»Was?« schrie der junge Mann.

»Es heißt: mehr *als* dreißigmal. Nicht *wie.*«
Er warf Nina einen argwöhnischen Blick zu. »Wie bist du denn drauf? Bist du Deutschlehrerin?«
»Nein«, erwiderte sie. »Ich bin Leichenbeschauerin.«
»Meine Freundin macht nur Spaß«, warf Mareike ein. »In Wirklichkeit ist sie Totengräberin. Sogar Diplom-Totengräberin.«
Der Hammerkopf zog ein Gesicht wie jemand, dem aus heiterem Himmel ein großes Insekt in den Mund geflogen ist. Seine Stirn legte er in zahlreiche tiefe Falten. Man sollte einen Gipsabdruck davon nehmen, dachte Mareike, und ihn auf dem Flohmarkt als Waschbrett verkaufen.
»Ich hole Getränke«, sagte Nina und quetschte sich durch das Gedrängel zum Tresen. Dort stand Lector, von Beruf Dorftrottel, ein stürmischer Gnom, der sie in Hüfthöhe umarmte und einen munteren Redeschwall zu ihr hinaufschickte. Sie verstand nur die Worte »Ahoi«, »Frollein«, »Reeperbahn«, »Steffi Graf« und »Lokalrunde«. Um ihn loszuwerden, spendierte sie ihm ein Bier.
»Obrigada!« brüllte er glücklich und beschloß, für den Rest der Nacht nicht mehr von Ninas Seite zu weichen.
Als sie sich wieder zu Mareike geschlängelt hatte, war der Hammerkopf verschwunden.
»Was um Himmels willen ist denn das für einer gewesen?« fragte Nina und reichte Mareike ihr Bier.
»Das war René. Ein typischer Fall von Lancelinitis.«
»Wie bitte?«
»Lancelin ist ein Spot in Australien, wo manche Surfer überwintern und dabei allmählich durchdrehen, weil der nächste Milchladen zweihundert Kilometer weit weg ist, alle Jubeljahre eine geile Welle kommt und als Ansprechpartner Tag und Nacht nur achteinhalb Menschen vor-

handen sind, die ebenfalls an Lancelinitis leiden. Neun Zehntel des Winters verbringen sie damit, auf richtigen Wind zu warten und im Internet zu recherchieren, wann er wohl kommt, und wenn sie mehr Glück als Verstand haben, können sie im verbleibenden Zehntel der Zeit dann endlich ein bißchen surfen. Ohne Dachschaden und Hormonstörung ist von da noch keiner zurückgekommen.« Sie trank von ihrer Cortada. »Vielleicht hätten wir etwas netter zu ihm sein sollen. Er kann ja nichts dafür, daß er einen Knall hat. Und meiner Meinung nach darf richtigen Männern ruhig auch mal ein kleiner Deutschfehler unterlaufen.«

»Das war kein Mann«, sagte Nina. »Das war ein atmosphärischer Tiefausläufer.«

»Kann schon sein. Aber findest du nicht, daß du manchmal etwas überkritisch bist? Hier sind durchaus auch Männer an Bord. *Richtige* Männer, meine ich. Was hältst du zum Beispiel von dem da vorne?«

»Wo?«

»Der sich gerade mit Lorenzo unterhält.«

»Wer ist Lorenzo?«

»Der Barkeeper.«

Nina schaute hin. Der Mann, der mit dem Barkeeper sprach, war breitschultrig, ziemlich groß und schätzungsweise fünfunddreißig Jahre alt. Er hatte kurze dunkelblonde Locken und war salopp gekleidet, aber nicht nachlässig. Nina suchte ihn nach Makeln ab, entdeckte jedoch keinen, jedenfalls nicht auf den ersten Blick. In ihren Augen war er vernünftiger frisiert und angezogen als der Rest der männlichen Gäste. Er trug keine affigen Kettchen, keine Ohrringe und keinen Brilli, und vor allem trug er keine kurzen Hosen und keinen Pferdeschwanz.

Auf die Entfernung sah er von der Seite ganz manierlich aus, entschied sie. Oder war seine Nase nicht doch eine Spur zu stattlich? Nina überlegte. Die Nase war nicht aus Pappe, soviel stand schon mal fest. Diese Nase verlieh dem Mann ein ausgesprochen markantes Profil. Es gab einen Schauspieler, der eine ähnliche Nase besaß, aber Nina fiel sein Name nicht ein. Sie dachte angestrengt nach und leckte sich gedankenverloren über die Unterlippe.

»Wenn mich nicht alles täuscht, gefällt er dir ganz gut«, sagte Mareike.

»Was? Wer? Ach so!« Nina wurde rot. »Ich habe nur darüber nachgedacht, an welchen Schauspieler er mich erinnert. Es gibt da doch einen, der auch so eine große Nase hat.«

»Ehrlich? Ich glaube, ich sollte öfter ins Kino gehen.«

»Weißt du nicht, wen ich meine?«

»Leider nein.«

»Der Name liegt mir auf der Zunge. Verdammt. Ich will das jetzt wissen! Wie heißt der denn bloß noch mal? Das ist der, der Kolumbus gespielt hat. Und Obelix!«

Mareike sah Nina strafend an. »Du willst doch wohl nicht behaupten, daß dieser Mann da wie Obelix aussieht?«

»Nein, natürlich nicht. Aber seine Nase sieht so aus wie die von dem Schauspieler, der Obelix dargestellt hat ...«

»Nina, Nina«, sagte Mareike, »aus dir soll jemand schlau werden! Vor uns am Tresen steht Adonis persönlich, und du zerbrichst dir den Kopf darüber, ob seine Nase wie die von Obelix aussieht oder nicht. Auf diese Weise wird garantiert nie eine *femme fatale* aus dir.«

»Darauf hab ich's auch nicht abgesehen. Was ich will, ist einzig und allein, daß mir endlich dieser Name einfällt.

Ich bin nicht mehr die Jüngste, aber ich bin noch nicht so alt, daß ich mit einem Achselzucken über Anwandlungen von Alzheimer hinweggehe. Denk doch mal nach! Wie heißt noch dieser Schauspieler mit der großen Nase?«

»Was weiß ich! Heinz Rühmann vielleicht?«

»Quatsch.«

»Wen gibt's denn noch? Humphrey Bogart?«

»Mareike, du bist unmöglich!«

»Ich weiß. Das hat meine Französischlehrerin auch immer gesagt. Allerdings mit französischem Akzent: Mareiqué, dü biest ünmögliesch!«

»Richtig«, rief Nina, »der Schauspieler, den ich meine, ist Franzose! Aber wie heißt er noch mal, verdammt?«

»Bier!« rief eine Stimme aus der Tiefe. Die Stimme gehörte Lector. Er reichte Nina seine leere Flasche hinauf und strahlte über das ganze Gesicht. »Bier ahoi, Frollein!« radebrechte er. Dann schlang er seine dicken Arme um Ninas Hüfte. »Reeperbahn Steffi Graf ahoi! Bier ahoi! Lokalrunde!«

Gérard Depardieu!« rief Nina zwei Stunden später plötzlich in der Disco *Banana,* die nur einen Steinwurf weit von der *Rasta-Bar* entfernt war. Nach Mareike und Nina war auch der Mann mit der imposanten Nase im *Banana* eingetrudelt, und nachdem Nina sich noch einmal intensiv in den Anblick der Nase versenkt hatte, war ihr die Erleuchtung gekommen.

»Was ist mit Gérard Depardieu?« fragte Mareike.

»Die Nase von diesem Kerl sieht aus wie die von Gérard Depardieu«, antwortete Nina und strahlte. Offenbar war sie doch noch nicht völlig verkalkt.

»Paß auf, was du sagst«, erwiderte Mareike. »Ich habe mal einen Typen gekannt, der hatte eine Nase wie Dustin Hoffman, und das letzte, was er von einer Frau hören wollte, war die Bemerkung, daß er eine Nase wie Dustin Hoffman habe. Das hatte er nämlich schon mindestens dreitausendmal gesagt bekommen. Ich hatte ihn gerade erst kennengelernt, auf der Leipziger Buchmesse, und wir waren schon dabei, seine Minibar im Hotel zu plündern, aber als ich den Fehler gemacht hatte, Dustin Hoffman zu erwähnen, konnte ich meine Strumpfhose gleich wieder anziehen, und fünf Minuten später stand ich im Nieselregen am Hauptbahnhof. Laß dir das eine Lehre sein!«

Nina lachte. »So einfach wird man Männer los? Dann verrat mir doch bitte mal, an wessen Nase dich die von A-Ypsilon-Mayer erinnert. Der ist nämlich gerade zur Tür reingekommen, und wenn mich nicht alles täuscht, wandelt er wieder auf Freiersfüßen.«

Mareike sah sich um. Tatsächlich, dort stand A-Ypsilon-Mayer. Er trug einen riesigen ballonseidenen Sportanzug mit der Aufschrift »Judoclub Rüsselsheim«, hielt im Türrahmen inne wie ein Revolverheld beim Betreten eines Saloons und ließ den Blick prüfend über die Gäste schweifen. Nach Beendigung der ersten Fleischbeschau bahnte er sich einen Weg zum Tresen und machte den Versuch, einen Portugieser Weißherbst zu ordern, aber so was gab es nicht, und A-Ypsilon-Mayer nahm mit einem portugiesischen Flaschenbier vorlieb.

»Was machen wir, wenn er uns sieht?« fragte Nina. »Ich glaube nicht, daß er die Flucht ergreift, wenn wir ihm erzählen, daß er eine Nase wie Dustin Hoffman hat.«

»Hat er ja auch nicht. Dessen Nase sieht eher so aus wie

die von Samson aus der Sesamstraße. Doch ich denke mal, du hast jetzt sowieso andere Sorgen ...«
»Warum?«
»Wenn du deinen Blick für eine Sekunde von A-Ypsilon-Mayer losreißen kannst und in Richtung Nordnordwest siehst, wirst du wissen, was ich meine.«
Mareike zeigte zum Eingang. Dort schwankte gerade Napoleon herein, alles andere als nüchtern, und auf seinen Schultern saß Lector. Gleich hinter ihm tauchten Andrew und Mark auf, gebräunt, gebügelt und geölt. Man sah ihnen an, daß sie viel Zeit vorm Spiegel verbracht hatten und von dieser Nacht noch große Dinge erwarteten.
»Was ist hier eigentlich los? Ball der einsamen Herzen?« fragte Nina.
»Mais ô menos«, antwortete Mareike. »Mehr oder weniger. Willst du übrigens immer noch, daß ich dir Andrew vom Leib halte?«
»Gerne, wenn dir das nicht zuviel wird. Mein Männerbedarf ist bis auf weiteres gedeckt.«
»Gut. Aber du mußt mir helfen. Du müßtest gleich mal fünf Minuten lang so tun, als würdest du dich für Mark interessieren. In der Zwischenzeit könnte ich versuchen Andrew zum Tanzen aufzufordern und ihn ins Stehrevier zu locken.«
»Ins was?«
»Ins Stehrevier. Das ist die dunkelste Ecke der Tanzfläche. Da geht man hin, wenn man ernsthafte Absichten hat. Aber solange dieses Anhängsel Mark auf Andrews Hacken steht, habe ich nicht einmal die Chance, ihm in Ruhe zuzuzwinkern.«
»Was soll das heißen? Du willst mit Andrew verschwinden

und mich hier mit Mark sitzenlassen? Und ich soll ihm auch noch schöne Augen machen?«
»Warum nicht? Eine Hand wäscht die andere. Du willst doch, daß ich dich vor Andrew beschütze.«
»Und wer beschützt mich dann vor Mark? Und vor Lector? Und vor A-Ypsilon-Mayer?«
»Ich fürchte, da mußt du dir selbst was einfallen lassen. Mehr als einen Mann pro Nacht kann ich dir nicht abnehmen.«
»Psst«, machte Nina. »Sie kommen.«
Sie waren von Andrew und Mark entdeckt worden. Die beiden Männer gingen sofort in die Offensive, bestellten vier Caipirinha und nahmen Nina und Mareike in die Zange.
»Nice to meet you!« rief Andrew und strahlte Nina an.
»Great fun!« fügte Mark hinzu und starrte in Mareikes Ausschnitt.
Nina suchte noch nach einer unverbindlichen Entgegnung, als plötzlich großer Krach von der Tanzfläche zu ihnen drang. Schreie ertönten, Flaschen splitterten, und es hörte sich so an, als gingen auch Bretter oder Knochen zu Bruch. Tatsächlich hatte Napoleon, Lector noch immer auf den Schultern, beim Tanzen die Balance verloren, und Lector war mitten in die Meute gefallen. Zum Glück hatte sich aber niemand dabei verletzt.
»Great fun!« sagte Mark noch einmal. Dann richtete er sein Augenmerk erneut auf Mareikes Busen. Andrew verteilte unterdessen die Getränke.
Als Nina sah, daß Napoleon bei dem Versuch, wieder auf die Beine zu kommen, abermals umfiel und mit dem Ellbogen weiteres Geschirr von den Tischen rasierte, kam ihr ein glänzender Einfall. Sie nutzte die Schrecksekun-

de, um mit einer schwungvollen Bewegung ihr Glas umzustoßen, und zwar so, daß Mark von dem verschütteten Caipirinha das meiste abbekam.
Der Vergleich mit einem begossenen Pudel wäre für Mark noch schmeichelhaft gewesen. Der Schnaps hatte einen dunklen Fleck auf Marks Flanellhosenlatz hinterlassen, und der eben noch so kühne Draufgänger hatte sich in ein Häufchen Elend verwandelt. Nina entschuldigte sich vielmals für ihr Mißgeschick, aber sie war sehr zufrieden mit sich. Mit dieser Aktion hatte sie alle Probleme auf einmal gelöst: Sie brauchte ihren Caipirinha nicht zu trinken, Mark mußte sich auf die Herrentoilette schleichen, um irgendwie den peinlichen Fleck zu beseitigen, und Mareike konnte Andrew in aller Ruhe auf die Tanzfläche schleifen, ohne daß Nina Mark schöne Augen machen mußte.
Während Mareike mit Andrew tanzte, schickte Nina ein stummes Dankgebet zum Himmel. Sie hatte das Gefühl, daß ihr der kleine Geniestreich nur dank einer göttlichen Eingebung gelungen war. Solche Eingebungen, dachte sie, kann ich öfter gebrauchen. In ihrem Leben waren göttliche Eingebungen eher Mangelware. In Situationen, in denen blitzartige Kombination und schnelles Handeln erforderlich gewesen waren, hatte sie meistens versagt. Schon in der Schule war ihr nie eine gescheite Ausrede eingefallen, wenn sie zu spät gekommen war. Sie hatte sich zwar immer welche zurechtgelegt: Ihr Meerschweinchen sei weggelaufen, oder sie habe als Augenzeugin eines Verkehrsunfalls auf die Polizei warten müssen, oder das Wohnungstürschloß sei zugefroren gewesen, aber wenn es ernst wurde, kamen ihr diese Lügenmärchen plötzlich alle schrecklich unglaubwürdig vor, und so hatte

sie immer nur herumdrucksen können. So war es auch in der schweren Zeit gewesen, als sie einen speziellen, einfach nicht abzuwimmelnden Verehrer namens Manfred gehabt hatte. Wie kann man nur Manfred heißen! dachte sie. Er hatte auf einem Auge geschielt und Segelohren gehabt wie ein Elefantenbulle bei Rückenwind, aber er hatte sich für unwiderstehlich gehalten und ihr ständig aufgelauert, auf dem Schulhof, in der Tanzstunde, im Schwimmbad, im Café, überall war er aufgekreuzt und hatte Nina angeglotzt und ihr hinterhergeschnalzt. Sie war immer vor ihm ausgekniffen, aber eines Tages hatte er seinen unmöglichen Konfirmationsanzug angezogen, einen Strauß Rosen gestohlen und bei ihr zu Hause geklingelt, um sie ins Kino einzuladen. Statt ihn mit ein paar freundlichen Worten heimzuschicken oder ihm die Tür vor der Nase zuzuschlagen, war Nina knallrot geworden und hatte vor Schreck kein Wort herausgebracht. Manfred hatte das als Eingeständnis ihrer Liebe zu ihm interpretiert, und bevor sie sich von dem Schrecken richtig erholt hatte, saß sie schon hinten auf Manfreds bescheuertem Moped, dem baufälligsten und lautesten in ganz Europa, und war unterwegs zum Kino, wo sie zwei der schrecklichsten Stunden ihrer Jugendzeit verbringen sollte. Der Film, den Manfred ausgewählt hatte, war unsäglicher Schrott gewesen, irgendeine krampfige Komödie mit Thomas Gottschalk und Mike Krüger. Manfred hatte erst ausgiebig in der Nase gebohrt und dann versucht Ninas Hand zu nehmen. Zum Glück war der Film ein paarmal gerissen. Dann war immer das Licht wieder angegangen, und Manfred hatte seine schmierigen Griffel von alleine zurückgezogen. Als es endlich überstanden war, hatte er Nina noch zu McDonald's einladen wollen, aber er hatte kein Geld mehr gehabt. Das war ihre Rettung gewesen. Eine Woche danach hatte Manfred sich in Steffi Döberlein verknallt, eine Nymphomanin aus der Oberstufe, und Nina war erlöst gewesen. Aber diese Woche, die sie mit hohem Fieber in der sicheren Festung ihres Bettes verbracht hatte, war ihr wie ein Jahr vorgekommen. Zehnmal täglich hatte Manfred angerufen, siebenmal war er persönlich gekommen, und fünf Liebesbriefe hatte er ihr geschrieben, voller Kommafehler, Liebesbeteuerungen und Schmutzspuren. Nina schüttelte sich.

»Ahoi Frollein!« lallte Lector und hielt sich an ihrem Barhocker fest. »Bier ahoi Steffi Graf!«

Nina hätte wissen müssen, daß eine Frau, die hier alleine an der Bar saß und nicht einmal ein Getränk vor sich stehen hatte, nicht lange solo bleiben konnte. Lector hatte allerdings nicht die Absicht, Nina etwas zu spendieren; er wollte selbst etwas spendiert bekommen.

»Frollein ahoi Bier!« rief er noch einmal und versuchte Nina zu fixieren, aber seine Augen eierten eigenwillig hin und her und schienen seinem Gehirn kein brauchbares dreidimensionales Bild mehr zu liefern. Er hatte eine lange Schramme am Arm, vermutlich vom Sturz aus knapp zwei Metern Höhe von Napoleons Schultern, und er sah nicht so aus, als ob er noch irgendwas trinken müsse, um am nächsten Tag mit einem Kater von den Ausmaßen eines Wüstenlöwen zu erwachen. Lector war bis obenhin voll.

Jetzt klammerte er sich an Ninas Beine. »Frollein Lokalrunde Bier«, sagte er mit schwerer Zunge und schloß die Augen.

Auf eine göttliche Inspiration, wie sie Lector loswerden konnte, wartete Nina umsonst. Sie sah sich um. Andrew und Mareike zirkulierten auf der Tanzfläche, blind für die Menschheit um sich herum. Andere bekannte Gesichter erblickte Nina nicht, nur den Rücken von A-Ypsilon-Mayer, in sicherer Entfernung. Mark schien immer noch in einem stillen Winkel mit der Säuberung seiner Hose beschäftigt zu sein. Und wo war eigentlich Napoleon geblieben? Und weshalb kam jetzt nicht irgendein schöner, wackerer Rittersmann herbei und befreite sie aus den Klauen des zwergwüchsigen Drachen?

»Tanzen Sie?« fragte ein Mann, der sich praktisch aus dem Nichts neben ihr materialisiert hatte. Es war Gérard Depardieu. Beziehungsweise sein Double.

»Normalerweise gerne«, hörte Nina sich sagen, »aber ich fürchte, ich bin hier angekettet.« Sie zeigte auf Lector, der an ihren Beinen hing und weggedämmert war, ohne seinen Klammergriff zu lockern.

»Darf ich Ihre Fesseln lösen?« fragte Gérard Depardieu. Als Nina nickte, streifte er Lectors Arme von ihren Beinen, hob ihn auf einen freien Hocker, holte wie ein Zauberkünstler, der gewohnt ist, Gegenstände aus der Luft zu greifen, irgendwoher eine Flasche Bier und stellte sie Lector vor die Nase.

»Frollein ahoi!« rief der wieder zum Leben erwachte Lector und ließ sich das Bier schmecken.

»Ich heiße Fritjof«, sagte Gérard Depardieu und lächelte Nina an.

»Oh, ah«, erwiderte sie und spürte, daß sie rot wurde. »Ich heiße Nina«, fügte sie eilig hinzu. Als göttliche Eingebung konnte man das zwar nicht bezeichnen, aber sie wollte nicht undankbar sein, immerhin war sie gerade vor Lector gerettet worden, und ihr Retter war charmant und bildschön.

Er war auch ein guter Tänzer, wie sie bald darauf feststellte. Sie hätte ihn gerne gefragt, woher er gewußt hatte, daß sie eine Deutsche war, aber dann sah sie, daß sie beim Tanzen eindringlich von A-Ypsilon-Mayer angegafft wurde, der sie ja immer noch für taubstumm hielt. Sie schloß die Augen, ließ sich führen und vergaß die Welt um sich herum für eine Weile. Nach all den Männern, von denen sie hier in der kurzen Zeit schon angeschmachtet worden war, hätte es kaum eine angenehmere Abwechslung als diesen Fritjof geben können. Er schien zu den wenigen Gattungsexemplaren zu gehören, die weder verklemmt noch draufgängerisch und notgeil waren. Nach Ninas Erfahrungen zerfiel die Welt der geschlechtsreifen Männer in zwei große Teile und einen kleinen: Die einen kriegten die Zähne nicht auseinander, blieben ihr Leben lang Muttersöhnchen und ließen sich die grauenhaftesten Bärte wachsen, um dahinter vor dem Rest der Menschheit in Deckung gehen zu können. Die anderen kamen sich wie eine Kombination aus Superman, Casanova, Tarzan und Gott vor. Und dann gab es glücklicherweise noch ein paar Männer, die nett und vernünftig waren. Männer, die nicht verzweifelt auf der Flucht vor den Frauen oder ebenso verzweifelt auf der Suche nach ihnen waren. Männer, die erwachsen, alltagskompetent und unterhaltsam waren und die ihr Sozialverhalten nicht bei der Fremdenlegion gelernt hatten. Männer wie Fritjof. In seinen Armen hatte sie keine Sekunde lang das Gefühl, sich vor Zudringlichkeiten in acht nehmen zu müssen. Offensichtlich machte ihm das Tanzen einfach Spaß, ebenso wie das Flirten.

Als das Lied zu Ende war und Nina die Augen wieder öffnete, merkte sie erst, wie heiß ihr geworden war.

»Wollen wir einen Spaziergang machen?« meinte Fritjof. »Draußen ist die Luft bestimmt genießbarer als hier.«
»Ja, gerne«, sagte Nina und fragte sich, ob er Gedanken lesen konnte.
Außerhalb der verqualmten Disco war die Luft nicht nur besser, sie war himmlisch. Kein noch so gewiefter Duftchemiker, dachte Nina, wird jemals etwas kreieren können, das so ein Aroma hat.
Sie schlenderten schweigend zum Strand. Manchmal berührten sich ihre Arme beim Gehen, und einmal, als Nina über ein Stück Holz stolperte, hielt Fritjof sie an der Schulter fest und ließ sie gleich danach wieder los.
Er wollte nichts von ihr, das merkte sie, und gerade das gefiel ihr an ihm. Sie nahm an, daß er ein Mann war, der mit dem Leben, das er führte, zufrieden sein konnte, vielleicht sogar glücklich, und der es genoß, sein Glück zu teilen, auch mit einer Fremden für die Dauer eines Spaziergangs.
Am Ufer blieben sie stehen. Die Sterne über dem Meer strahlten klarer, als Nina das aus Hamburg gewohnt war. Gottlob gehörte Fritjof – das kam zu seinen anderen Qualitäten hinzu – nicht zu der unseligen Fraktion von Männern, die angesichts eines funkelnden Sternenhimmels sofort anfangen, mit ihren Sternbildkenntnissen zu prahlen.
Einfach dazustehen und sich schweigend den Himmel und das Meer anzusehen, ist eine gute Sache, dachte Nina, wahrscheinlich die beste, die ich heute gemacht habe, abgesehen von dem Manöver mit dem Caipirinha.
Und was hätte sie Fritjof auch sagen sollen? *Ach, wissen Sie, ich bin eine verheiratete Frau, deren Mann sich gerade eine Brasilianerin angelacht hat. Gestern abend habe ich mich bis zur*

Dachrinne vollaufen lassen und die Nacht mit dem Liebhaber meines schwulen Bruders verbracht, aber ansonsten geht es mir ausgezeichnet, danke der Nachfrage. Ist das Wetter heute nacht nicht herrlich? Und ist das da vorne eigentlich der Orion?
Nach ein paar Minuten gingen sie zurück, so schweigsam, wie sie gekommen waren. Vor der Disco verabschiedete sich Fritjof und verschwand in der Nacht.
Great fun, dachte Nina. Dann fiel ihr ein, daß sie nicht einmal Fritjofs Urlaubsadresse hatte. Aber brauchte man hier so was? Oder lief man sich sowieso ständig über den Weg?

Aufstehen, du Schlafmütze!« rief Mareike, zog die Vorhänge auseinander und riß das Fenster auf. »Was ist los mit dir? Wenn du Winterschlaf halten willst, hast du dir den falschen Schlupfwinkel ausgesucht. Ich war schon joggen, baden und surfen, und du liegst immer noch in deiner Koje! Das darf ja wohl nicht wahr sein!«
Frischer Wind strömte durchs Fenster herein und fuhr in die weißen Vorhanghälften, die sich wölbten und bauschten.
Nina blinzelte ins Sonnenlicht. »Wie spät ist es denn?« fragte sie.
»Schon fast zwölf!«
Nina seufzte. »Dann ist's ja gut. Ich hatte schon gedacht, es ist zehn Minuten später.«
»Sehr witzig. Und jetzt raus aus dem Bett! Urlaub ist nicht zum Verschlafen da!« Die Rolle der dynamischen Herbergsmutter spielte Mareike mit spürbarem Vergnügen. »Auf, auf!« rief sie und klatschte in die Hände. »Unten auf der Terrasse wartet ein opulentes Frühstück auf dich –

lauwarmer Kakao mit Haut und ein versteinertes Stück Brot! Und wenn du das verschlungen hast, kommst du direkt zu mir an den Strand und erzählst mir alles, was du gestern nacht mit Gérard Depardieu angestellt hast. Oder er mit dir. Es ist mir nicht entgangen, daß ihr euch klammheimlich davongestohlen habt. Wo hast du übrigens die Sonnencreme versteckt?«

»In der blauen Tasche«, brummte Nina. »Die am Stuhl hängt.«

Mareike wühlte die Tube hervor und segelte davon.

Das Frühstück, das sie für Nina hergerichtet hatte, war um Klassen üppiger und bunter als angekündigt. Es gab starken Kaffee, Bananenmilch, Apfelsinen, Weißbrot, Rührei, Käsespieße, Melonenscheiben und eine eigenwillige, von Napoleon gezauberte Pizzakreation mit regenbogenfarbigem Gemüsebelag. Beim Essen fiel Ninas Blick auf eine kraklige Notiz, die Guido ihr hinterlassen hatte: »Schwesterherz! Es steht hoher Besuch ins Haus. Irgendwelche Heinis aus Brüssel wollen sich ein Bild von meinen Fortschritten bei der Wassersuche machen, das habe ich heute telefonisch erfahren. Ich muß für zwei Tage zu einer Baustelle und ein paar Vorbereitungen treffen, damit ich denen was vorzeigen kann. Grüß Mareike, paß gut auf Napoleon auf + sei ein tapferes Mädchen! Yours, Guido.«

Nina blieb das Brot im Halse stecken. Sie sollte gut auf Napoleon aufpassen? Was mochte das bedeuten?

Vielleicht nichts, dachte sie und spülte das Brot mit einem heißen Schluck Kaffee hinunter. Vielleicht sollte es aber auch bedeuten, daß – ja, was? Weshalb sollte sie auf Napoleon aufpassen?

Dann fiel ihr ein, wie betrunken er am Abend zuvor gewesen war. Aber was hatte sie damit zu tun?

Nina erbleichte. Was wäre, wenn Napoleon sich in sie verliebt hatte? Und seinen Liebeskummer in Caipirinha zu ertränken versucht hatte? Und sich mit Guido gestritten hatte? Eine Schlußfolgerung zog in Sekundenschnelle die nächste nach sich. Vielleicht war überhaupt kein hoher Besuch zu erwarten, sondern Guido hatte sich entschlossen, weit weg von zu Hause in sich zu gehen? Weil er wütend auf sie war und enttäuscht von Napoleon?
Sie las den Zettel zum zweitenmal. Blödsinn, dachte sie, was rede ich mir da ein? Da steht nichts, weswegen ich ein schlechtes Gewissen haben müßte. Auch nicht zwischen den Zeilen. Als sie den Zettel zum drittenmal las, kam es ihr aber erneut so vor, als könnte die Bemerkung, daß sie gut auf Napoleon aufpassen solle, sarkastisch gemeint sein, voll bitterer Ironie: *Paß gut auf Napoleon auf, ohne Dich ist er ja neuerdings völlig aufgeschmissen, wie wir alle wissen ...*
Ach was, dachte sie dann wieder. Sie benahm sich wie eine Dreizehnjährige, die sich nicht retten kann vor grüblerischen Gedanken. In diesem Alter hatte sie sich einmal in einen Bäckerlehrling verliebt, unsterblich, wie sie damals dachte. Es war eine Liebe, die von heute auf morgen entstanden und über alle Maßen gewachsen war. Sie wurde von Nina so streng geheimgehalten, daß sie niemals mit irgendeinem Menschen darüber gesprochen hatte, schon gar nicht mit dem Bäckerlehrling, Gott behüte, aber auch nicht mit ihren besten Freundinnen. Die waren in ganz andere Jungs verliebt, in Popstars oder in Referendare mit Engelshaaren und blauen Augen, aber bestimmt nicht in irgendeinen Bäckerlehrling, der Hajo hieß. Und wenn doch, dann hatten sie sich jedenfalls gehütet, es auszuplaudern. Das Schicksal von Ulla Behrends, Ninas Banknachbarin in der Schule, war allen eine

Warnung gewesen. Ulla hatte die Unvorsichtigkeit besessen, in einem Exemplar der *Unendlichen Geschichte,* das sie sich geliehen hatte, den Entwurf eines Liebesbriefs an Hermann Bölsker liegenzulassen, und Hermann Bölsker machte, wie alle wußten, eine Lehre als Friedhofsgärtner. Das Gespött war groß und grausam gewesen. Monatelang wurde Ulla mit dem Spitznamen »Zombie«, mit Grableuchten, die man ihr aufs Pult stellte, mit nachgemachten Käuzchenrufen und anderen Gemeinheiten gepiesackt. Ein Bäckerlehrling, hatte Nina gedacht, ist zwar nicht so schlimm wie ein Friedhofsgärtnerlehrling, aber sie behielt ihr Geheimnis für sich. Am schrecklichsten war die Vorstellung, Hajo könnte auf irgendwelchen Umwegen die Wahrheit erfahren, durch Zufall oder blöden Tratsch. Bevor es soweit war, daß sie Hajo ihre Liebe offenbaren konnte, mußte sie ihn ja erst einmal darauf aufmerksam machen, daß es sie gab und daß sie begehrenswert war. Am Anfang sah es nicht so aus, als ob sie große Chancen hätte. In der Bäckerei sprach Hajo mit Nina nicht viel mehr, als eben nötig war. Er sah ihr nicht in die Augen, er legte das Wechselgeld nicht in Ninas Hand, sondern in die Münzenschale, und wenn Nina sich verabschiedete, erwiderte er den Gruß nur nuschelnd. Doch Nina gab so schnell nicht auf. Ihre Mutter wunderte sich über Ninas sprunghaft gewachsenen Appetit auf Kuchen und ihre plötzlich erwachte Bereitschaft, den Gang zur Bäckerei zu übernehmen, aber auch über Ninas Vergeßlichkeit. Meistens fehlte irgendwas, wenn Nina wiederkam, und sie mußte gleich noch einmal hinlaufen, was sie merkwürdigerweise auch tat, ohne jemals zu murren. Sie achtete darauf, niemals passend zu zahlen, und eines Tages legte Hajo ihr das Wechselgeld endlich direkt in die

Hand. Es war wie ein leichter elektrischer Schlag, nur unendlich viel schöner, als Hajos Finger für den Bruchteil einer Sekunde Ninas Handfläche berührten. Die Bluse, die Nina an diesem Tag getragen hatte, zog sie jetzt immer an, wenn sie zur Bäckerei ging, und sie übte lange vor dem Badezimmerspiegel, wie sie lächeln und die Hand halten mußte. Manchmal knallte Hajo das Kleingeld trotzdem wieder in die Schale statt in Ninas peinlich gepflegte, immer offen hingehaltene Hand. Nina zermarterte sich das Hirn, aber es war unmöglich, ein System in Hajos Verhalten zu erkennen. Die Zeit verging, und er hatte immer noch nichts anderes zu ihr gesagt als »drei achtzig«, »vier vierzig« und »Wiedersehn«. Das mußte sich ändern. Um sich interessant zu machen und Hajo zu irgendeiner aus dem Rahmen fallenden Bemerkung zu veranlassen, traf Nina den Entschluß, sich vor dem Betreten der Bäckerei ein großes Pflaster auf die Stirn zu kleben, das sie vorher mit Tomatenmark durchtränkt hatte. »Och, nichts«, wollte sie antworten, wenn Hajo sie erschrocken und sorgenvoll danach fragte, wo sie sich so schwer verletzt habe. »Nur ein kleiner Verkehrsunfall, nichts weiter.« Der Rest würde sich ergeben. Hauptsache, das Gespräch kam erst einmal in Gang. Ninas Phantasien waren hin und her gewandert. Stimulierend war vor allem der Wachtraum, sie würde einen Anfall von Schwäche vortäuschen. »Kann ich mich einen Augenblick irgendwo hinsetzen?« würde sie fragen, und Hajo würde sie nach hinten bringen, in einen der mysteriösen Räume hinten im Geschäft, und dort würde er sie auf eine Couch legen und ihre Hand halten. Nina wußte, daß es so nicht ging; dazu gehörten Nerven aus Stahl, Furchtlosigkeit und enormes schauspielerisches Talent, und wahrscheinlich gab es hinten in der Bäckerei auch keine Couch, sondern nur eine Million schmutzige Backbleche und Kuchenwalzen, aber süß war er doch, der Traum – Hajos Hände in ihren Haaren, auf ihrer Schulter, ihre Hand auf seinem Herzen, seine Schläfe an ihrer Wange ... weiter hatte sie nicht gewußt, aber es war auch genug, um eine Zeitlang davon zu zehren. Und schließlich kam er, der große Tag, Nina stapfte in die Bäckerei, mit einem wild schlagenden Herzen in der Brust und dem dunkelrot verfärbten Pflaster auf der Stirn, aber es stand nicht nur Hajo hinterm Tresen, sondern auch der Schrecken ihrer Kindheit, Herr Uhlig, der Bäckermeister mit der rauhen Kettenraucherstimme, ein Bösewicht wie aus Grimms Märchen. Als er Nina und ihr Pflaster sah, stieß er ein gackerndes Lachen aus und beging die bestialische Grausamkeit, Nina zu fragen, ob sie ihre Tage habe. »Nein«, hatte sie gestammelt, »ich will nur ein Graubrot kaufen.« Und Hajo hatte breit gegrinst. Diese Schande würde sie bis in alle Ewigkeit verfolgen, das war ihr klar. Mit dem Graubrot in der Hand war sie nach Hause gelaufen und hatte drei Stunden lang geheult. Die Bäckerei hatte sie danach, wiederum zur Überraschung ihrer Mutter, nie mehr betreten, und es dauerte Jahre, bis sie ohne Wut und Wehmut an Hajo denken konnte. Ihr Haß auf Herrn Uhlig war niemals erloschen, nur ihre Liebe zu Hajo, dessen Gesichtsausdruck sie so oft zu interpretieren versucht hatte – überglücklich, wenn sie glaubte, er habe ihr zugezwinkert, zutiefst bedrückt, wenn seine Mundwinkel nach unten zeigten, und ratlos, wenn die Zeichen sich zu widersprechen schienen.

Und jetzt bin ich zweiunddreißig Jahre alt, dachte sie, und sitze wieder genauso da? Und zerbreche mir den Kopf

darüber, was wohl dies und was wohl das bedeuten könnte? Ich glaube, es geht los!
Sie trank ihren Kaffee aus, schnappte sich ein Handtuch und lief zum Strand.

Oben die Sonne, steil und heiß, in einem Himmel von reinem, berauschendem Blau. Unten Nina, rücklings auf dem Wasser treibend, eine Spur von Meersalz auf den Lippen, träge mit den Beinen rudernd, lebendiges Treibgut in der flachen Brandung. Ich bin im Paradies, dachte Nina. Oben Sonne, unten ich und nichts dazwischen, nicht die kleinste Wolke. Warum kann es nicht immer so sein?
»Hast du den Zettel von Guido gesehen?« fragte Mareike, als Nina aus dem Wasser gestiegen war und sich abtrocknete.
»Ja, wieso?«
»Wieso wohl! Wenn dein Bruder weg ist, haben wir sturmfreie Bude!«
Nina sah Mareike irritiert an. »Sturmfreie Bude? Was hast du vor? Sag bloß, du willst hunderttausend Leute einladen und nackt auf den Tischen tanzen?«
»Warum nicht? Das ist mein größtes Talent.«
»Also ich bin zur Erholung hier und um über meine Zukunft zu meditieren, nicht, um jede Nacht Lambada zu tanzen.«
»Kein Mensch tanzt mehr Lambada. Wo lebst du eigentlich? Hinterm Mond? Igitt, was machst du da? Hör auf damit!« Nina hatte ihr Handtuch über Mareikes Bauch ausgewrungen.
»Wo ich lebe, willst du wissen? Jedenfalls lieber hinterm

Mond als permanent auf dem Präsentierteller. Solange Guido weg ist, können wir es uns doch auch gemütlich machen. Die Füße hochlegen, die Einsamkeit genießen und so weiter. Was weiß ich. Zur Ruhe kommen, ein gutes Buch lesen …«

»Ja, da hast du recht«, sagte Mareike. »Und um halb zehn nehmen wir die Gebisse raus, gurgeln mit Kukident, werfen eine Knoblauchkapsel ein und decken uns mit dem Heizkissen zu. Wie alt bist du jetzt? Neunundneunzig? Dann solltest du nicht so lange in der Sonne bleiben. Ich glaube, du hast schon jetzt einen Stich.«

»Komm schon«, sagte Nina, »wir müssen doch wirklich nicht jede Nacht durchfeiern, bis wir umkippen.«

»Umgekippt ist gestern nur Napoleon.«

»Der arme Kerl. Wo ist er danach eigentlich abgeblieben? Ich hab ihn gar nicht mehr gesehen.«

»Er hat ein Nickerchen auf der Damentoilette gemacht. Man erzählt sich allerdings, daß er später noch einmal sehr munter geworden ist und die ganze *Rasta-Bar* leergetrunken hat. Und jetzt schläft er in Guidos Bett seinen Rausch aus. Das kann ein paar Jahre dauern.«

Nina legte sich auf die Seite, stützte den Kopf auf und nagte an ihrer Unterlippe. »Und was sagt Guido dazu?«

»Der? Der hat doch nachher in der *Rasta-Bar* die ganze Nacht lang mitgesoffen! Als heute morgen der Anruf aus Brüssel gekommen ist, hat er geschlafen wie ein Stein. Er hat Glück gehabt, daß ich dagewesen bin, um ihn mit einem Hammerschlag auf den Kopf zu wecken und ihm einen doppelten Espresso einzuflößen. Es scheint sich um eine ernste Sache zu handeln mit diesem Besuch aus Brüssel, denn Guido ist sofort aufgebrochen, obwohl er noch gestunken hat wie ein toter Fisch und nicht gerade

fahrtüchtig war. Aber hier ist ja nicht soviel Verkehr, da wird ihm schon nichts passiert sein.«
»Und jetzt gräbt er irgendwo nach Wasser?«
»Zumindest tut er so. Er hat gesagt, daß diese Heinis aus Brüssel hier in erster Linie Urlaub machen wollen, aber wenn er ihnen nicht wenigstens eine halbwegs echt aussehende Baustelle zeigen kann, ist er seine Fördermittel los, und dann muß er *wirklich* arbeiten.«
»Das liegt ihm nicht, ich weiß. Das war schon früher so. Einen größeren Faulpelz als Guido hat die Welt noch nicht gesehen. Ich frage mich bis heute, wie er sich durchs Abitur gemogelt hat. Mit rechten Dingen ist das bestimmt nicht zugegangen.«
»Vielleicht hatte er was mit dem Schuldirektor?«
»O nein, bestimmt nicht«, sagte Nina. »Der Direktor an unserer Penne war ungefähr zweihunderttausend Jahre alt. Der hatte noch Kriegsverletzungen aus dem Zeitalter der Kreuzzüge, und wenn es noch erlaubt gewesen wäre, hätte er am liebsten mit Rohrstöcken um sich gehauen. Das war bestimmt nicht der richtige Kandidat für Guidos erotische Gehversuche.«
»Wieso nicht? Es gibt doch Leute, die stehen auf so was. Auf Rohrstöcke und so weiter.«
Nina mußte prusten. »Du kannst Guido ja mal fragen, ob er unsern Direx attraktiv gefunden hat ...«
»Wie hast du eigentlich rausgefunden, daß dein Bruder schwul ist?« fragte Mareike.
»Er hat's mir irgendwann verraten. Mit sechzehn oder so.«
»Und von alleine hast du nichts gemerkt?«
»Zuerst nicht. Gewundert habe ich mich allerdings schon, daß er sich mehr für meine Freunde interessiert hat als für meine Freundinnen.«

»Freunde?« fragte Mareike neugierig. »Erzähl doch mal.« Nina gähnte und streckte sich lang aus. »Da gibt es nichts zu erzählen. Jedenfalls nichts, was dich vom Hocker reißt. Du kannst dir überhaupt nicht vorstellen, was ich in meiner Jugend für langweilige und harmlose Freunde hatte ...«

»Na, so langweilig können sie ja nun auch wieder nicht gewesen sein. Immerhin hat Guido sich für sie interessiert.«

»Und wie. Einen hat er sogar regelrecht angehimmelt. Das war ganz schön peinlich. Ich meine, wie willst du einen sowieso schon schüchternen jungen Mann jemals dazu bringen, dich zu küssen, wenn alle fünf Minuten dein kleiner Bruder ins Zimmer gestürmt kommt und so tut, als ob er ganz dringend seinen Expander suchen würde? Mit nacktem Oberkörper wohlgemerkt. Einmal ist er sogar in Unterhosen reingekommen.«

»Da hätte ich ihm aber Beine gemacht.«

»Ach ja? Und was hättest du getan, wenn er dich dann mit seinem unschuldigsten Dackelblick angeschaut und dich um Vergebung angefleht hätte?«

»Hat er das getan?«

»Ungefähr eine Million Male.«

»Nun, da hätte es verschiedene Methoden gegeben. Du hättest ihn mit seinem Expander strangulieren können. Oder mit deiner Strumpfhose. Du hättest ihn auch mit einer rostigen Geflügelschere tranchieren können ...«

»Stimmt, das hätte ich machen können. Aber dann wären wir heute nicht hier.«

»Das ist auch wieder wahr.«

Zwei Hunde fegten vorbei, auf der Jagd nach einem Ball. Sie wirbelten Sand auf, balgten sich, grollten und kläff-

ten, schlugen Haken und rasten zuletzt mit lautem Gebell den Strand hinunter. Danach kehrten wieder Ruhe und Frieden ein.
»Mensch, was haben wir's gut!« seufzte Mareike und blinzelte in die Sonne. »Wenn man hier so liegt, fragt man sich wirklich, wie die Menschen darauf kommen konnten, so abscheuliche Sachen zu erfinden wie die Arbeit, den Mundgeruch und den Autobahnstau.«
»Und die Ehekrise«, fügte Nina hinzu.
Mareike drehte sich auf den Bauch. »Apropos, was ist denn nun aus Gérard Depardieu und dir geworden?«
»Nichts von Bedeutung«, antwortete Nina. »Wir sind ein bißchen spazierengegangen, und das war's.«
»Mehr nicht?«
»Mehr nicht.«
»Keine Küsse im Mondschein? Keine zärtlich geflüsterten Telefonnummern?«
»Nein, tut mir leid! Es war keine Romanze, sondern nur ein banaler Spaziergang.«
»Wieso banal? Fast alle großen Liebesgeschichten fangen mit einem Spaziergang an.«
»Wirklich, Mareike, du spinnst! Dieser Fritjof scheint ganz nett zu sein, aber das ist auch alles. Wir sind vom *Banana* zum Strand gegangen und wieder zurück. Over und Ende.«
»Und worüber habt ihr euch dabei unterhalten?«
»Wir haben uns nicht unterhalten.«
»Wie bitte? Ihr seid stumm wie die Fische durch die Nacht gelatscht?«
»Fische können nicht latschen.«
Mareike ächzte. »Nina, Nina, ich mache mir allmählich ernsthafte Sorgen um dich! Die tollsten Männer reißen

sich um dich, und du machst nicht einmal Small talk mit ihnen! Was hast du eigentlich vor? Willst du hier die eiserne Jungfrau spielen?«

»Vergiß nicht, ich bin immer noch verheiratet.«

»Ja, und dein Mann tobt mit einer Brasilianerin durch euer Ehebett.«

»Deshalb muß ich mich noch längst nicht benehmen wie eine Nymphomanin mit Torschlußpanik.«

»Zwischen einer Nymphomanin und einer eisernen Jungfrau gibt es ja wohl etwas Spielraum. Ich meine doch nur, daß es nicht schaden kann, wenn du auch mal an dich selbst denkst und ein bißchen Spaß hast ...«

»Ich hatte ja meinen Spaß. Der Spaziergang war sehr schön. Du hättest mal den Sternenhimmel sehen sollen! Das war traumhaft. Unbezahlbar.«

Mareike seufzte wieder. »Ja, vielleicht hast du recht. Ich habe statt dessen im Stehrevier Andrew in die Augen gesehen. Das war zwar ebenfalls traumhaft schön, aber es hat nicht lange gedauert, denn Mark, dieses Stinktier, ist mir wieder in die Parade gefahren. Der hat sich wie eine Klette an unsere Fersen gehängt. In der *Rasta-Bar* hat er Andrew in ein todlangweiliges Fachgespräch über Fußball verwickelt, und die beiden sind immer besoffener geworden. Da hab ich's am Ende aufgegeben. Zum Glück habe ich noch Kemal getroffen. Das ist ein alter Freund von mir, der hier jedes Jahr ein paar Monate lang abhängt. Der hatte sich gerade mit seiner Urlaubsfreundin verkracht, und da konnten wir uns gegenseitig trösten ...«

»Soll das etwa heißen, daß du die Nacht schon wieder mit einem anderen Mann verbracht hast?«

»Warum nicht? Das ist mein gutes Recht. Ich bin immer noch unverheiratet. Und bei einem alten Bekannten weiß man wenigstens, was man hat. Neue Männer bringen immer Risiken mit sich.«

»Welche?« fragte Nina. »Daß du dich verliebst?«

»Nein, du naive Schnecke!« Mareike hob den Arm wie eine Rednerin, die ein großes Auditorium um Aufmerksamkeit und Ruhe bittet. »Erstens«, dozierte sie in Vortragslaune, »ist es möglich, daß er nicht mit Präservativen umgehen kann. Dann hast du ziemlich sicher keinen guten Sex. Das ist mir mit Alex passiert ...«

»Who the fuck is Alex?« fragte Nina.

»Kennst du nicht. Ein sehr begehrenswerter Mann. Aber nachts um vier hat er mich im Hotelbett gefragt, ob ich ihm die Handhabung von Parisern beibringen könne. Und er war kein Grünschnabel mehr, sondern immerhin schon dreißig. Ich finde, in diesem Alter sollten Männer den entsprechenden Lehrstoff allmählich beherrschen. Und ich hab natürlich keine Lust gehabt, eine Unterrichtsstunde abzuhalten. Daraufhin hat Alex mich als egoistisches Arschloch bezeichnet und ist schwer beleidigt abgedampft. Ich hab ihm dann eine Hunderterpackung Präser ins Büro geschickt, mit der Empfehlung, vor dem nächsten Rendezvous ausgiebig zu trainieren. Danach war es sehr nett mit Alex.«

»Und zweitens?«

»Zweitens kann es immer passieren, daß er mit der Du-ich-muß-noch-mit-dir-reden-Nummer kommt, weil er ein schlechtes Gewissen gegenüber seiner Freundin hat. Es gibt nichts Ungeileres, als einem Mann vor dem Vögeln Mut einflößen zu müssen.«

»Solche Männer gibt es also auch?« fragte Nina.

»Mehr als du denkst. Und damit komme ich zum dritten und heikelsten Punkt meiner Risikoliste. Am schlimmsten ist es, wenn der Mann, den du vernaschen willst, über alle Maßen stark beeindruckt von dir ist. Dann kriegt er entweder gar keinen hoch, oder er kommt vor lauter Aufregung schon nach zehn Sekunden.«

Nina runzelte die Stirn. »Harte Worte. Dir sind solche Männer also schon begegnet?«

»Leider ja. Letzten Winter zum Beispiel. Da hatte ich einen traumhaft hübschen zwanzigjährigen Wellenreiter aufgerissen.«

»Einen Kapverdianer?«

»Nein, einen Ungarn. Das war ja gerade das Verhängnis.«

»Wieso?«

»Als wir im Bett gelegen und ein bißchen rumgebalgt haben, hat er mich gefragt, ob ich irgendwelche Leute aus Ungarn kenne, und ich kenne ja nur Enyedi Elico. Die ist dummerweise eine ziemlich berühmte ungarische Filmemacherin. Ich hab sie mal zufällig beim Skilaufen kennengelernt, und sie hat mir ihr neues Drehbuch gezeigt und mich gefragt, ob mir ein besserer Schluß einfällt. Ich hab den Fehler gemacht, dem süßen Knaben davon zu erzählen. Enyedi Elico, Enyedi Elico, hat er gesagt, immer wieder, und eine solche Ehrfurcht vor mir gekriegt, daß ich die Nacht mit ihm knicken konnte …«

»Was du schon alles erlebt hast!« rief Nina kopfschüttelnd aus. »Ich dagegen bin von genau fünf Männern auf den Mund geküßt worden, und ins Bett gegangen bin ich nur mit einem einzigen.«

»Vergiß Napoleon nicht.«

»Napoleon!« rief Nina. »Ob ich mit Napoleon geschlafen habe, weiß nur der liebe Gott!«

»Immerhin bist du neben ihm aufgewacht.«

»Neben wem? Neben Gott?«

»Sei nicht albern. Neben Napoleon. Und wenn du neben ihm aufgewacht bist, mußt du ja wohl auch mit ihm ins Bett gegangen sein.«

»Aber ich muß nicht mit ihm geschlafen haben.«

»Tja«, sagte Mareike und suchte nach ihren Zigaretten. »Wer weiß! Vielleicht ist der Sex, an den man sich nicht erinnern kann, der beste. Das läßt sich zwar nicht beweisen, doch widerlegen läßt es sich auch nicht. Aber wie auch immer, die Wahrheit über deine Nacht mit Napoleon werden wir wohl nie erfahren. Es sei denn, du bist schwanger.«

»Hör bloß auf!« stöhnte Nina. »Schwanger von Napoleon! Das hätte mir gerade noch gefehlt!« Ihr lief eine Gänsehaut über den Rücken. »Themawechsel!«

»Mir scheint, dein Themawechsel ist schon unterwegs«, erwiderte Mareike. »Wenn mich nicht alles täuscht, kommt da vorne einer deiner Verehrer angestiefelt, und er hält genau auf dich persönlich Kurs.«

Nina kniff die Augen zu. »Ist das wahr? Oder treibst du wieder mit Entsetzen Scherz?«

»Keineswegs. Achtung, Achtung, Erde an Nina! Männliches Wesen im Anflug aus Nordnordost!«

»Spar dir deine Witze. Sag schon, wer ist es diesmal?«

»Gérard Depardieu. Voilà un homme! Wie heißt der noch mal richtig? Friedhelm?«

»Fritjof.«

»Auch gut. Wenn du die Augen aufmachst und dich umdrehst, wirst du sehen, daß er nur noch etwa dreißig Meter weit entfernt ist. Und er schaut so aus, als ob er Lust hätte, wieder ein bißchen mit dir zu schweigen. Ich gehe solange schwimmen, wenn du gestattest.«

Fritjof machte auch im grellen Sonnenlicht eine gute Figur. Der Einladung zu einem Spaziergang war Nina gerne gefolgt. Es war ein angenehmes Gefühl, von einem Mann begleitet zu werden, der von Zeit zu Zeit von anderen Frauen mit interessierten Seitenblicken bedacht wurde. Nina ertappte sich dabei, daß sie fast so etwas wie Stolz empfand, und sie hoffte, daß Fritjof nichts davon merkte.
Sie wanderten immer dort entlang, wo der Spülsaum des Wassers über den Strand leckte, und sie schwiegen wieder, aber nicht sehr lange.
»Hast du Lust dazu, ein kleines Spiel zu machen?« fragte Fritjof.
»Kommt drauf an. Wie sehen die Regeln aus?«
»Du beantwortest fünf Fragen. Danach weiß ich alles über dich.« Er lachte.
Nicht nur Fritjofs Stimme, auch sein Lachen müßte man eigentlich auf Platte pressen, dachte Nina, als akustische Notration für trübe Stunden. »Der letzte Mann, der alles über mich wissen wollte, war mein Schwiegervater«, sagte sie. »Aber der hat mir mehr als fünf Fragen gestellt.«
Fritjof grinste. »Keine Angst. Es ist nur ein Spiel, nicht mehr. Und es macht Spaß.«
»Also gut. Erste Frage?«
»Du siehst eine Wüstenlandschaft vor dir. Blauer Himmel, heller Sand. Mitten in der Wüste liegt ein Würfel. Wie sieht er aus?«
»Ein Würfel? In der Wüste?«
»Ja.«
»Was für ein Würfel? Ein Würfel mit Zahlen drauf? Ein Eiswürfel?«
»Ein Kubus. Der Rest ist deiner Phantasie überlassen.«
Nina dachte nach. »Ein Kubus. In der Wüste.« Sie sah aufs

Meer hinaus und verlangsamte ihren Gang. »Der Würfel ist aus rotem Backstein. Obendrauf ist ein Springbrunnen, und das Wasser läuft an den Seiten des Würfels nach unten.«

»Und wie groß ist er?«

»Ist das schon die zweite Frage?«

»Nein, das gehört noch zur ersten.«

»Weiß ich nicht. Drei mal drei mal drei Meter vielleicht.«

»Gut. Jetzt mußt du in diesem Bild eine Leiter unterbringen. Wo befindet die sich, und wie sieht sie aus?«

»Eine Leiter? Die lehnt am Würfel, so daß man über die Leiter nach oben kommen kann, zum Springbrunnen. Eine alte Holzleiter.«

»Wie viele Sprossen hat sie? Nicht rechnen. Sag irgendeine Zahl.«

»Sieben oder acht.«

»Dritte Frage. Du siehst den Würfel, du siehst die Leiter. Jetzt kommt noch ein Pferd dazu. Wo ist das Pferd, und was macht es?«

»Oh, das Pferd rennt immer um den Würfel herum.« Sie blieb stehen und schloß die Augen. »Können es auch mehrere Pferde sein?«

»Wie du willst.«

»Dann ist es eine kleine Herde. Die Pferde galoppieren durch die Gegend, und wenn sie Durst haben, traben sie zum Würfel und schlabbern das Wasser auf, das aus dem Springbrunnen fließt.« Sie öffnete die Augen wieder und ging langsam weiter.

»Und jetzt kommt Wind auf. Wie stark ist er, und was bewirkt er?«

»Das ist ein ziemlicher Sturm. Ein Sandsturm. Die Pferde

werden scheu. Manche laufen weg. Die Leiter wackelt, aber sie bleibt stehen. Und das Wasser spült den Sand wieder weg, der auf den Würfel geweht worden ist.«

»Und nun kommt auch schon die letzte Frage. Du mußt noch Blumen in dem Bild unterbringen. Wo sind die Blumen?«

»Blumen in der Wüste?«

»Ja, warum nicht?«

»Also gut. Blumen in der Wüste. Sie wachsen oben auf dem Würfel. Sonnenblumen, zwei oder drei Stück. War's das?«

»Ja, das war's. Jetzt weiß ich alles über dich.«

»Zum Beispiel?«

»Der Würfel bist du selbst. Wie du dich siehst.«

»Bitte? Ich sehe mich also als roten Backsteinwürfel mit Springbrunnen obendrauf?«

»Ja. Vorausgesetzt, daß die Symbole stimmen. Dafür kann ich mich nicht verbürgen. Ich kenne das Spiel auch nur von einer Sozialpädagogenparty.«

»Und was bist du selbst für ein Würfel gewesen?«

»Ich?« Fritjof mußte grinsen. »Ich war ein riesengroßer Würfel aus blauem Samt, ein bißchen ausgebeult, so wie der Geldspeicher von Dagobert Duck.«

»Aha.«

»Was heißt hier aha?«

»Aha heißt aha.«

»Und was willst du damit sagen?«

»Nur aha. Sonst nichts. Was bedeutet die Leiter?«

»Die Leiter ist das Symbol für deine engsten Freunde und Bekannten. Eine gammlige Holzleiter, hast du gesagt. Mit sieben oder acht Sprossen. Die Zahl der Sprossen entspricht der Zahl deiner Freunde.«

»Gammlig? Von einer gammligen Leiter war nicht die Rede. Alt, ja, aber nicht gammlig!«
»Stimmt«, sagte Fritjof. »Und deine Leiter lehnt am Würfel. Das ist ein gutes Zeichen. Ich habe auch schon Leute kennengelernt, die gesagt haben, daß die Leiter irgendwo im Dreck liegt.«
»Und das Pferd?« Nina bohrte ihre Zehen in den feuchten Sand und schnipste das Skelett einer Krabbe weg. »Wofür steht das Pferd?«
»Das ist dein Geliebter.«
Nina überlegte. »Und der rennt immer um mich rum?«
»Offensichtlich nicht als einziger. Bei dir ist ja eine ganze Herde von Pferden unterwegs. Und wenn sie müde werden, kommen sie auf dich zu und stillen ihren Durst an dem Wasser aus deinem Springbrunnen.«
Nina schüttelte den Kopf. Wie die Tränke einer Pferdeherde kam sie sich nun wirklich nicht vor. »Und was ist dein Pferd für eins gewesen?« fragte sie.
»Eins mit Flügeln. So wie in dem Logo der Tri-Star-Filmstudios. Leider ist es dann weggeflogen.«
»Oh.«
»Ja. Das ist wohl die Eigenheit fliegender Pferde, daß sie auf die Idee kommen, wegzufliegen.«
»Und was kam dann? Die Blumen?«
»Nein, erst der Wind. Der Wind symbolisiert, wie sich in deinem Leben Probleme und Konflikte auswirken.«
»Es war ein Sandsturm.«
»Ja, und er hat die Pferde scheu gemacht, aber deine Leiter ist stehengeblieben, auch wenn sie ein bißchen gewackelt hat.«
Nina dachte an Christoph, an Mareike und an den Sandsturm, der ihr Leben durcheinandergeblasen hatte.

»Und das Wasser«, sagte Fritjof, »hat den auf den Würfel gewehten Sand wieder weggewaschen. Wenn ich du wäre, würde ich mir keine großen Sorgen um mich machen.«

»Soso. Aber du bist ja nicht ich. Würdest du dir denn Sorgen um dich machen, wenn du du wärst?«

»Es geht so. Als ich zum erstenmal diese Fragen beantwortet habe, bin ich in meiner Phantasie nicht von einem kleinen Sandsturm heimgesucht worden, sondern von einem Tornado, und der hat nicht nur die Leiter weggeweht, sondern auch den Würfel. Samt ist eben nicht so stabil wie Backstein.«

»Ist das so in deinem Leben? Wirst du wirklich so leicht umgeworfen?«

»So leicht nicht. Ich habe ja gesagt, es war ein Tornado. Die Blumen am Schluß sind ein Symbol für deine Kinder. Sonnenblumen, hast du gesagt. Zwei oder drei Stück.«

Nina lachte auf. »Ich habe aber nur ein einziges Kind. Eine Tochter, Miriam.«

»Was nicht ist, kann ja noch werden.«

Den Gedanken an eine Schwangerschaft wollte Nina sofort wieder abschütteln. »Und bei dir?« fragte sie. »Irgendwelche Blumen?«

»Leider nein. Als ich die richtige Frau für solche Experimente hatte, war es der falsche Moment, und als der richtige Moment gekommen war, hatte ich die falsche Frau. Aber im Grunde kann ich mich nicht beklagen. Normalerweise hat alles immer ganz gut gepaßt, denn meistens hatte ich im falschen Moment auch die falsche Frau.«

»Und zur Zeit?«

Fritjof zuckte mit den Schultern. »Wenn ich das nur wüßte. Sagen wir mal, ich betreibe unfreiwillig Privatstudien in Chaosforschung.« Er legte eine kleine Pause ein. Vom Meer strich ein leichter Wind herüber und brachte einen lebendigen, merkwürdig amphibischen und frischen Geruch mit.

»Zuletzt«, fuhr Fritjof fort, »bin ich an eine Frau geraten, die fest davon überzeugt ist, daß die Menschheit nur durch freie Liebe erlöst werden kann. Am Anfang habe ich das gar nicht so schlecht gefunden, denn sie hat in einer festen Beziehung gelebt, und ich durfte trotzdem ihr Liebhaber werden, ganz ohne Heimlichtuerei und Versteckspielen und den ganzen Irrsinn. Aber auf Dauer hab ich mich an diese seltsame Dreiecksgeschichte nicht gewöhnen können. Zwischendurch war es auch mal eine Fünfecksgeschichte. Oder genaugenommen sogar eine Siebenecksgeschichte. Und jetzt habe ich mich erst einmal ausgeklinkt.«

»Aber du bist noch verliebt.«

Er seufzte. »Ja. Dagegen ist nun mal kein Kraut gewachsen.«

»Und was haben die anderen Männer dazu gesagt?«

»Die fanden das alles ganz in Ordnung. Jedenfalls haben sie so getan. Einer von denen hat mir das mal ganz genau erklärt, als wir zu dritt essen gewesen sind. Mit Martina. Das ist die Frau. In der Liebe, hat er gesagt, dürfe man keine Besitzansprüche stellen. Und Eifersucht, hat er gesagt, gehöre zur Liebe genausowenig wie Asthma zum Atmen.«

»Und auf dich ist er kein bißchen eifersüchtig gewesen?«

»Angeblich nicht. Einmal hat er allerdings seine Zigarettenasche in mein Weinglas geschnippt. Aus Versehen natürlich.«

Nina dachte an den Caipirinha, den sie Mark auf die Hose gekippt hatte. Sie dachte aber auch an ihre Eifersucht auf die dreiste Brasilianerin und an ihre noch längst nicht verrauchte Wut auf Christoph, den alten Esel. An seiner Stelle hätte sie längst ein E-Mail abgeschickt, mit einer bedingungslosen Kapitulationserklärung, einer inständigen Bitte um Verzeihung und einer Million Liebesschwüre.

»Und du?« fragte Fritjof. »Kommst du denn einigermaßen klar mit deiner Pferdeherde?«

»Von wegen Pferdeherde. Wenn du wüßtest! Aber ich dachte, du weißt sowieso schon alles über mich.«

»Nein, ich muß gestehen, daß du mir immer noch ein paar Rätsel aufgibst. Du trägst einen Ehering, aber du scheinst ohne deinen Mann hier zu sein. Und ich werde das Gefühl nicht los, daß in deinem Leben gerade ein mittlerer Sandsturm tobt.«

»Das kann man wohl sagen.« Sie zögerte. »Aber ich glaube nicht, daß du viel Vergnügen daran hast, wenn ich dir die ganze Arie von meiner Ehekrise vorsinge.«

»Warum nicht? Ich bin ein enthusiastischer Opernbesucher.«

»Freu dich nicht zu früh«, meinte Nina. »Ich gebe dir besser erst einmal einen kleinen Opernquerschnitt, dann kannst du dir immer noch überlegen, ob du mehr davon hören möchtest.«

»Nur zu.«

»Also gut. Die Ouvertüre überspringe ich und fange mittendrin an. Mein Mann hat sich eine Brasilianerin angelacht, und die ist gleich mit ihrem ganzen Familienclan nach Deutschland gekommen, denn mein Mann scheint ihr sogar die Ehe versprochen zu haben. Der Clan hat sich sofort in unserem Haus breitgemacht, und ich habe Christoph – das ist mein Mann – ein Ultimatum gestellt. Wenn die Brasilianerin bei meiner Rückkehr noch da ist, werde ich die Scheidung einreichen.«

Fritjof schürzte die Lippen. »Das ist aber ziemlich großzügig von dir«, sagte er. »Du hast der Brasilianerin und ihrem Clan das Schlachtfeld kampflos überlassen?«

»Ja, denn ich habe gar nicht die Absicht, überhaupt zu kämpfen. Wieso sollte ich um meinen eigenen Mann kämpfen? Wenn er nicht freiwillig bei mir bleibt, kann ihn diese Brasilianerin von mir aus geschenkt haben.«

»Das leuchtet mir allerdings ein. Wie lange seid ihr denn schon verheiratet?«

»Ungefähr seit dem späten Mittelalter. Seit dreizehn Jahren.«

»Das ist allerdings ein Rekord, verglichen mit meinen eigenen bescheidenen Versuchen. Verheiratet bin ich überhaupt noch nicht gewesen, und meine längste intakte Liebesbeziehung hat noch nicht einmal sechs Jahre gehalten.«

»Ja, ich bin mir auch schon manchmal etwas altmodisch vorgekommen«, sagte Nina. »In meinem weiteren Bekanntenkreis gibt es nur ein einziges Paar, das es noch länger miteinander ausgehalten hat. Aber da kriselt es jetzt ebenfalls ganz gewaltig.«

»Früher war das anders. Meine Großeltern und Urgroßeltern haben alle noch goldene Hochzeit gefeiert, und zwei davon sogar diamantene Hochzeit.«

»Ja, das waren noch Zeiten! Damals gab es eben auch noch keine Midlife-crisis.«

»Und keine Partnertausch-Agenturen«, fügte Fritjof hinzu. »Keine Quickies, kein Aids, kein Ozonloch ...«

»Und nur drei Fernsehprogramme.«

»Oder gar keins.«

»Und vor allem gab es keine Interkontinentalflüge zwischen Brasilien und Europa«, sagte Nina träumerisch. »Das müssen herrliche Zeiten gewesen sein.«
»Na ja, ich weiß nicht so recht. Wenn ich mir vorstelle, was die Menschen damals beim Zahnarzt alles aushalten mußten, bin ich eigentlich ganz zufrieden mit der Zeit, in der ich lebe.«
»Du meinst, der Preis für die schonende Zahnbehandlung mit modernen Geräten sind Interkontinentalflugzeuge mit brasilianischen Ehebrecherinnen an Bord?«
»Ja«, sagte Fritjof. »Das ist der Preis! Den mußt du wohl oder übel zahlen, wenn du nicht willst, daß dir ein Grobian ohne Betäubung mit einem Brecheisen die Weisheitszähne aus dem Kiefer reißt.«
Nina seufzte. »Mir scheint, ich habe sowieso keine Wahl. Die gute alte Zeit der goldenen Hochzeiten ist wohl ein für allemal vorbei. Dabei hat mir Christoph in den Flitterwochen versprochen, daß er mir auch dann noch seine Liebesschwüre zuflüstern wird, wenn er dafür erst sein Gebiß einsetzen und ich mein Hörgerät einschalten muß.«
»Drum prüfe, wer sich ewig bindet, ob sich das Herz zum Herzen findet«, deklamierte Fritjof mit extra öliger Stimme. »In diesem Leben werde ich es wohl nicht mehr schaffen, goldene Hochzeit zu feiern, aber eine Silberhochzeit ist ohne weiteres noch drin. Darf ich noch mal was von meinen Großeltern erzählen?«
»Bitte«, sagte Nina belustigt.
»Die Eltern meiner Mutter haben ihr ganzes Leben in einem winzigen Kaff verbracht, in der Nähe von Bremerhaven. Opa war Uhrmacher, Oma Hausfrau. Beide Jahrgang 1899. Sie sind uralt geworden und haben eine Men-

ge Mist erlebt, zwei Weltkriege und zweimal Inflation, aber sie hatten auch Glück, weil mein Opa von dem vielen Uhrengefriemel so schlechte Augen hatte, daß er nie ein Gewehr in die Hand nehmen mußte. Ich bin noch nicht ganz gar gewesen, als sie goldene Hochzeit gefeiert haben. Das war 1976. Aber ich habe doch mitbekommen, daß sie sich wirklich heiß und innig geliebt haben. Ich meine, sie haben eine unglaublich spießige und abwechslungsarme Eheroutine durchgehalten, fünfzig Jahre lang und sogar noch ein paar Jahre länger. Opa hat noch fünfundzwanzig Jahre lang gelebt, nachdem er in Rente gegangen war. In den Sommerferien bin ich ab und zu bei ihnen zu Besuch gewesen, weil sie einen schönen Garten hatten, und da habe ich mitgekriegt, wie das Tagesprogramm aussah. Um halb acht sind sie aufgestanden. Opa hat auf dem Klo geraucht, und Oma hat den Tisch gedeckt. Es gab immer das gleiche, Toast und Tee und für jeden ein Ei. Danach haben sie Canasta gespielt, jeden Tag, den Gott werden ließ, und die Ergebnisse haben sie in ein kariertes Schulheft eingetragen. Im Lauf der Jahre sind ungefähr zwölftausend dieser Hefte zusammengekommen. Die liegen heute noch bei meinen Eltern auf dem Dachboden in einem alten Koffer mit rostigen Schlössern und Ledergurten drumrum. Nach dem Canastaspiel hat Oma wieder Tee gekocht. Den gab es immer um elf Uhr vormittags. Anschließend ist sie einkaufen gegangen, und Opa hat sich mit seiner Ahnentafel beschäftigt. Das ist sein Hobby gewesen. Um Schlag eins stand dann das Essen auf dem Tisch, deutsche Hausmannskost. Arme Ritter, Pichelsteiner Topf, Gulasch mit Kartoffelbrei und Erbsen, und zum Nachtisch gab es Quarkspeise oder Karamelpudding. Dann war rund anderthalb Stunden lang Mittagsschlaf angesagt. Irgendwann gegen drei kam die Tageszeitung, und Oma ist in ihrer gespenstischen Unterwäsche vom Schlafzimmer über den Flur zur Wohnungstür gegeistert, um die Zeitung aufzusammeln und sie Opa ans Bett zu bringen. Anschließend kam langsam wieder Leben in die Bude, es gab Kaffee, es wurde spazierengegangen oder ein bißchen im Garten gearbeitet. Um sechs Uhr gab es Abendbrot. Bratkartoffeln und Rührei oder Leberwurststullen und Gewürzgurken. Hinterher hat sich Opa ein Bier aus dem Keller geholt, Oma hat den Abwasch gemacht, dann sah man die Tagesschau, danach einen Krimi oder Eiskunstlauf oder eine Quizsendung. Spätestens um zehn Uhr war Schicht um Schacht. Dann wurde geknackt. Und am nächsten Tag ging der Turnus wieder von vorne los. Eine Zeitlang habe ich das alles ganz entsetzlich gefunden, aber ich glaube, Oma und Opa waren wirklich glücklich. Die haben nichts vermißt bei alldem. Ab und zu haben sie mal eine Busreise unternommen und sich den Hamburger Hafen angeguckt, aber am besten hat es ihnen doch zu Hause gefallen. Ich könnte so nicht leben, ich würde einen Rappel kriegen, aber manchmal beneide ich meine Großeltern um ihre Genügsamkeit. Das Dumme ist, daß ich genau weiß, wie ungeeignet ich für so ein Leben wäre …«

»Ich glaube, von einem Leben, wie du es beschrieben hast, wird man auch ziemlich dick.«

»Ja, das kommt noch erschwerend hinzu.«

»Aber heimlich träumst du trotzdem von einer Frau, die dir Tag für Tag Gulasch mit Kartoffelbrei vorsetzt? Fünfzig Jahre lang?«

»Manchmal schon, wenn ich ehrlich sein soll.«

»So sind sie, die Männer«, sagte Nina spöttisch. »Sie wollen einen Waschbrettbauch haben, um ihre Chancen auf einen Seitensprung zu erhöhen, aber sich von einer züchtigen und treuen Ehefrau mit deutscher Gulaschpampe und Mehlschwitze vollstopfen lassen wollen sie auch noch. Und so sieht dein heimlicher Traum vom Glück aus?«

Das ließ Fritjof nicht auf sich sitzen. »Wer keinen Mut zum Träumen hat, hat keine Kraft zum Kämpfen«, erwiderte er und grinste. »Hast du noch nie davon geträumt, so glücklich, gemütlich und gutbürgerlich wie deine Großmutter zu leben?«

»Da kennst du meine Großmutter aber schlecht! Die ist viel unbürgerlicher und chaotischer als ich. Nachdem mein Großvater gestorben war, hat sie ihren Haushalt aufgelöst, sich einen Porsche gekauft und ist mit einem jugendlichen Liebhaber nach Monte Carlo gebrettert, wo sie das ganze Trauerjahr verbracht hat. Und als deine Großmutter goldene Hochzeit gefeiert hat, ist meine mit ihrem Porsche nach Bonn gedüst und hat sich aus Protest gegen den Paragraphen 218 auf dem Marktplatz an einen Laternenpfahl gekettet. Damit ist sie sogar in die Tagesschau gekommen. Das war vielleicht peinlich! Den Schlüssel für das Kettenschloß hat sie in einen Gully geschmissen, und die Polizei hat zwei Stunden gebraucht, um einen Bolzenschneider zu besorgen, der stark genug war, um die Kette zu knacken. Ein Onkel von mir ist dann hingefahren und hat dem Haftrichter ein gefälschtes Attest vorgelegt, in dem stand, daß meine Großmutter nicht mehr ganz richtig im Kopf ist. Also erzähl mir nichts von dem gutbürgerlichen Leben meiner Großmutter!«

»Verstehe. Ich nehme alles zurück und behaupte das Gegenteil. Du lebst ganz anders als deine Großmutter, näm-

lich gemütlich und gutbürgerlich, und heimlich träumst du davon, so unbürgerlich chaotisch wie deine Großmutter zu leben.«
Nina blieb stehen, stemmte die Fäuste in die Hüften und funkelte Fritjof an. Es gefiel ihr nicht, wie leichtfertig er seine Theorien über ihre Psyche aufstellte. »Woher willst du wissen, wovon ich träume?« fragte sie.
»Das sind doch nur Vermutungen«, antwortete er und verzog den Mund, offensichtlich, um sein Grinsen zu unterdrücken.
»Und worauf stützen sich deine Vermutungen?«
»Auf eine durstige Pferdeherde, die wie verrückt um einen gewissen Würfel in der Wüste herumgaloppiert.«
»Ach, das ist doch alles Quatsch«, meinte Nina. Sie hatte allmählich genug von Fritjofs Psychogelaber, und sie war nicht traurig darüber, daß er auf dem Rückweg den Schnabel hielt.

Upps«, machte Nina und wischte sich mit dem Handrücken über den fettigen Mund. Sie hatte sich durch einen großen, von Mareike servierten Nudelberg mit Scampi, Muscheln, Pilzen, Tintenfischringen und Knoblauchsoße gefuttert. »Ich hab heute bestimmt dreißig Kilo zugenommen!« Sie streckte sich und gähnte. »Ich glaube, ich muß ins Bett. Komisch, daß man von dem bißchen Baden, Spazierengehen und Essen so müde wird, als ob man den Himalaja bestiegen hätte ...«
»Typisch Nina«, sagte Mareike und schenkte sich von dem billigen Rotwein aus dem Kanister nach. »Du treibst dich stundenlang mit einem der leckersten Inselgäste in der Walachei herum, kommst total verdreckt zurück,

gehst duschen, stopfst hinterher wortlos dreißig Kilo Nudeln in dich hinein, und dann willst du ins Bett gehen, ohne mir vorher wenigstens noch zu erzählen, wie dein Flirt verlaufen ist.«

»Das war kein Flirt. Das war ein Spaziergang.«

»Und was habt ihr die ganze Zeit gemacht, außer spazierenzugehen? Habt ihr wieder geschwiegen?«

»Im Gegenteil, Fritjof hat geredet wie ein Wasserfall. Er hat mir erzählt, daß ich ein Würfel in der Wüste bin und daß die Männer in meinem Leben Pferde sind, die um mich herumgaloppieren.«

»Wie bitte?« Mareike zündete sich eine Zigarette an. »Ist er betrunken gewesen?«

»Nein. Das war so eine Art Psychospiel.«

»Ach du Scheiße. So einen Freund hatte ich auch mal. Der hat mir von morgens bis abends die Ohren abgekaut mit seinem Psychoquark, mit Irisdiagnose und Auramassage und was weiß ich, und hinter meinem Rücken hat er dauernd mit der dämlichsten Frau aus meiner WG gevögelt und mich mit ihrem Hefepilz angesteckt. Und dann hat er noch die Frechheit besessen, mir zu sagen, daß ich mir mit dieser Erkrankung einen unbewußten Wunsch erfüllt hätte. Die Psychospinner sind die schlimmsten von allen.« Sie paffte Rauch an die Decke. »Aber daß dieser Fritjof auch so einer ist, wundert mich. Der sieht gar nicht so aus.«

Statt etwas zu erwidern, gähnte Nina noch einmal so heftig, daß ihre Kieferknochen knackten. »Wer weiß«, sagte sie dann. »Ich weiß nur eins, ich muß ins Bett.«

»Und die dreißig Kilo Nudeln auf deinen Hüften? Willst du dir die nicht heute nacht noch runtertanzen? Ich habe einen Haufen Leute eingeladen. In einer Stunde werden sie einfliegen. Und es werden auch ein paar sehr interessante Männer mit von der Partie sein …«

Nina gähnte abermals herzzerreißend, wischte sich den Mund erneut ab und schob den Teller von sich. »Nein danke«, sagte sie. »Ich habe eine Verabredung mit dem Sandmännchen. Das ist genug für heute.«

»Ich hoffe, du hast nichts dagegen, wenn wir hier unten noch Rabatz machen und bis zum Morgengrauen auf die Pauke hauen?«

»Von mir aus könnt ihr hier heute nacht Atombomben testen. Ich werde schlafen wie ein Stein.«

Als Nina erwachte, stand die Sonne hoch am Himmel, doch das Haus war kühl und still. Die anderen schienen ausgeflogen zu sein.

Nina fröstelte. Sie hatte von zu Hause geträumt, von einem Spaziergang an der Elbe mit Christoph und Miriam, die eine Riesenportion Zuckerwatte in sich hineingestopft und dabei unermüdlich von ihren Abenteuern im Internat geplappert hatte. Im Traum hatten Ahornblätter auf dem Weg gelegen, rotbraun verfärbt, in denen man mit den Füßen schuffeln und rascheln konnte. Mit einem Gefühl von Verlassenheit dachte Nina jetzt an ihren Drachenbaum und an Christoph. Sie hatte Heimweh, und sie hatte Sehnsucht nach ihrem alten Leben, das so abrupt zu Ende gegangen war. Auch das noch, dachte sie, als sie merkte, wie ihr die Tränen in die Augen stiegen.

Sie stand auf, nahm sich ein Badetuch und lief nach draußen, um Mareike zu suchen, die in solchen Situationen Gold wert war. Aber der Strand vor dem Haus war leer, bis auf ein kleines blaues Iglu-Zelt und einen Kapverdianer in einem bunten Lycrahemd, der vor dem Zelt saß, rauchte und sie mit strahlend weißen Zähnen anlächelte. Obwohl es fast dreißig Grad heiß war, trug er eine Pudelmütze der Marke Nike. Außerdem hatte er viel zu große Surfhosen und schnürsenkellose Turnschuhe an, und Nina schätzte, daß er höchstens fünfundzwanzig Jahre alt war. Sie kannte niemanden, der älter war und trotzdem noch die XXL-Mode mitmachte.

»Mi ê amig' di Guido, nha nom ê Zéca«, rief er ihr zu. »Tud fish?« Das hieß soviel wie »alles klar«, das hatte sie schon gelernt. Sie konnte sich dunkel daran erinnern, diesen Zéca bei Guidos Willkommensparty gesehen zu haben.

Zéca zeigte zum Horizont, wo Mareikes Segel übers Wasser raste. In den nächsten ein, zwei Stunden würde sie wohl nicht an Land kommen.

Nina war alles andere als fröhlich zumute. Sie setzte sich in den Sand und holte tief Luft, um zu seufzen, aber dabei hatte sie Zécas Rauch eingeatmet, und sie hustete. Normaler Tabak war das nicht, was Zéca da paffte. Ihr wurde etwas schwindlig. Zum ersten- und bis heute letztenmal geraucht hatte sie mit sechzehn. Da war sie aus Mangel an schauspielerischem Talent im Schülertheater bei einer Dramatisierung von *Jim Knopf* als köchelnder Vulkan vor der Drachenstadt aufgetreten und hatte Zigarrenqualm nach oben pusten müssen.

Alles drehte sich in Ninas Kopf. Sie dachte wieder an die teuflische Brasilianerin, die jetzt womöglich mit spärlicher Bekleidung durch Ninas Wohnzimmer stolzierte.

»Tud cool?« fragte Zéca schüchtern, aber sie schüttelte nur den Kopf und versuchte sich die Tränen zu verbeißen.

Zéca stand auf. Er holte ein Surfbrett hinter dem Zelt hervor und deutete mit dem Kinn aufs Meer. Eine kleine, saubere Welle rollte an den Strand. »Bô ta faze Longboard?«
Nina konnte weder Longboard noch sonst irgendein Board fahren, aber als sie Zéca vor sich stehen sah, im Gegenlicht, und über ihm die strahlende Sonnenkugel, dachte sie, daß es ziemlich kindisch wäre, hier am Strand zu sitzen wie ein vertrocknetes Mauerblümchen und ihren Weltschmerz zu pflegen. Was soll's, sagte sie sich, gehe ich eben mit diesem freundlichen Kerl im Atlantik planschen. Das ist immer noch vernünftiger, als vor Selbstmitleid zu zerfließen.
Zéca zog sein Hemd aus und reichte es ihr. Es dauerte eine Weile, bis sie begriffen hatte, was das sollte. Man mußte sich bäuchlings auf das Surfbrett legen und hinauspaddeln. Hatte man kein Hemd an, schürfte das Brett am Bauch. Zéca half ihr durch die Wellen und gab ihr Schwung, dann watete er zurück, trieb irgendwo ein zweites Brett und ein anderes Hemd auf und folgte ihr.
Etwas später dümpelten sie draußen vor einer Sandbank auf den Brettern im Wasser und warteten auf die richtige Welle. Nina ging es jetzt besser. Sie dachte nicht mehr an Christoph und seine Schandtaten mit Enelda Fortes dos Santos. Sie bewegte die Unterschenkel im klaren, kühlen Wasser und betrachtete Zéca. Besonders hübsch war er nicht, auch wenn er einen muskulösen Oberkörper hatte und eine Haut wie aus dunklem Samt. Seine Nase saß ein bißchen schief im Gesicht. Aus seiner Stirn hätte man gut und gerne zwei machen können, und seine Haare standen wie schwarze Korkenzieher in alle Richtungen ab.
Als die richtige Welle kam, nahm er sie sehr elegant, und

Nina sah ihn auf seinem Brett stehen und springen und Faxen machen, als ob er auf einer sechs Quadratkilometer breiten Ölplattform gestanden hätte. In den zwei Stunden, die folgten, hatte Nina selbst nur ein einziges Mal eine ordentliche Welle gut erwischt und war mit dem Brett in atemberaubendem Tempo auf den Strand zugerast. Sie hatte sich festgekrallt und vor Angst und Begeisterung laut geschrien.

Mareike, die schon seit einiger Zeit auf der Terrasse saß, hatte von diesen Heldentaten leider gar nichts mitbekommen. »So ein Mist«, maulte sie, als Nina tropfnaß angestapft kam. »Zuwenig Wind, nur schwules Rumgegurke, und dann bin ich auch noch in die Waschmaschine geraten. Schleudergang! Mast gebrochen!«

»Sonst noch was?« fragte Nina, flegelte sich in einen Liegestuhl und ließ sich von Guido, der sich über seine Badehose eine Küchenschürze gebunden hatte und den Chefkellner spielte, einen Teller Cannelloni reichen.

»Genügt das nicht? Der Mast hat Andrew gehört. Richtiger Edelspargel.«

»Was ist das denn?«

»Na ja, so ein schweineteurer Karbonmast. Ich hatte ja gehofft, daß Andrew es mit Humor nimmt, aber er muß seinen Humor wohl beim Zoll abgegeben haben. Oder bei dem tückischen Zwerg Mark.«

»Und die Party gestern?« fragte Nina. »Ihr habt ja ziemlichen Krach gemacht.«

»Ach was, die Party war ein einziger Reinfall. Auf dieser Insel muß irgendein ominöses Virus umgehen, das interessante Männer innerhalb von einer Stunde in sabbernde Bierleichen verwandelt. Ich hätte mich auch besser mit dem Sandmännchen verabreden sollen. Das Sandmänn-

chen ist zwar bestimmt keine Sexbombe, aber es göbelt einem wenigstens nicht aufs Parkett.«
»Ojemine.«
»Wenn es nur das wäre. Ich hab ein E-Mail von meinem Steuerberater gekriegt. Das Finanzamt will eine Nachzahlung von mir haben.«
»Und wieviel?«
»Zehntausend Mark.«
Nina pfiff durch die Zähne. »Aber wer viel nachzahlen muß, der muß auch viel verdient haben«, sagte sie dann. »Oder nicht?«
»Ja, natürlich, du Schlaumeier! Das Problem ist nur, daß ich alles schon wieder ausgegeben habe.«
»Soll ich dir was leihen?«
»Nein, ich glaube, das kriege ich schon irgendwie geregelt. Ich hab ein bißchen meine Kontakte spielen lassen. Ein Freund von mir ist in Köln bei so einer Produktionsfirma, und der hat gesagt, daß sie einen Science-fiction-Dreiteiler in Planung haben, der auf einem Planeten im Sternbild Südliches Dreieck spielt, und da brauchen sie noch einen möglichst wüsten Drehort, mit Kratern und Felsen ...«
»Wie heißt das Sternbild?« krähte Guido dazwischen und steckte den Kopf aus der Terrassentür.
»Südliches Dreieck. So soll auch der Dreiteiler heißen.«
»Aha. Südliches Dreieck. Nie gehört. Und du bist sicher, daß das kein Pornofilm werden soll?«
Mareike warf mit einem Bierfilz nach Guido, der sich lachend wieder ins Haus verdrückte.
»Du mußt das verstehen«, sagte Nina. »Guido kann nicht anders. Er ist als kleiner Junge in einen Topf mit Sabbelwasser gefallen.« Sie legte den Kopf schief. »Bist du sicher, daß es dieses Sternbild wirklich gibt?«

»O ja. Ich habe nicht umsonst einmal vier Monate lang mit einem Studenten der Astronomie zusammengelebt. In Bochum war das. Er hieß Edgar und war sehr charmant, auch wenn er mindestens ein Pfund Zahnstein am Gebiß gehabt und am liebsten Spaghetti mit Spiegelei gegessen hat. Der lateinische Name des Sternbilds Südliches Dreieck lautet Triangulum Australe, und der hellste Stern darin ist ungefähr hundert Lichtjahre von der Erde entfernt. So was vergißt man nicht.«
»Spaghetti mit Spiegelei, das würde ich auch nicht vergessen«, sagte Nina. »Aber erzähl doch mal da weiter, wo du warst, als Guido dich unterbrochen hat.«
Mareike dachte nach. »Wenn ich einen Drehort finde, der der Firma gefällt, bin ich erst einmal aus dem Schneider. Nicht restlos, aber der finanzielle Schmerz würde etwas nachlassen.« Als Location-Scout wurde Mareike dafür bezahlt, daß sie originelle Drehorte für Filmproduktionen und Werbespots aufstöberte. Dafür hatte sie ein beachtliches Talent, denn sie war schon überall auf der Welt gewesen, in jeder Kaschemme und an jedem noch so gottverlassenen Ort.
»Ich hab viel größere Sorgen!« rief Guido dazwischen und klapperte an der Spüle mit den schmutzigen Töpfen und Pfannen. »Denkt auch mal an mich! Ich muß ein halbes Dutzend Surfer dafür bezahlen, daß sie für ein fürstliches Gehalt mitten in der Wüste Mietklosetts aufstellen und rund um eine fiktive Bohrstelle Müll verteilen, damit es da nach Arbeit aussieht, wenn die Typen aus Brüssel kommen.«
»Und was hältst du von Sao Nicolau?« fragte Mareike nachdenklich.
»Was soll ich davon halten?« fragte Guido mißmutig zu-

rück und klapperte noch etwas lauter mit dem Geschirr. »Da sind doch nur scheußliche Vulkangebirge. Wenn ich dort nach Wasser bohre, gibt mir die EU sofort den Laufpaß.«
»Nein, ich meine, als Location für den Ufo-Film.«
Guido hörte mit dem Klappern auf. »Doch«, sagte er, »das ist gar nicht so dumm. Auf Sao Nicolau hast du eine Marslandschaft der Sonderklasse.«
»Dann nichts wie hin!« rief Mareike. »Fotos machen und Drehortbeschreibungen! Kommst du mit, Nina?«
»Ich weiß nicht. Sind die Vulkane dort noch aktiv? Ich glaube, Lava könnte meinem Teint schaden.«
»Du spinnst ja. Es ist wunderschön da, wart's mal ab.«
»Nehmt am besten Zéca mit«, brüllte Guido, ließ einen Tellerstapel ins Waschbecken klabastern und setzte dabei die halbe Küche unter Wasser. »Zéca ist aus Sao Nicolau. Der kennt da die besten Ecken. Aber kommt so bald wie möglich wieder zurück! Ich brauche euch hier, wenn die Jungs aus Brüssel eintrudeln. Die müßt ihr um den Finger wickeln, und ihr müßt mit dem Hintern wackeln, bis sie schielen!«
Nina leckte ihren Löffel ab. »Eine verantwortungsvolle Aufgabe hast du uns da zugedacht, Bruderherz.«
»Ich würde ja auch selber mit dem Hintern wackeln«, erwiderte Guido, »aber ich fürchte, darauf stehen die nicht. Also habt euch nicht so! Wenn ich hier auffliege, bin ich ein toter Mann.«
»Und ich bin eine tote Frau, wenn ich keine Aufträge mehr von dieser Filmfirma kriege«, sagte Mareike. »Ohne diese schönen Schecks alle paar Wochen werde ich in kurzer Zeit höhere Schulden haben als der Bundesfinanzminister.«

»Dann können wir ja zusammen hier durchs Haus spuken«, rief Guido vergnügt. »Und wenn wir uns langweilen, machen wir eine Tournee durch alle großen Spukschlösser. Ich hoffe nur, daß es unter den Gespenstern auch ein paar Homos gibt. Am liebsten wäre mir ein Schloß, das von Homogespenstern nur so wimmelt. Ob es so was wohl gibt? Du müßtest das doch rausfinden können als Location-Scout ...«

»Für dich wäre wahrscheinlich der Friedhof Père Lachaise in Paris die richtige Location zum Spuken«, sagte Mareike. »Ich glaube, da liegen fast nur Dandys, Säufer, Sexgöttinnen, Filmdivas und Drogenfreaks begraben. Die feiern bestimmt permanent Walpurgisnacht. Ich für mein Teil möchte aber lieber erst einmal mit Nina und Zéca ein bißchen auf Sao Nicolau spuken. Die nächste Fähre geht erst Montag, doch vielleicht können wir auch mit Manuels Horrorschiff rüberfahren. Ich werde ihn am besten gleich mal fragen. Kann ich dein Rad nehmen, Guido?«

»Klar. Aber paß auf, die Bremsen sind im Eimer.«

Ein warmer, tropischer Geruch hing in den Gassen, als Mareike auf Guidos verdrecktem Mountainbike über die holprige Dorfstraße fuhr. Vor der Bar am Marktplatz spielten einheimische Musikanten ihre Lieder. Seit Ewigkeiten hatte sich das Repertoire nicht verändert. Einige Touristenpärchen stolperten dazu Foxtrott und Charleston auf dem Kopfsteinpflaster zusammen. Nichts hätte rhythmisch schlechter zur Musik gepaßt als diese Tänze, doch die Kapverdianer klatschten laut, um die komischen Weißen anzufeuern.

Frühbucher, dachte Mareike, verzog geringschätzig den Mund und trat kräftiger in die Pedale. Kurz vor der Post bog sie in eine Geröllpiste ein, steigerte noch einmal das

Tempo und wäre zuletzt um ein Haar mit einem streunenden Hund kollidiert. Guido hatte nicht gelogen; die Bremsen waren wirklich im Eimer.

Bar Nada Ver stand über dem Flachbau, vor dem sie schließlich hielt. Davor saß ein Hüne von Mann und schraubte mit recht rostigem Werkzeug an einem Fahrrad herum.

»Manêra Manuel, tud fish?« rief Mareike.

»Aye aye, Mareike, tud cool?« rief Manuel zurück. Er lebte davon, daß er eine Bar betrieb und von Zeit zu Zeit Touristen, die Fische fangen wollten, auf einem großen Motorboot betreute, und er war der geschickteste und erfolgreichste Angler, den Mareike je kennengelernt hatte.

Sie erklärte ihm, worum es ging, und er versprach sofort, ein gutes Wort beim Kapitän einzulegen. Das war mehr als die halbe Miete, das war bereits eine Zusage, denn Manuel und Käpt'n Carlos waren seit Jahren dicke Freunde.

Nicht so glücklich war Mareike über die Uhrzeit, die ihr Manuel nannte. Schon um fünf Uhr früh sollte abgelegt werden. Das kann ja heiter werden, dachte sie.

Wer ist eigentlich dieser Zéca?« fragte Nina, als Mareike davongestürmt war.

»Ein wunderbarer Taugenichts und nebenbei mein Buddy beim Wellenreiten«, antwortete Guido und hockte sich mit einer Flasche Bier an den Terrassentisch, um ein Protokoll seiner imaginären Bohrarbeiten aufzusetzen.

»Und du bist sicher, daß Mareike diesen Taugenichts auf Sao Nicolau gebrauchen kann?«

»Na und ob. Er ist da schließlich aufgewachsen. Wirklich, er kennt dort jeden Winkel. Er hat nur eben normalerweise für fast nichts außer Wellenreiten Interesse, hält selten eine Verabredung ein und läßt sich einfach so durchs Leben treiben, von einer Welle zur anderen sozusagen und von einer Cortada zur nächsten. Wenn man mal ein ernstes Wort mit ihm zu reden hat, lacht er nur wie ein Kind. Aber er kommt mit allen Menschen gut aus, und er hat ein großes Herz. Wenn du ihn morgens um drei Uhr weckst und ihm sagst, daß du Hunger hast, wird er sofort aus dem Bett springen und dir eine Portion Thunfischleber braten.«

»Und warum wohnt er jetzt hier im Zelt?«

»Ach, ich glaube, er will einfach mal seine Ruhe haben. Bei ihm zu Hause ist ja ständig Aufruhr. Er hat noch elf jüngere Geschwister, das mußt du dir mal vorstellen! Da steppt doch permanent der Bär. Und außerdem kann Zéca hier ja auch duschen und so.« Guido räusperte sich, und Nina hatte den leisen Verdacht, daß er Zéca nicht völlig unattraktiv fand, aber lieber nicht darüber sprechen wollte. »Komm, Schätzchen«, sagte er, »jetzt genehmigen wir uns noch ein Bier, das du uns aus dem Kühlschrank holen darfst, und dann muß ich zur Abwechslung ein bißchen arbeiten.«

»Urkunden fälschen, meinst du wohl.«

»Nenn es, wie du willst!«

In diesem Moment kam Zéca mit einem löchrigen Handtuch über der Schulter und einem Seifenstück in der Hand auf die Terrasse getänzelt. »Manêra Guido«, rief er und zwinkerte auch Nina zu. »M' crê tuma um bónh.« Dann tanzte er an ihnen vorbei in die Wohnung. Gleich darauf hörte man das Wasser prasseln und Zéca kurz aufschreien, weil es so kalt war.

»Tja«, sagte Guido grinsend, »auf dieser Insel zeigt sich, wer ein Mann ist. Warmduscher sind hier fehl am Platz.«

Nina war hundemüde. Sie war früh zu Bett gegangen, aber als sie um halb fünf von Mareike geweckt worden war, fühlte sie sich fürchterlich zerschlagen und marode, und sie hatte das Empfinden, mindestens noch zwölf Stunden Schlaf zu brauchen.

Jetzt saß sie am Steg auf ihrem roten Wanderrucksack und sehnte sich nach einem Zimmer mit Federbett und einem Schild mit der Aufschrift »Bitte nicht stören« an der Klinke.

Ein paar Fischer brachten in Schubkarren ihre Außenbordmotoren und Netze zum Steg und bereiteten sich aufs Rausfahren vor. Draußen auf dem gelben Motorboot von Käpt'n Carlos brannte Licht. Mit gebührender Verspätung kam Zéca angestolpert, noch im Halbschlaf, wie es aussah. In Wirklichkeit hatte er durchgemacht. Er trug seinen Quicksilver-Schlabberpulli auf links, gähnte immer wieder herzzerreißend und hatte große Mühe, die Augen offenzuhalten.

Einer der Fischer fuhr Mareike, Nina und Zéca hinaus zum Motorboot. Ein dünner Nebelschleier lag über der Bucht, als sie an Bord gingen. Allmählich wurde es heller, und ein neuer, phantastisch sonniger Tag schien heraufzudämmern.

Manuel stand in der Fahrerkabine. Er hieß die neuen Passagiere mit einem strahlenden Lächeln willkommen und stellte sie Käpt'n Carlos vor, einem kugelrunden Franzosen, der so duftete, daß man merkte, er hatte den jungen Tag mit einem oder zwei Glas Pernod begrüßt.

Mareike schluckte sicherheitshalber zwei Reisetabletten, dann flegelte sie sich in der offenen Kajüte neben Nina auf eine Bank, nahm den Rucksack als Kopfkissen und hoffte noch ein paar Stunden schlafen zu können. Sie

hatte bis in die Puppen mit Guido, Napoleon und Zéca gequatscht und Bier getrunken und war viel später als Nina ins Bett gegangen.
Aber Nina war jetzt hellwach, denn sie machte sich Sorgen, als sie die schöne Wüsteninsel Sal immer kleiner werden und schließlich am Horizont verschwinden sah. Der Wind schien aus allen vier Himmelsrichtungen gleichzeitig zu blasen, und das Boot schaukelte und schwankte. Ein paar Wellen schwappten über die Reling und beförderten fette fliegende Fische aufs Deck. Einer kam sogar bis in die Kajüte gezappelt und spritzte Zéca, der sich ebenfalls auf eine Bank gelegt hatte, Wasser ins Gesicht. Aber Zéca schien das nichts auszumachen. Er schlief tief und fest.
Nina spürte, daß ihr Magen kurz davor war, sich umzudrehen. Sie rüttelte Mareike an der Schulter. »He, Mareike! Glaubst du wirklich, daß der alte Kahn hier diesem Wellengang gewachsen ist?«
»Sicher doch, du Schißhase«, knurrte Mareike, ohne die Augen zu öffnen. »Und jetzt laß mich schlafen.«
»Man kann doch nicht schlafen bei so einem Seegang! Außerdem will ich jetzt sofort von dir wissen, wieso du das Boot als Horrorschiff bezeichnet hast! Das muß doch einen Grund haben!«
Mareike öffnete das rechte Auge, aber nur einen Spaltbreit, um Ninas Gesichtsfarbe zu überprüfen. »Ich weiß gar nicht, was du hast«, sagte sie dann. »Solange du nicht so grün im Gesicht bist wie meine Freundin Luzie, als sie zum erstenmal hier an Bord war, hast du keinen Grund zur Klage. Wir hatten damals bis zum Morgengrauen durchgesoffen, und das sollte man nicht tun, wenn man eine Seereise machen will. Luzie und ich haben stunden-

lang im Walzertakt über die Reling gereihert. Ich hätte nicht gedacht, daß man das kann, wenn man nur ein Fischbrötchen und einen halben Liter Sprit im Bauch hat, aber wir konnten überhaupt nicht mehr damit aufhören. Luzie hat geschätzt, daß unseretwegen der Meeresspiegel weltweit um ungefähr einen Meter gestiegen sein muß. Seitdem ist das Schiff hier für mich das Horrorschiff. Zufrieden?«

Nina antwortete nicht. Sie kämpfte mit ihrer Übelkeit.

»Hier«, sagte Mareike und reichte ihr die Reisetabletten. »Probier's mal damit.«

Aus dem Schlaf gerissen wurde Nina von einem Ruck, der durch das Schiff ging, gefolgt von Gebrüll und Geschrei. Zuerst konnte sie sich nicht erinnern, wo sie war. Dann lief sie aus der Kajüte nach draußen und blieb gleich wieder stehen, geblendet von knalligem Sonnenschein.

Als sich ihre Augen an das Licht gewöhnt hatten, sah sie einen großen, prächtig glänzenden Fisch, der übers Deck zappelte und wild um sich schlug, in der Hoffnung, dem Grill zu entrinnen, der sein Schicksal war.

»Um mêlon!« rief Zéca einem der Sportfischer zu, Augusto, einem sonnenverbrannten Spanier vom Format eines Orang-Utans. Das dunkle Rot seiner Haut schien sich noch zu vertiefen, als ihm klar wurde, was für einen guten Fang er da gemacht hatte. Die anderen Angler starrten den Fisch bewundernd und neidisch an, und während Augusto nach dem Knüppel suchte, mit dem er dem Merlin den Rest geben wollte, erbot sich Käpt'n Carlos, eine Runde Rum zu spendieren, um den Fang zu feiern.

Nina lehnte dankend ab, aber die Männer ließen sich nicht zweimal bitten. Der Merlin wurde allmählich matter. Er zuckte nur noch müde mit dem Kopf und machte das Maul auf und zu, immer wieder. Wie Christoph, als er seine Enelda im Wohnzimmer hatte sitzen sehen.
Während Käpt'n Carlos einen endlosen Trinkspruch ausbrachte, lang und knorrig wie der Unterarm eines Piraten, nahm Nina sich ein Herz, packte den glitschigen Fisch, der ihr leid tat, mit beiden Händen und warf ihn über die Reling.
Platsch. Weg war er, der Merlin.
Totenstille trat ein. Augusto, der den Knüppel inzwischen gefunden hatte, blieb stehen wie eine Uhr. Auch die anderen Männer hatten sichtlich Mühe, zwischen Traum und Wirklichkeit zu unterscheiden.
»Was ist denn hier los?« fragte Mareike, lugte aus der Kajüte, rieb sich die Nase und blinzelte. »Hat euch alle der Blitz getroffen?«
Als der Sturm auf Nina losbrach, warf sich Mareike mutig dazwischen. Augusto lief beim Brüllen Schaum aus den Mundwinkeln, und auch die anderen Angler schienen einem Lynchmord nicht abgeneigt zu sein. Sie führten sich wie wild auf, schüttelten die Fäuste, stießen Flüche in sieben verschiedenen Sprachen aus und polterten auf eine Weise herum, die selbst Rumpelstilzchen alle Ehre gemacht hätte. Nina fürchtete schon, an der Rahe aufgeknüpft zu werden, auch wenn es hier gar keine gab, oder über die Planke gehen zu müssen, doch das Schlimmste konnte noch einmal abgewendet werden. Irgendwie gelang es Mareike, die ganze Sache als ein großes Mißverständnis hinzustellen. Als er sich aus seiner Lethargie gerissen hatte, griff auch Käpt'n Carlos schlichtend

ein und besiegelte den Waffenstillstand mit einer weiteren Runde Rum.
Mareike brachte es später fertig, mit ihrem Charme den blutrünstigen Berserker Augusto zu bezirzen und ihn wieder in einen zivilisierten Menschen zu verwandeln, der bereit war, Nina zur Versöhnung die Hand zu reichen und ihr sogar seine Angel anzubieten.
»Das solltest du annehmen«, sagte Mareike, »wenn dir dein Leben lieb ist. Der Ausflug hier kostet ihn mindestens vierzigtausend Escudos, und so ein Friedensangebot bekommst du kein zweites Mal.«
»Und wie hast du das geschafft?« fragte Nina und lächelte Augusto unsicher zu.
»Ich hab ihm eingeredet, daß du ihm den Fisch reichen wolltest und er dir dabei aus der Hand gesprungen sei. Und jetzt fackel nicht länger!«
Nina schluckte. Dann nahm sie die Angelrute entgegen und ließ sich auf dem sogenannten *fighting chair* festschnallen, einem Metallsessel, der auf dem Deck verschraubt war und eine gewisse Ähnlichkeit mit einem Gynäkologenstuhl aufwies.
Die Sonne glühte, das Horrorschiff schaukelte, und Augusto half Nina dabei, die Angelschnur auszuwerfen.
»Sei eine Frau!« rief Mareike anfeuernd. »Kämpf mit dem Tier!«
»Und wenn jetzt ein Riesenkrake anbeißt?«
»Dann wird dir Augusto schon zur Hand gehen. An Land kannst du den Kraken dann wiegen und ein Foto von euch schießen lassen.«
»Besten Dank. Ich bin doch keine Großwildjägerin.«
»Jetzt schon. Und nun halt mal deinen Sabbel. Konzentrier dich lieber darauf, den Merlin wieder einzufangen ...«

Im stillen betete Nina darum, daß alle Fische, große und kleine, inklusive Merlin und Krake, einen großen Bogen um das Horrorschiff machten. Und tatsächlich biß eine Viertelstunde lang keiner an.
Dann aber doch.
»Bingo!« schrie Mareike. »Kurbeln!«
Augusto stürzte herbei und übernahm die Regie. Überall fuchtelten Hände herum. Was auch immer das für ein Fisch ist, dachte Nina, er hat Kraft! Er wird das ganze Horrorschiff auf den Meeresgrund ziehen, und wir werden elendiglich ersaufen ...
Dazu kam es jedoch nicht, denn der Fisch riß sich los.
Augusto machte ein enttäuschtes Gesicht, aber dann zuckte er mit den Schultern und befreite Nina aus dem *fighting chair.*
Grenzenlos erleichtert wankte Nina wieder in die Kajüte zurück, zum Weiterschlafen.

Ess ê nha terra!« rief Zéca voller Stolz, als das Schiff am Abend im Hafen von Tarrafal anlegte.
»Was hat er gesagt?« fragte Nina und zupfte Mareike am Ärmel.
»Daß das hier seine Heimat ist.«
Zéca, gründlich ausgeschlafen und unternehmungslustig, übernahm jetzt mit dem größten Vergnügen seinen Job als Guide. Wortreich erklärte er, was es alles zu sehen gab.
Nina verstand nur Bahnhof, und Mareike versuchte sich als Simultandolmetscherin. Sao Nicolau, erzählte Zéca, gehöre zu den sogenannten Barlaventos, den Inseln vor dem Winde, aber es verirrten sich nur selten Wassersport-

ler hierher. Ihr Name sei der Insel von einem Kapitän verliehen worden, der sie am Nikolaustag des Jahres 1461 zum erstenmal betreten habe. Damals hätten noch keine Afrikaner auf Sao Nicolau gelebt, die seien erst später gekommen, zwangsweise, als Sklaven. Das seien seine Ahnen gewesen.

Nina sah verlegen zu Boden, aber Zéca hatte nicht die Absicht, ihr die Schuld für die Sklaverei anzulasten. Auf Sao Nicolau, fuhr er fort, gebe es Kaffee, Zuckerrohr, Bananen und Kokospalmen, und die Insel sei der Geburtsort einiger berühmter Musiker und Dichter. Er selbst, fügte Zéca grinsend hinzu, sei aber wohl nicht zum Dichter geboren. Er habe die Schule nach der fünften Klasse aus den Augen verloren, weil er, wie Mareike übersetzte, »zu busy gewesen« sei.

Nina machte große Augen. »Zu busy?«

»Ja, mit Wellenreiten am Ponta Preta ...«

Vor ihnen, inmitten einer trostlosen graubraunen Landschaft, schlief ein kleines Fischerdorf. So kam es Nina jedenfalls vor.

Doch das Dorf schlief nicht. »Manêra Zéca«, tönte es von überall her, als er sie zu ihrem Quartier brachte, der *Pension Alice* an der Hafenpromenade. Es war kein weiter Weg, aber sie kamen nur sehr langsam voran, denn Zéca hatte zahllose Verwandte und Bekannte, die ihn und seine Begleitung unbedingt und auf der Stelle zu einem Grogue in die Strandbar *Esplanade* einladen wollten. Nina sah ein, daß sie sich nicht um jeden Begrüßungsschluck drücken konnte, das wäre unhöflich gewesen. So mußte sie ihrem Vorsatz, nie wieder Alkohol zu trinken, untreu werden. Nach der Begegnung mit Zécas Vettern Djó und Lau, seiner Großtante Nhana, seinem Onkel Jorge, seiner

Hebamme Oróra und seinem Halbbruder José Maria hatte Nina schon so viel intus, daß sie sich die Namen nicht mehr alle merken konnte. Zu den Leuten, die sie und Mareike in den nächsten zwei Stunden noch kennenlernten, gehörten fünf der sieben Schwestern von Zéca, vier weitere Brüder, seine Eltern, seine beiden Großmütter, neun seiner engsten Freunde und Freundinnen, zwei seiner Nichten, elf oder zwölf seiner Kusinen und dann mindestens ein Dutzend seiner Nachbarn, und alle redeten und lachten und schenkten den Ankömmlingen pausenlos Grogue nach. Guido hatte zwar gesagt, daß Zéca ruhebedürftig sei, aber Nina hatte nicht den Eindruck, daß er sich unwohl fühlte. Er quatschte mit allen gleichzeitig, und es war nicht zu übersehen, daß ihm alles einen Riesenspaß machte. Als Kontakter in der Werbebranche müßte Zéca eine steile Karriere machen können, dachte Nina und tat zum zehntenmal so, als ob sie an ihrem Grogue nippen würde.

»Wenn ich mich nicht verzählt habe, ist mir gerade Zécas fünfte Großmutter vorgestellt worden«, tuschelte Mareike Nina zu, mit einer Stimme, die schon leicht lallte. »Ich verliere langsam den Übelbick.«

»Den Überblick, meinst du wohl.«

»Hab ich doch gesagt.«

»Nein, du hast Übelbick gesagt.«

»Ja, genau. Übelbick. Ich verliersame langsam den Übelbick.«

»Mareike, ich glaube, du mußt ins Bett«, sagte Nina und warf Zéca einen hilfesuchenden Blick zu.

Obwohl er mitten im Gespräch mit schätzungsweise zwanzig Insulanern war, fing Zéca den Blick sofort auf, verabschiedete sich stürmisch und hakte zusammen mit einem

seiner Vettern die aus dem Gleichgewicht geratene Mareike unter.
Nina dankte Gott, daß sie sich beim Trinken etwas mehr zurückgehalten hatte. Sie brauchte niemanden als Stütze, aber sie freute sich, daß ein anderer Vetter oder ein Bruder oder ein Nachbar von Zéca so nett war, ihren Rucksack zu schultern.
Mareike taperte benommen vor sich hin und wurde von den Männern mehr getragen und geschoben als gestützt. Sie kam erst wieder zu sich, als sie schwungvoll auf dem Bett deponiert worden war, in dem Doppelzimmer, das Zéca für sie und Nina aufgetrieben hatte.
»Uff«, machte Mareike, schielte Zéca und seinen Vetter an, streifte sich an der Bettkante die Schuhe ab, die klackernd zu Boden purzelten, und fragte: »Quont primo ... bo tec?«
Zéca gab unter Gelächter eine Antwort, die Nina nicht verstand. »Was hast du ihn gefragt?« wollte sie wissen, als die Männer das Zimmer verlassen hatten und mit großem Getöse die Treppe hinuntergestiefelt waren.
»Wie vette viele ... vie wiele ... wie viele Vettern er hat.«
»Und was hat er geantwortet?«
»Mehr als sweihundert«, sagte Mareike und kaute auf ihrer Zunge, um sie wieder unter Kontrolle zu bringen. »Er weiß es sepps nich so genau. Ich glaube, er hat den Übelbick ... den Übelbick ...«
»...verloren«, ergänzte Nina, aber Mareike war schon eingepennt.

Klimaanlage anmachen, war Mareikes erster Gedanke, als sie erwachte. Es war brütendheiß. Marslandschaft suchen, war ihr zweiter Gedanke. Sie hatte einen dicken Kopf, aber sie hatte auch einen Plan, das wußte sie, und so was half ihr normalerweise dabei, nach durchzechten Nächten und schlechtem Schlaf in die Realität zurückzufinden.

Als sie die verklebten Augen öffnete, überstürzten sich ihre Gedanken. Innerhalb einer Sekunde dachte sie kreuz und quer durcheinander ungefähr folgendes: Ich bin noch angezogen, Ninas Bett ist leer, es gibt hier keine Klimaanlage, der letzte Grogue war schlecht, ich muß mal, es ist stickig hier, es ist alles nur ein böser Traum, ein Viertelstündchen könnte ich ruhig noch schlafen, hoffentlich ist die schwarze Spinne da oben in der Zimmerecke heute nacht nicht über mein Gesicht gelaufen, wenn die Landschaft auf Sao Nicolau keine gute Filmkulisse ist, bin ich geliefert, mein rechtes Ohr tut weh, vor dem Einschlafen hätte ich besser meine Ohrringe abgenommen, ich hätte vielleicht doch besser reich heiraten sollen, mein Kissen ist schweißnaß, warum gibt es hier keinen Mann, der mir das Frühstück ans Bett bringt, ich muß einen Mundgeruch haben wie der Glöckner von Notre-Dame …

Sie dämmerte wieder weg und hatte einen schnellen und schrecklichen Alptraum, in dem sie sich über Sao Nicolau stolpern sah, vor der Kameralinse die herrlichsten Filmkulissen, aber sie kam nicht an den Auslöser, sie konnte die Arme nicht mehr bewegen, weil sie sich in einem Spinnennetz verfangen hatte, und dann sah sie die Spinne herankriechen, groß und fies und hungrig. »Eischentlisch hab isch ja äster Klasse gebucht«, sabberte die Spin-

ne, »awwer mit so enem hübsche Geschöpf an meinä Seit, da will isch emal e Aach zudrücke!«
Entsetzt schrak Mareike aus dem Traum. Raus hier, dachte sie. Aber dalli!
Sie quälte sich aus dem Bett und stapfte ins Bad, wo sie feststellte, daß kein Wasser aus dem Hahn kam, so sehr sie auch fluchte und kurbelte.
Dann wankte sie die verwinkelte Treppe hinunter. Das Frühstückszimmer der Pension war leer. Sie ging weiter, bis sie die Küche fand. Dort waren drei junge Frauen damit beschäftigt, schmale Holzstämme in einen Bottich mit Mais und Bohnen zu stoßen. Hier entstand das kapverdische Nationalgericht Chachupa, eine Art Bohneneintopf, aber im Moment hatte Mareike nicht das geringste Interesse an küchenkulturhistorischen Betrachtungen.
Kaffee. Taxi. Nina. Zéca. Das war alles, wofür Mareike sich jetzt interessierte. Oder doch fast alles. Denn sie war ja überhaupt nur hergekommen, um geeignete Schauplätze für das Fernsehdrama zu entdecken. Der Fuß des Monte Gordo, dachte sie, könnte ein passabler Drehort sein.
Doch als sie Zéca im Haus seiner Eltern gefunden hatte, lag er wie versteinert auf seiner Matratze und schlief. »Rapaz, bô ca cré bai!« brüllte Mareike ihm ins Ohr, aber Zéca grunzte nur, steckte den Daumen in den Mund, drehte sich auf die andere Seite und sank noch tiefer in den Schlaf.
»Gib's auf«, sagte Nina. Sie war schon zwei Stunden früher aufgestanden und hatte sich die Zeit damit vertrieben, sich in Zeichensprache mit Zécas Mutter Tanha über Fragen der Weltpolitik zu unterhalten. »Wenn er so viel Grogue getrunken hat, wie ich glaube, wird er frühestens

in drei Jahren wieder zu sich kommen. Und dann wird er alles andere als genießbar sein ...«

Schließlich hockten eine verkaterte Mareike und eine zweiflerische Nina in einem Auto, das den Namen Taxi nicht verdiente. Es klapperte und röhrte, und der Motor hörte sich an wie die Lunge im Brustkorb eines Kettenrauchers beim Treppensteigen.

Der Fahrer holte alles aus dem Wagen heraus. Sie fuhren durch eine braune, gebirgige Gegend, die nur spärlich bewachsen war. Manchmal mußten sie Eseln ausweichen, die mit Zuckerrohr beladen ins Tal getrieben wurden. Zwei Bergketten, deren Gipfel abgenagt und seltsam zerfressen aussahen, zogen sich quer über die Insel, wie angebrannte, von einer überforderten Hausfrau arrangierte Marmorkuchenscheiben.

Schließlich stiegen sie aus. Mareike wedelte mit dem Reiseführer. »Der Monte Gordo ist schlappe 1312 Meter hoch«, erklärte sie. »Oben ist nix. Keine Bergstation, keine Jause, gar nichts. Nur Nebel.«

»Und Touristen«, erwiderte Nina. Ein Pärchen, das bis an die Zähne mit Fotoapparaten und Videokameras bewaffnet war, kam ihnen entgegen. »Oder sind das etwa auch alles Location-Scouts?«

»Wohl kaum. Die sehen eher so aus wie Anders-Reisen-Touris. Vor denen ist man nirgendwo auf der Welt sicher.«

Und tatsächlich, die Touristen stellten sich als Luigi und Alessandra von der Reisegruppe »Viaggare Diverso« aus Mailand vor. Sie baten darum, fotografiert und gefilmt zu werden, und Mareike tat ihnen den Gefallen.

Als sie sich ausschweifend bedankt hatten und gegangen waren, kamen die nächsten aus dem Nebel. Und dann

noch welche. Und noch welche. Die Reisegruppe schien außerordentlich groß zu sein. »Weißt du, was Sehnenscheidenentzündung auf italienisch heißt? Ich brauche eine Ausrede, wenn noch mehr Pärchen kommen und fotografiert werden wollen. Oder du mußt mich ablösen.«
»Wieso? Du bist doch hier die Fotografin.«
»Genau. Und deshalb muß ich jetzt mal ein paar eigene Fotos machen.«
»Und was willst du fotografieren? Ich sehe weit und breit nur Nebel. Wenn das die richtige Location für einen Science-fiction-Film sein soll, kannst du der Produktionsleitung auch den Hamburger Hafen als Drehort vorschlagen.«
»Mach dich nur lustig«, sagte Mareike. »Von einem Landei, das sich multifunktionale Bergsteigerhosen aus dem Globetrotterladen anzieht, wenn es auf eine Erhebung wandern will, die kaum höher ist als ein Ameisenhaufen, lasse ich mich nicht entmutigen.«
»Falsch geraten. Die Hosen habe ich auf dem Flohmarkt gekauft und nicht im Globetrotterladen.«
Mareike suchte nach einer passenden Entgegnung, aber es verschlug ihr die Sprache, denn der Nebel teilte sich und gab von einer Sekunde auf die andere den Blick ins Tal frei.
»Mondlandschaften, Marslandschaften, Jupiterlandschaften!« kreischte Mareike, zeigte auf die dunkelbraunen und grauen Basaltformationen und zerrte die Digitalkamera aus dem Rucksack. »Willst du immer noch behaupten, daß es hier wie am Hamburger Hafen aussieht?«

Im Schatten eines Lebensmittelladens, der zugleich auch Postamt und Bar war, trafen Nina und Mareike nach dem Abstieg wieder auf die Italiener. Mareike machte den Reiseleiter ausfindig und löcherte ihn mit Fragen. Dann verkündete sie Nina, daß sie jetzt dringend an die Nordküste fahren müßten. »Da gibt es ein winziges Dorf namens Cavoeiros, das befindet sich oben an der Küste, wo sie senkrecht ins Meer abfällt, dreißig Meter tief. Luigi sagt, das sei ein Traum ...«

»Wer ist Luigi?«

»Der schnucklige Reiseleiter.« Mareike deutete mit einer Kopfbewegung an, wen sie meinte.

Nina sah den Mann an, der außer Hörweite saß und eine Cola trank. »Was soll an dem denn schnucklig sein? Etwa seine Glatze? Oder das halbe Pfund Katzengold, das er sich um den Hals gehängt hat?«

»Na gut, schnucklig ist vielleicht zuviel gesagt. Aber völlig unschnucklig ist er auch nicht. Er lispelt nämlich. Ich habe vorher noch nie gehört, wie es klingt, wenn ein Italiener lispelt. Jetzt müssen wir jedenfalls nach Cavoeiros. Der Aluger kann jeden Moment kommen.«

»Der wer?«

»Der Aluger. Ein Minibus. Der fährt hier zwischen Tarrafal und Vila hin und her und sammelt alle auf, die am Straßenrand den Arm heben.«

»Ohne mich, meine Liebe. Mir ist heiß. Ich möchte lieber ein bißchen schwimmen gehen als irgendwo an der Steilküste herumzukraxeln.«

Das war Ninas letztes Wort. Eine Viertelstunde später saß sie zwischen Passagieren mit angstvoll gackernden Hühnern auf dem Schoß im Aluger, der sie zurück nach Tarrafal brachte, und lauschte dem Busradio. Es untermalte die Reise mit Klängen, die nicht weniger schwungvoll waren als der Fahrstil des Busfahrers. Nina wurde unterwegs von einer Seite auf die andere geworfen, und es verfingen sich Hühnerfedern in ihrem Haar.

Sie dachte an Mareike und den schnuckligen Reiseleiter. Typisch Nina, hatte Mareike gesagt, als sie den Berg erklommen hatten. In Ninas Augen war es dagegen typisch Mareike, nicht so genau zu wissen, wovon die nächste Miete bestritten werden sollte, dann auf einmal irgendwelche seltsamen und hektischen Aktivitäten im Vulkangebirge zu entfalten und zwischendurch noch mit einem italienischen Reiseleiter zu flirten.

Als sie angekommen war und im Hotel ihren Rucksack aufs Bett geworfen hatte, kramte Nina ihr Handtuch, ihre Sonnencreme und ihren Bikini heraus. Sie fühlte sich verschwitzt und klebrig, und sie hatte drei Wünsche, die ohne die Hilfe irgendeiner Fee erfüllt werden konnten: Sie wollte baden, sie wollte faulenzen, und sie wollte allein sein.

Auf der Straße spielten ein paar Kinder Fußball mit einer schnabellosen, ausgeblichenen Gummi-Ente, und der Strand war menschenleer. Nur zwei Köter rannten dort herum und stritten sich um einen Knochen. An der Strandbar sah Nina Zéca sitzen.

»Bô tard, Nina«, rief er ihr zu, offensichtlich gut erholt und ausgeschlafen und nicht im geringsten von Gewissensbissen geplagt. Er schien sich auch nicht zu fragen, wo Mareike geblieben war. Statt dessen stellte er Nina die Barfrau vor, Constanze, eine rothaarige Schweizerin und nach Ninas Einschätzung eine der wenigen Frauen auf Sao Nicolau, mit denen Zéca nicht verwandt war, nicht einmal um sechzehn Ecken herum. Dann zog er das Futter aus seinen Hosentaschen heraus, zuckte mit den Schultern und grinste Nina an, erst entschuldigend, dann fragend. Das sollte wohl heißen: *Ich würde uns gerne ein Getränk spendieren, nur bin ich leider völlig abgebrannt ...*

Nina holte ihr Portemonnaie heraus. Mit der Währung kam sie immer noch nicht gut zurecht. Sie kippte ihr Kleingeld auf den Tresen und bestellte einen Grogue und ein Mineralwasser.

Constanze fischte die passenden Münzen heraus und meinte mit einem Blick auf Ninas Badesachen: »Falls du die Absicht hast, schwimmen zu gehen, solltest du dir lieber eine andere Tageszeit aussuchen. Nachmittags ist der schwarze Strand hier so heiß, daß man sich die Füße verbrennt.«

»O fuck«, sagte Nina enttäuscht. »Und wenn ich meine Badeschlappen anbehalte?«

»Laß es lieber. Du wirst zerschmurgeln wie ein Vampir im Sonnenschein.«

Zéca mischte sich ins Gespräch, und Constanze dolmetschte: »Er sagt, er kennt eine Bucht mit hellem Sand, nicht weit von hier. Da könnt ihr baden und euch in den Sand einbuddeln.«

»Sehe ich vielleicht so aus, als ob ich mich in den Sand einbuddeln möchte? Ich will baden!«

Lachend übersetzte Constanze, was Nina gesagt hatte. Daraufhin ließ Zéca einen Redeschwall los, den Constanze für Nina zusammenfaßte: »Der Strand von Tarrafal ist reich an Titan und Jod, und man erzählt sich die abenteuerlichsten Geschichten über seine wundersame Heilkraft. Einmal ist ein sterbenskranker Priester aus Sao Vincente hierhergebracht worden. Man hatte ihm sogar schon die Letzte Ölung gegeben. Aber nach ein paar Wochen mit

Schlammbädern und einer speziellen Algenbehandlung hätte er wieder Bäume ausreißen können. Das hat er natürlich nicht getan, sondern er hat bei der nächsten kirchlichen Prozession die Flagge getragen, aber in den Augen seiner Ärzte ist auch das schon ein Wunder gewesen. Zéca ist jedenfalls bereit, dich einzubuddeln, und er sagt, du würdest dich danach so jung und glücklich fühlen wie ein Baby an der Mutterbrust.«

»Na, das klingt ja recht vielversprechend«, erwiderte Nina. »Ich bin zwar nicht sterbenskrank, und eigentlich möchte ich wirklich lieber baden statt bis zum Hals in Titan und Jod zu stecken und mich dabei wie ein Säugling zu fühlen. Aber gut, wenn das zu dieser Tageszeit hier so üblich ist, lasse ich es mal auf einen Versuch ankommen.« Sie trank ihr Mineralwasser aus und nickte Zéca zu. »Okay! Worauf warten wir noch?«

»Viel Spaß, ihr zwei!« rief Constanze den beiden hinterher und zwinkerte ihnen zu. Nina fragte sich, ob das irgendwie anzüglich gemeint war. Unsinn, dachte sie dann, ich sehe ja schon Gespenster! Höchste Zeit, daß ich mich ein bißchen im Wundersand von Tarrafal verjüngen lasse ...

Die Bucht, die Zéca gemeint hatte, war still und bildschön, und der feuchte Sand, den er auf Ninas Rücken und Beine schaufelte, eignete sich gut zum Modellieren und Manschen. Zéca formte nacheinander ein Boot, eine Burg und einen Walfisch aus dem Sand über Nina und kommentierte die Schönheit seiner Skulpturen wortreich und sehr engagiert.

Nina verstand nichts davon, und was Zéca da konstruierte, konnte sie natürlich nicht sehen. Sie schwelgte in dem Gefühl, abgekühlt und verwöhnt zu werden, und in dem

Bewußtsein, wie gesund das alles war. Die meisten vergnüglichen Sachen machten ja dick oder krank oder schwanger, waren unmoralisch oder kosteten ein halbes Vermögen. Diese Sache hier war anders, sie war gleichzeitig angenehm, gratis, jugendfrei und vor allem gesund, wenn Zéca und Constanze keinen Quatsch erzählt hatten. Herrlich, so zu dösen! Oder auch nicht, dachte Nina. Irgendwann stellte sich immer wieder der lästige Gedanke an Enelda Fortes dos Santos ein. Oder der an die Nacht mit Napoleon. Für den schien das alles ja kein großes Problem zu sein. Vielleicht hatte er ja auch in jeder zweiten und dritten Nacht, die er nicht mit Guido verbrachte, ein fremdes Menschengeschöpf neben sich liegen, Männlein oder Weiblein, einfach so, irgendwelche Bierleichen oder Caipirinhaleichen ...

Nina döste vor sich hin, stieß von Zeit zu Zeit ein genießerisches Grunzen aus und ließ es sich gutgehen. Doch nach einer halben Stunde wurde es Zéca langweilig. Er lief herum und munitionierte sich mit Schlamm, und dann attackierte er Nina aus sicherer Entfernung, wobei er lachte und auf Creolo unverständliche Sachen ausrief, bodenlose Unverschämtheiten wahrscheinlich.

Ein dickes Schlammpaket traf Nina am Hinterkopf.

»Na warte, dich krieg ich!« brüllte sie, schüttelte den Schlamm ab und befreite sich aus der Walfischskulptur. Mit zwei Fäusten voll Schlamm ging sie auf Zéca los.

Der Kampf wogte hin und her. Zéca hatte einen gewissen Heimvorteil und offenbar auch einige Übung, aber Nina erwies sich als hartgesottene Kämpferin. Ein ums andere Mal erzielte sie Treffer, mittschiffs oder genau in Zécas Gesicht. »Mitten in die Zwölf!« rief sie dann, und Zéca war so nett, sich bei Volltreffern in den Dreck zu werfen wie ein Stuntman und sich jämmerlich winselnd hin und her zu wälzen. Aber auch Nina mußte zahlreiche Treffer einstecken. Als sie zum neunzehnten- oder zwanzigstenmal eine Ladung Schlamm verpaßt bekommen hatte, beantragte sie japsend einen Waffenstillstand. Sie hatte das Gefühl, wie eine Kreuzung aus Medusa und Frankensteins Monster auszusehen. Zéca, der genausooft getroffen worden war, ähnelte in Ninas Augen inzwischen gewissen Wesen, die in billigen Horrorfilmen zu mitternächtlicher Stunde aus Urwaldsümpfen auftauchen.

Nina und Zéca rannten in die Brandung, um sich den Sand aus Haaren und Klamotten zu spülen. So ausgelassen, erinnerte sich Nina, hatte sie zuletzt in ihren Kindertagen mit Schlamm und Sand geschweinigelt, am Strand von St. Peter Ording. Aber da war das Wasser kälter gewesen.

Als er Ninas nackten Hintern sah, lachte Zéca erstaunt auf. »Bô tec pólpa tud bronc!« rief er.

Nina zuckte mit den Schultern. Sie konnte nur ahnen, was Zéca meinte. Er schien sich darüber zu amüsieren, daß ihre Pobacken kalkweiß waren. Während sie im Wasser planschten, nahm Nina nebenbei etwas Unterricht in Creolo. Und dann schwamm sie noch eine halbe Stunde lang durch die warmen, regelmäßig rollenden Wellen, hin und her, vor und zurück, bis ihr die Puste ausging.

Achtung, Achtung, Achtung!« brüllte Mareike. Sie spielte mit ein paar Dorfkindern Basketball und dribbelte jetzt auf Nina und Zéca zu, die die Uferpromenade entlangspazierten. Als die Kinder Zéca erkannten, rannten sie auf ihn los, kitzelten ihn durch, zogen ihn an

den Armen und wollten auf seine Schultern klettern, alle auf einmal. Eine Weile konnte Zéca sich noch auf den Beinen halten, dann brach er unter dem Ansturm zusammen, zur Freude der Kinder, die jetzt versuchten sich Zéca als Reitpferd dienstbar zu machen.
»So muß sich Goliath gefühlt haben, als er von den Liliputanern gefangengenommen wurde«, sagte Nina. »Ob das auch alles Verwandte von ihm sind?«
»Worauf du dich verlassen kannst. Und jetzt frag mich mal, wie es an der Nordküste gewesen ist.«
»Wie ist es an der Nordküste gewesen?«
Mareike stieß einen Jauchzer aus. »Endlich fragt mich das mal jemand! Phantastisch ist es da gewesen. Einmalig. Irre. Einzigartig. Eine bessere Location für den Film kann es im ganzen Weltall nicht geben. Kilometerlang ist da nichts als nackte braunrote Erde, ein paar Krater und Flächen voller Geröll ...« Sie ließ sich den Basketball von einem kleinen verdreckten Mädchen im puffärmligen rosa Sonntagskleid abjagen. »Und die Steilküste«, fuhr sie fort, »ist auch nicht übel, aber leider denkbar ungeeignet. Sie ist einfach zu steil, wie der Name schon sagt. Da müßten auch der Regisseur, der Kameramann, die Beleuchter und die Tontechniker ihre eigenen Stuntmen mitbringen.«
»Bô tard Mareike, tud cool?« Die Kinder hatten inzwischen von Zéca abgelassen und sich neuen Vergnügungen zugewendet. Einige machten Jagd auf ein Huhn, das sich auf die Promenade verirrt hatte, andere balgten sich um einen blauen Ölkanister, der an den Strand gespült worden war. Nur die zweijährige Lili war zurückgeblieben, das jüngste Mitglied des Clans. Zéca schaukelte die kleine Lili auf den Armen, und sie lächelte verträumt.

Nina schmolz dahin. Frauen, die beim Anblick von Kleinkindern in Entzückensschreie ausbrechen, konnte sie eigentlich nicht leiden, und es hatte ihr immer gestunken, wenn wildfremde Frauen in Bussen und Bahnen die kleine Miriam angefaßt und »Ist die niedlich, die Lütte!« ausgerufen hatten. Aber Lili war einfach zu goldig, und Nina konnte sich nicht beherrschen, sie mußte das Goldkind einmal im Arm halten.
Lili fing sofort an zu weinen.
»Ich glaube, sie hat Angst vor weißer Haut«, sagte Mareike, und sie hatte recht, denn in Zécas Armen gluckste Lili gleich wieder vor Glück und versuchte Zécas Nase zu zerknautschen, aber diese Aufgabe war für Lili nun doch eine Nummer zu groß.

Nina hatte geduscht. Sie trat mit einem Handtuch um den Kopf ins Zimmer, und Mareike rief ihr zu: »Komm und sieh das Paradies!« Sie hatte die Digitalkamera ans Notebook angeschlossen und eine perfekte Aufnahme von der Nordküste auf den Bildschirm gezaubert. »Schaut das nicht irre aus?«
»Du kannst dir auf dem Notebook angucken, was du eben erst fotografiert hast?« fragte Nina.
»Ja, und zwar gestochen scharf«, antwortete Mareike und tätschelte die Kamera. »Mehr als eine halbe Million Pixel Bildauflösung, eine Milliarde Farben und Speichermöglichkeit für zweitausend Bilder.«
»Nicht schlecht. Nach so was würde sich mein Chef alle Finger lecken. In der *Schuppe* benutzen wir immer noch eine Ritsch-Ratsch-Klick-Kamera aus dem Dreißigjährigen Krieg. Was kostet denn so ein Digitalding?«

»Weiß ich gar nicht. Die Kamera gehört nicht mir, die hab ich nur geliehen.«
»Und von wem?«
»Von Fritjof.«
»Wie bitte?« Nina wickelte sich das Handtuch vom Kopf und starrte Mareike an.
»Glotz nicht so. Ich hab ihn vorgestern zufällig am Strand getroffen und ein bißchen mit ihm geplaudert, und als er von meiner Notlage erfahren hat, ist er so nett gewesen, mir die Kamera zu borgen. Für einen Job wie diesen ist das genau die richtige Ausrüstung. Du glotzt ja immer noch so! Hast du irgendwelche Probleme damit?«
»Äh … nein«, stammelte Nina. »Ich wundere mich nur. Du hast mir gar nichts davon erzählt.«
»Du hast mich ja auch nicht danach gefragt. Über dich haben wir übrigens nicht geredet, falls es dich interessiert.«
Nina krabbelte auf dem Fußboden herum und suchte nach der Bürste. »Wenn du glaubst, ich denke Tag und Nacht über Fritjof nach, bist du auf dem Holzweg.«
»Und du selbst bist auf dem Holzweg, wenn du da unten nach der Bürste suchst. Die liegt auf meinem Bett, neben dem Kopfkissen. Hast du eigentlich was Bestimmtes vor oder machst du dich nur aus Gewohnheit hübsch?«
»Wieso? Ich dachte, wir unternehmen nachher einen Dorfbummel.«
»Tut mir leid, ich muß arbeiten. Wahrscheinlich bis in die Puppen. Ich muß alle Bilder durchgehen und mir zu jedem einzelnen einen Text ausdenken, der den grauen Eminenzen in der Produktionsfirma den Mund wäßrig macht. Den Dorfbummel wirst du wohl alleine unternehmen müssen. Aber ich glaube, es besteht keine Gefahr,

daß du hier vereinsamen wirst. Mindestens hundert engere Verwandte von Zéca brennen sicherlich schon darauf, dir wieder einen auszugeben …«

Auf der Straße traf Nina Constanze, die auch noch nicht wußte, was sie mit dem Abend anfangen sollte, und so zogen die beiden gemeinsam los. »Erst mal Krapfen kaufen«, schlug Constanze vor. Die besten Krapfen gab es bei Maria Rosa, einer Tante von Zéca, deren Wohnzimmer auch ein Lebensmittelgeschäft war.
Maria Rosa, eine sehr energische Frau mit glatten schwarzen Haaren und einem markant geschnittenen Gesicht, tischte Saft und kalorienreiche Krapfen auf, und als sie von Constanze erfuhr, daß Nina mit Zéca befreundet war, weigerte sie sich, Geld anzunehmen. Sie erzählte, was Zéca für ein kluges und frommes Kind gewesen sei. Hochbegabt sei er gewesen. Und gottesfürchtig. Priester hätte er werden können, verkündete Maria Rosa. Oder sogar Bischof, und dann hätte er die ganze Familie nach Rom einladen können. Wie schön wäre es doch, einmal im Leben dem Heiligen Vater die Hand küssen zu dürfen. Aber was sei aus Zéca geworden? Kein Priester und kein Bischof, nicht einmal ein Fischer, sondern nur ein Wellenreiter! Aber jetzt sei es zu spät, und sie habe sich damit abgefunden. Es sei ja auch nicht ihre Aufgabe, Zéca zu erziehen.
Sie sprach so schnell, daß Constanze Mühe hatte, mit dem Dolmetschen hinterherzukommen. Vom Vatikan hatte Maria Rosa märchenhafte Vorstellungen. Das sei ein Ort, wo es keine Zwietracht gebe, erklärte sie, und es gehe eine magische Kraft davon aus, die das Böse zerstöre und je-

den Menschen verwandle. Ihr Sohn Joao sei nach Spanien ausgewandert, und dort habe er einen Mann kennengelernt, dessen Bruder nur durch eine Pilgerreise nach Rom von einem lebensbedrohlichen Magengeschwür geheilt worden sei. Es könne auch der Vater dieses Mannes gewesen sein oder sein Sohn, so genau wisse sie das nicht mehr. Aber es sei wahr, genauso wahr wie die Geschichte von der blinden portugiesischen Nonne, die nach einer Audienz beim Papst das Augenlicht zurückgewonnen habe.
Nina wunderte sich jetzt nicht mehr darüber, daß Maria Rosa ihr Wohnzimmer mit Dutzenden von Jesusbildchen geschmückt hatte. Ab und zu kamen Kinder hereingeflitzt, um Brot oder süße Kuchen zu kaufen und einen neugierigen Blick auf die weißen Frauen zu werfen. Während sie ihre kleinen Kunden bediente, redete Maria Rosa wie ein Wasserfall weiter. Sie erzählte, daß sie insgesamt sechs Kinder habe und daß alle ausgewandert seien, Joao nach Spanien, Laurice nach Portugal und die anderen nach Amerika, und alle schickten ihr Geld, jeden Monat! Leider gebe es auf Sao Nicolau nicht genug Arbeit. Von den wenigen Touristen könne niemand leben. Fast alle Männer auf Sao Nicolau seien Fischer.
Sie kramte in einer Zigarrenkiste mit zerbrochenem Deckel, in der sie die Fotos ihrer Kinder aufbewahrte, und erklärte ausführlich, wer auf den Fotos zu sehen war. Es seien auch schon drei Enkelkinder dazugekommen. Einmal im Jahr, sagte sie, kämen alle Emigranten zurück nach Sao Nicolau. Das seien die schönsten Tage des Jahres, und ihr breche jedesmal fast das Herz, wenn sie ihre Kinder und Enkelkinder wieder ziehen lassen müsse, in die fernen Länder, wo bestimmt nicht alle Menschen so

gottesfürchtig seien wie auf Sao Nicolau. Vor allem in Amerika gebe es viele Versuchungen, denen ein Christenmensch erliegen könne, wenn er darin nachlasse, den Geboten zu folgen und sorgsam auf sich und sein Seelenheil achtzugeben. »Bô é católico?« fragte sie und sah Nina an.

»Sie will wissen, ob du katholisch bist«, übersetzte Constanze.

Nina hatte den Mund voll Krapfen und spülte ihn mit einem Schluck vom zuckersüßen Sirupsaftgemisch runter. Dann schüttelte sie den Kopf. »Evangelisch«, sagte sie. »Protestantisch.«

»Caten' problema«, entschied Maria Rosa. Nina dürfe trotzdem mit zum Gottesdienst kommen. »Nò bai!«

»Wir gehen, heißt das«, übersetzte Constanze.

Nina war etwas irritiert über den abrupten Marschbefehl. Auf einen Gottesdienstbesuch war sie nicht gefaßt gewesen. Aber vielleicht würde es ja auch ganz interessant werden. Und Maria Rosa schien es gewohnt zu sein, daß man sich ihren Anordnungen fügte.

»Kann ich da einfach so hingehen? In diesen Sachen?« fragte Nina.

»Ich glaube schon«, antwortete Constanze. »Aber vielleicht hat Maria Rosa ein Tuch für dich, das du dir um die Schultern legen kannst, damit der Priester keine Stielaugen kriegt.«

Die Messe fand unter freiem Himmel statt und glich nach mitteleuropäischen Maßstäben eher einem Musikfestival als einem Gottesdienst. Liebevoll herausgeputzte Kinder tobten zwischen den Bänken herum, und vorne spielte eine Band äußerst schmissige Versionen von Kirchenliedern, die Nina entfernt bekannt vorkamen. Von der Predigt, die ein uralter, aber quicklebendiger Priester hielt,

verstand sie kein Wort, und sie war ganz froh, daß sie sich weit hinten befand, wo ihre Unvertrautheit mit der Liturgie niemandem auffiel. Sie hatte noch nie begriffen, warum und wann und wie oft Katholiken sich im Gottesdienst hinknieten und wieder aufstanden.
Hinterher stellte Rosa Maria, sichtlich stolz, dem Priester ihre europäischen Gäste vor. Der Priester selbst war Italiener und schon seit mehr als dreißig Jahren auf den Kapverden in Amt und Würden. Als er hörte, daß Nina aus Hamburg kam, erzählte er, daß er einmal dort gewesen sei, zu Besuch bei seinem Neffen, der in Hamburg ein Restaurant betreibe. Es habe eine Woche lang ununterbrochen geregnet. Seitdem könne er sich vorstellen, wie Noah zumute gewesen sein müsse. »Amburgo!« rief er schaudernd aus. »Che tempo brutto!«

Den Löwenanteil des Abends verbrachten Nina und Constanze in einer Freiluftdisco, wo sie mit Zécas zahllosen Vettern ersten und zweiten Grades tanzten und sich in den Verschnaufpausen ihr Leben erzählten. Constanze war erst fünfundzwanzig, hatte aber schon einiges hinter sich – Hochzeit mit achtzehn, Scheidung mit neunzehn, schwerer Verkehrsunfall und ein halbes Jahr Krankenhausaufenthalt mit zwanzig, dann zwei Jahre als Stewardeß, ein Dreivierteljahr als Mätresse eines Devisenhändlers in Manhattan, eine Abtreibung, eine elfmonatige Tramptour durch die USA, anschließend zwei Semester Schauspielstudium in Zürich, Studienabbruch, längeres Rumhängen, eine unglückliche Liebe zu einem nichtswürdigen Heroindealer, Ferien auf den Kapverden und zuletzt der Beschluß, erst einmal hierzubleiben und irgendwann weiterzusehen. »Zugegeben«, sagte Constanze, »meine Biographie sieht ein bißchen unordentlich aus, aber nicht unordentlicher, als mich der liebe Gott geschaffen hat. Er hätte mir ja auch ein Gen geben können, das mir etwas mehr Zielstrebigkeit verleiht. Jetzt muß ich damit leben, wie ich bin. Manchmal bin ich schon ein bißchen neidisch auf Leute, die sich Ziele setzen und dafür ackern, aber im Moment komme ich eigentlich ganz gut ohne so was aus. Ohne Ziele, meine ich. Hier fragt mich wenigstens keiner, ob ich eine abgeschlossene Berufsausbildung habe. Auch du hast mich noch nicht danach gefragt. Besonders deutsch ist das nicht! Bist du von Haus aus so undeutsch, oder ist das der gute Einfluß des Klimas hier?«

»Ich weiß nicht«, antwortete Nina und süffelte an ihrer afrikanischen Fanta. »Mein Großvater hat immer behauptet, daß die Vorfahren meiner Großmutter Amazonen gewesen sein müßten. Amazonen und Piraten. Anders hat er sich den unstillbaren Bewegungsdrang und das Draufgängertum meiner Oma nicht erklären können.«

»Und du hast das geerbt?«

»Eigentlich nicht. Bis vor ungefähr einer Woche bin ich eine stinknormale, ausgesprochen seßhafte Hausfrau gewesen.«

»Und jetzt brechen deine unterdrückten Instinkte durch?«

Nina zuckte mit den Schultern. »Was jetzt ist, weiß ich nicht. Mal sehen.«

»Und was würdest du als erfahrene Frau einem Mädchen raten, das vor sieben Jahren aus dem heimatlichen Nest gefallen ist, sich kreuz und quer in der Welt herumgetrieben hat und dann ans Ufer dieser Insel gespült worden ist?«

»Du überschätzt meine Erfahrung. Mit so was kenne ich mich auch nicht aus.«
»Aber was würdest du jetzt an meiner Stelle tun? Ich meine, es ist wunderschön hier, aber mein ganzes Leben will ich auch nicht hier verbringen.«
Nina grinste. »Reich heiraten vielleicht?«
»Ausgeschlossen. Reich verheiratet bin ich schon gewesen. Genau acht Monate lang. Das genügt mir erst mal. Ich war ja noch dumm und jung und fand es toll, einen Mann zu haben, der einen Swimmingpool besitzt und eine Pferdezucht und eine Garage mit Fußbodenheizung. Goldbarren hat er da gehortet, allen Ernstes. Goldbarren in einer Garage mit Fußbodenheizung ...«
»Ich will ja nicht auf einmal fürchterlich deutsch wirken, aber was hat er denn gemacht, dein Mann? Beruflich?«
»Das weiß ich bis heute nicht«, sagte Constanze. »Offiziell ist er Journalist gewesen, aber ich habe ihn nie schreiben gesehen, und er hat auch nichts veröffentlicht. Außer seinem Paßbild im Who's who. Es würde mich nicht wundern, wenn er mit Waffen gehandelt hat. Oder mit russischen Mädchen. Seltsame Freunde aus Rußland hat er öfter mal zu Besuch gehabt.«
»Na, du scheinst ja wirklich ein Händchen zu haben für Männer mit verwegenen Berufen. Waffenhändler, Mädchenhändler, Heroinhändler – vielleicht solltest du vor der nächsten Eheschließung Einblick in das polizeiliche Führungszeugnis deines Bräutigams verlangen.«
»Diesen Rat will ich gerne beherzigen. Soll ich dir auch einen geben?«
Nina war verblüfft, aber sie nickte. »Gerne. Guten Rat kann ich brauchen.«

»Aber du mußt mir versprechen, daß du mir nicht vor Wut an die Gurgel springst.«
»Das ist eigentlich nicht meine Art.«
»Du hast mir ja lang und breit von deinem Mann und dieser Brasilianerin erzählt.«
»Ja.«
»Vergiß ihn. Schieß ihn in den Wind. Schnapp dir deine Tochter, zieh mit ihr ins Land deiner Träume, und laß deinen Alten blechen, bis er schwarz wird. Blechen muß er, das weiß ich. Das muß meiner auch. Soll er sich doch ein ganzes Stadion voller Brasilianerinnen anschaffen. Wenn er von Herzen für dich nicht mehr genug übrig hat, dann hat er immer noch das Beste für dich übrig, was er dir noch geben kann, nämlich sein Geld. Du hast dem Kerl zehn Jahre lang den Steigbügel gehalten ...«
»Dreizehn«, verbesserte Nina.
»Also dreizehn. Um so schlimmer. Du hast ihm dreizehn Jahre lang jeden Morgen aufs Pferd geholfen. Und du hast ihm Abend für Abend die Cowboystiefel ausgezogen, ihm den Whisky hingestellt, dir seine Geschichten vom Krieg mit den Indianern angehört und ihm gesagt, was er für ein toller Hecht ist, mit treuherzigem Augenaufschlag, wie ich annehme. Aber jetzt bist du selbst an der Reihe. Wenn du willst. Nimm dir, was dir zusteht. Das ist mein Rat. Auf deine Zukunft!« Sie ließ ihre Bierflasche behutsam gegen Ninas Limonadenflasche klirren und trank einen großen Schluck.
Den Impuls, Constanze zu unterbrechen, hatte Nina unterdrückt. Sie war sich nie so vorgekommen wie ein fügsames Weibchen, und Christoph hatte wenig Ähnlichkeit mit einem Cowboy, der beim Whisky von seinen beruflichen Abenteuern prahlt. Im Gegenteil, vieles hatte Nina

ihm regelrecht aus der Nase ziehen müssen, wenn er groggy heimgekommen war nach langwierigen Geschäftsverhandlungen mit Leuten, denen er im nachhinein bevorzugt die liebenswürdigen Bezeichnungen »Taschendiebe«, »Lumpenhunde« und »Arschgeigenhugos« zu geben pflegte. Wenn Christoph siegreich aus solchen Schlachten hervorgegangen war, hatte er nicht angegeben, sondern Nina meistens wortlos eine symbolische Kriegstrophäe überreicht – ein Armband, Tickets für einen Flug nach Prag oder Eintrittskarten für die Royal Festival Hall in London. Und dann war er pfeifend unter die Dusche gegangen.

Nina liebte ihn immer noch, wenn sie daran dachte. Aber sie billigte Constanze das Recht zu, sich ein eigenes Urteil zu bilden. Es fußte ja nur auf den Informationen, die Nina ihr gegeben hatte. Und die ließen Christoph wahrlich nicht im besten Licht erscheinen.

Bevor Nina auf Constanzes Rat reagieren konnte, kam Mareike herbeigestürmt. »Hier steckst du also!« rief sie atemlos. »Kennst du einen gewissen Zéca? Ich meine nicht unseren Zéca, sondern einen anderen Zéca, der der Bruder eines Schwagers eines Vetters von unserem Zéca ist. Der soll sich hier herumtreiben, hat man mir gesagt. Angeblich kann ich mir bei Zéca zwo einen Adapter pumpen. Ohne Adapter kann ich die Bilder nicht nach Deutschland mailen. Seit geschlagenen zwei Stunden bin ich auf dieser gottverfluchten Insel unterwegs, um jemanden zu finden, der mir einen Adapter leihen kann, aber Sao Nicolau scheint irgendwann zur adapterfreien Zone erklärt worden zu sein. Zéca zwo ist meine letzte Hoffnung!«

Am nächsten Morgen räkelte sich Nina noch im Bett, als Mareike schon längst wieder ihre Suche nach Zéca zwo und einem Adapter aufgenommen hatte.
Nach und nach fiel Nina wieder ein, wie der lustige Abend mit Constanze und Zécas unzähligen Vettern ausgeklungen war. Gegen zwei Uhr morgens hatte Constanze ihr Wort für Wort ein Streitgespräch übersetzt, das Zéca und sein Vetter Mario über das bevorstehende Fußballspiel zwischen Sportclub Calejao und Ultra Marina Tarrafal geführt hatten. Anfangs hatte Nina noch aufmerksam zugehört, mit einem gewissen Lerneifer, aber das Thema hatte sie auf Dauer dann doch zu langweilig gefunden. Danach war die Zeit gekommen, wo jeder Mann jeder Frau, die noch solo war, tief in die Augen geschaut und Komplimente gelallt hatte. Tagsüber, dachte Nina, bekommt keine Frau auf der Welt so viele Komplimente wie in einer Dorfdisco nach zwei Uhr morgens. Dieses Naturgesetz galt in Buxtehude ebenso wie auf Sao Nicolau. Zum Schluß war Zéca, todmüde und bis obenhin voller Grogue, auf Nina zugestolpert, hatte sich neben sie gesetzt, seinen Kopf auf ihre Schulter gelegt und war eingeschlafen.
Sao Nicolau, die Insel der Schlafmützen ohne Adapter! dachte Nina, sprang aus dem Bett und beschloß den Tag mit Baden und Faulenzen zu verbringen, was ihr auch tadellos gelang. Sie tauchte und schwamm, sie sonnte sich und bestrich sich mit dem wundertätigen Schlamm aus Zécas Spezialbucht, ging zwischendurch bei Maria Rosa Krapfen essen und traf Mareike, die sich den ganzen Tag lang bei der Adaptersuche vergeblich die Hacken abgelaufen hatte und das reinste Nervenbündel war, erst abends in der Pension wieder.

Eine halbe Stunde später legte das Horrorschiff ab, und es ging zurück nach Sal. Mareike schlief an Bord sofort ein, Zéca gesellte sich zu Käpt'n Carlos, der in seiner Kajüte saß, großzügig Rum ausschenkte und das Navigieren Manuel überließ.
Nina lag noch lange wach. Sie dachte an Maria Rosas abgegriffene Familienfotos und an den niedlichen Gesichtsausdruck, mit dem Zéca, an ihre Schulter geschmiegt, eingeschlafen war. Sie dachte an die kälteste und regenreichste Stadt der Welt und an die Entschiedenheit, mit der Constanze die Empfehlung ausgesprochen hatte, Christoph den Laufpaß zu geben. Natürlich konnte Constanze, was Ehekrisen anging, nicht wirklich auf Erfahrung zurückblicken. Eigentlich war Constanze ja nur eine halbe Portion, auch wenn sie sehr sympathisch war. Eine liebenswerte Herumtreiberin, aber weiß Gott keine geeignete Eheberaterin ...
Nina schlief ein und träumte davon, zusammen mit Constanze und Maria Rosa auf dem Rücken eines überdimensionalen Merlins durch den Ozean zu reiten, bis sie von Zécas Schnarchen geweckt wurde.
Auch Mareike war aufgewacht. Sie wühlte in ihrem Gepäck herum, und schließlich fand sie die bewährte Nasenklemme, die auch schon A-Ypsilon-Mayers Sägewerk zum Verstummen gebracht hatte. Kurzentschlossen befestigte Mareike die Nasenklemme auf Zécas Zinken, und dann kehrte wieder Ruhe ein. Zu hören waren nur noch das einschläfernd monotone Motorengebrumm und das dumpfe Schwappen der Wellen.

Der Motor war verstummt. Dann war das Rasseln einer Kette zu hören, ein furchteinflößendes Geräusch, das eines Horrorschiffs würdig war.
»Ich glaube, wir sind da«, sagte Nina. Mareike gähnte herzhaft. Zéca setzte sich in seiner Ecke auf und knallte mit dem Kopf an die Tischkante. »Bom dia«, jammerte er und rieb sich über die Beule.
Wenig später saß Nina mit Manuel und Käpt'n Carlos in einem kleinen Motorboot und tuckerte zum Steg. Mareike hatte sich noch ein Viertelstündchen Schlaf ausbedungen, und Zéca wollte mit dem Übersetzen warten, bis er keine Doppelbilder mehr hatte. Es war nicht ganz klar, ob die auf den Stoß gegen die Tischkante oder auf sein nächtliches Zechgelage zurückzuführen waren. Vielleicht war auch die Kombination von Stoß und Kater daran schuld, daß Zéca das Gefühl hatte zu schielen.
Die Mole lag noch im Dunkeln. Es war fünf Uhr morgens. Am Steg hielten sich nur ein paar Fischer auf, die ihre Netze einluden. Hinter Käpt'n Carlos, der sein Boot als erster verlassen hatte, weil er sich in der *Bar Nada Ver* einen Grogue zum Frühstück genehmigen wollte, kletterte Nina die Leiter zum Steg hinauf, und Manuel drehte bei, um Mareike und Zéca zu holen.
Nina mußte dringend auf die Toilette, stellte den Rucksack ab und lief zum *Toy Monzinha,* einer immer offenen Fischerkneipe in der Hafenzufahrt. Es roch schon draußen nach Bohnen mit Spiegelei, der Spezialität des Hauses. Am Tresen stritten zwei Betrunkene mit dem Dorftrottel Lector. »Ahoi Frollein«, rief er Nina zu, dankbar für die Abwechslung. »Tud cool?«
Nina drückte sich wortlos an ihm vorbei, eilte zur Toilette, die eher ein Abtritt war, und schloß ab. Sie hatte ziem-

lich genaue Vorstellungen davon, wie sie den Tag verbringen wollte. Dummes Herumstehen mit Lector stand definitiv nicht auf Ninas Programm. Sie wollte sich noch ein paar Stunden in ihrem Gästebett aalen, sich dann ein üppiges Frühstück zubereiten, nach dem Mahl sofort wieder ins Bett gehen und den Rest des Tages im Stil einer verkommenen Lottomillionärin gestalten, mit Gammeln am Strand, Träumereien, Fettlebe und allervornehmstem Nichtstun.
Doch sie hatte sich verrechnet. Als sie zum Steg zurückkam, war ihr Rucksack nicht mehr da.
Manuel hatte gerade angelegt. Eine schläfrige Mareike stemmte sich mit letzter Kraft die Leiter hoch.
»Mein Gepäck ist weg!« rief Nina. Sie lief in Panik ein paar Schritte nach links und ein paar nach rechts, eine Aktion, die nicht viel einbrachte.
»Hast du deinen Rucksack hier denn alleine stehenlassen?« fragte Mareike.
»Ja, aber nur ein paar Minuten! Ich dachte, hier sind sowieso nur Fischer!« Nina war verzweifelt. In dem Rucksack befanden sich nicht nur ihr Lieblingsparfüm *212* von Carolina Herrera und ihr anderes Lieblingsparfüm *XS pour elle* von Paco Rabanne, sondern auch ihr Badeanzug, ihre Fußpilzsalbe, alle Kleider und Schuhe und überhaupt fast alles, was sie mitgenommen hatte, bis auf ihren Paß und eine Handvoll Dollar.
Zéca, der jetzt ebenfalls an Land kam und so hilflos wirkte wie ein neugeborenes Meerschweinchen, interessierte sich weniger für den Gepäckdiebstahl als für ein paar Eiswürfel, mit denen er die feurige, alarmknopfgroße Beule an seinem Kopf kühlen konnte. Aber Manuel reagierte fachmännisch und schnell. Nach kurzer Beratung mit

Mareike war sein Verdacht auf die Fischer gefallen, und Manuel wußte, was zu tun war.

»Auf Manuel kannst du dich blind verlassen«, sagte Mareike. »Der holt dir deinen Rucksack zurück, keine Bange. Wenn ich nicht so verflucht müde wäre und noch ein paar dringende E-Mails nach Deutschland schicken müßte, würde ich gerne mitkommen, aber ich glaube, ihr findet euch auch ohne mich zurecht. Viel Glück!«

Dann ließ sich Nina von Manuel wieder aufs Schiff bringen. Mit klopfendem Herzen, aber voller Vertrauen und Dankbarkeit sah sie Manuel dabei zu, wie er den Motor anwarf und sich ans Ruder stellte.

Eine Dreiviertelstunde lang fuhren sie geradewegs aufs Meer hinaus, bis sie in den fischreichen Gebieten waren, wo die Fischer, in Ölzeug gewickelt, im nebligen Morgenlicht in ihren Booten standen und Netze voller Tuna und Bonito aus dem Meer zogen.

Nina verstand nicht, was Manuel den Fischern zurief und was sie erwiderten, aber es war nicht zu überhören, daß Manuel sauer war und daß die Fischer sich davon nicht sonderlich beeindrucken ließen. Sie zuckten mit den Schultern und beteuerten gestenreich ihre Unschuld, oder sie lachten und tippten sich an die Stirn. Schließlich übersetzte Manuel Nina in fast verständliches Französisch, was er herausbekommen hatte. Séton und sein Sohn seien als letzte hinausgefahren, aber die wollten es ebenfalls nicht gewesen sein. Ninas Hoffnung, ihr Geld, ihre Unterhosen und ihre Flasche *212* jemals wiederzusehen, schmolz dahin, als Manuel sagte, daß er hier vorläufig nichts weiter ausrichten könne, und sie wuchs wieder etwas, als Nina bei der Rückkehr Guido auf dem Steg stehen, Ausschau halten und winken sah. Auch Zéca war da.

Er hatte sich ein riesengroßes Pflaster auf die Beule geklebt.
»Kein Rucksack mit an Bord?« fragte Guido.
Nina schüttelte den Kopf und kletterte die Leiter hoch. »Leider nein!«
»Dann gehen wir jetzt alle zur Polizei. Manuel ist dein Anwalt, Zéca ist dein Schlachtenbummler, und ich bin dein Dolmetscher. Auf in den Kampf!«
Die Polizeistation befand sich in einem baufälligen Häuschen. Dort amtierte ein rundlicher Mann, der viele Aufgaben zu erfüllen hatte. Er war gleichzeitig Dienststellenleiter, Kommissar, Drogenfahnder, Verkehrspolizist, Gefängnisaufseher, Phantombildzeichner, Bürobote und Mädchen für alles, doch trotz dieser eindrucksvollen Ämterhäufung schien er nicht besonders viel zu tun zu haben. Er saß in zerknitterter blauer Uniform hinter einem verschrammten Schulkinderpult, zermalmte einen Kaugummi und buchstabierte sich, mit gerunzelter Stirn und dem Finger auf der Zeile, eine portugiesische Übersetzung des Romans *Das Schweigen der Lämmer* zusammen. Von der Jagd auf einen Serienmörder konnte der Kommissar nur träumen. Seit Jahren war in seinem Dorf nichts Dramatischeres vorgefallen als die eine oder andere Schlägerei unter betrunkenen Barbesuchern, und es hatte nicht die geringste Möglichkeit gegeben, kriminalistischen Spürsinn und polizeiliche Führungsstärke unter Beweis zu stellen. In der letzten Saison hatte Josh Angulo den Bodyguard des amerikanischen Tourismusministers krankenhausreif geprügelt, immerhin, das war schon etwas spektakulärer gewesen, aber wegen der internationalen Tragweite des Delikts war die Untersuchung sofort nach Espargos verlegt worden.

Als nun Nina und ihre Leibgarde den Rucksackdiebstahl zur Anzeige brachten, erkundigte sich der Kommissar sorgenvoll danach, ob Nina so etwas wie eine Ministerin sei. Guido verneinte. Die nächste Frage des Kommissars war nicht weniger rätselhaft. Er wollte wissen, ob Nina mit einem Minister verheiratet sei. Als Guido auch diese Frage verneint hatte, ging ein Strahlen über das Gesicht des Kommissars. Diesen Fall, das wußte er jetzt, würde ihm niemand entziehen. Den würde er ganz alleine lösen. In Quantico, im Akademiegebäude des FBI, wo Special Agent Starling für die Jagd auf Serienmörder ausgebildet worden war, hätte der Kommissar mit dem Bericht von seiner Jagd auf einen Rucksackdieb wahrscheinlich niemandem imponieren können, doch auf Sal lagen die Dinge anders. Hier winkte einem Kriminalisten für so etwas durchaus ein gewisser Ruhm.

Der Kommissar erklärte den Fall zur Chefsache und entwarf einen ausgeklügelten Schlachtplan, den er Nina und ihren Beschützern in einer feurigen, fast sechzig Minuten langen Rede erläuterte, wobei er auch auf seine eigenen Verdienste im Kampf gegen das Verbrechen zu sprechen kam. Ausführlich würdigte er darüber hinaus die Verdienste seiner Amtsvorgänger und schilderte nach und nach den Katalog fast aller im Dorf verübten Straftaten der zurückliegenden hundert Jahre. Glaubte man dem Kommissar, schien es kaum ein Delikt zu geben, das auf Sal noch nicht verübt oder zumindest geplant worden war, ausgenommen allenfalls Flugzeugentführung, Serienmord und Vorbereitung eines Angriffskriegs. Man hätte meinen können, diese idyllische Insel sei in Wirklichkeit ein Tummelplatz von Gangstern jeden Kalibers, ein Hort der Gesetzlosigkeit, gefährlicher als die Bronx oder gewisse Dschungelstädte in Bananenrepubliken. Daß Sal auf den ersten Blick eher friedlich wirke, bemerkte der Kommissar, sei vor allem ihm zu verdanken, ihm und seinem nimmermüden Einsatz für Recht und Ordnung.

Zum Schluß bestellte er Nina für zwei Uhr nachmittags erneut ein. Dann wollte er sie den Fischern gegenüberstellen.

Guido und Zéca kamen wieder mit. Manuel mußte sich um Käpt'n Carlos kümmern, der hoffnungslos abgestürzt war und nicht mehr genau wußte, wie er hieß und wo sein Zuhause war.

Der Kommissar hatte alle vierzehn Fischer nach ihrer Rückkehr auf die Wache vorgeladen und danach seine Uniform gebügelt. Unentschuldigt fehlte nur Séton, der Käpt'n Carlos eine Stunde lang beim Abstürzen Gesellschaft geleistet und sich dabei in Rekordzeit vernehmungsunfähig getrunken hatte.

Jetzt begann der Kommissar mit dem Verhör, und er machte es gründlich, denn diesen Fall wollte er lückenlos aufklären und sich dabei auch nicht den kleinsten Verfahrensfehler zuschulden kommen lassen. Obwohl er die Fischer allesamt gut kannte, ging er streng nach dem Protokoll vor und fragte jeden nach seinem Namen, dem Namen seines Vaters, dem Namen seiner Mutter, nach seinem Geburtsort und seinem Beruf.

»Antonio ... Aurélio ... Goncales«, notierte der Kommissar in gestochen scharfer Sonntagsschrift, langsam und penibel, die Zunge im Mundwinkel eingeklemmt. »Bô profissao?«

»Er soll seinen Beruf sagen«, flüsterte Guido Nina zu.
»Pescador«, antwortete der Fischer und kratzte sich am Bein.
»Fischer«, flüsterte Guido.
Der nächste war Abilio Tolentino. Die gleiche Prozedur. Name, Namen der Eltern, Geburtsort und Beruf: »Bô profissao?«
»Pescador.«
Das alles brauchte seine Zeit. Die Viertelstunden schlichen dahin wie – ja, wie was denn? fragte sich Nina. Wie Schuljungen, die drei Fünfer im Zeugnis haben und auf dem Weg nach Hause möglichst lange trödeln? Oder wie dicke Regenwolken über Hamburg im November, wenn es so aussieht, als könnte es niemals mehr Sommer werden – schwere dunkelgraue Regenwolken, im Design schrottreifer Ozeandampfer oder bombastischer Grabsteine, die alles Leben auf Erden dauerhaft unter sich begraben …
Draußen brannte die Sonne, und Nina fiel auf, daß der Vergleich nicht paßte. Nichts wäre ihr jetzt lieber gewesen als eine formschöne hanseatische Regenwolke. Es gab nur einen einzigen Ventilator auf der Wache, einen winzigen Tischpropeller, und den benutzte der Kommissar, um die Tinte auf den Formularen zu trocknen.
Zur Zeit war César Almeida an der Reihe, ein ungefähr sechzehnjähriger Junge in verdreckten Surfshorts.
»Bô profissao?« fragte der Kommissar.
Doch César war eingeschlafen, zu Tode gelangweilt vom protokollarischen Einerlei.
Der Kommissar räusperte sich. »César Almeida! Bô profissao!«
»Arquitécto«, antwortete Zéca für ihn, und die Fischer brachen in Gelächter aus.

»Was hat er gesagt?« fragte Nina Guido. »Daß César Architekt ist?«
»Ja«, sagte Guido, »aber ich glaube, außer einem Joint und einer Menge Mist hat er noch nichts gebaut.«
Als der Kommissar die Personalien endlich alle aufgenommen hatte, ging er zum Verhör über. Die Fischer stritten ab, Ninas Rucksack gestohlen zu haben. Auch das nahm der Kommissar ins Protokoll auf, und dann wußte er nicht mehr weiter. Er lutschte noch eine Zeitlang auf seinem Stift und beschloß schließlich, sein weiteres Vorgehen in dieser Sache gründlich zu überschlafen.

Am nächsten Morgen wurde Nina von Guido geweckt. Es war noch sehr früh. »Dein Rucksack ist wieder aufgetaucht«, sagte er. »Der hat heute morgen vor der Polizeistation gelegen. Aber die Polizei will trotzdem noch den Dieb dingfest machen. Unten stehen zwei Bullen, die dich und die Fischer zum Verhör mitnehmen wollen. Der Fall ist nach Espargos verlegt worden. Offenbar ist er eine Nummer zu groß für unseren Dorfschupo.«
Nina gähnte herzzerreißend und versuchte gleichzeitig zu sprechen. »Ohu uitt?« fragte sie.
»Wie bitte?«
»Kommst du mit?«
»Nein, keine Zeit. Ich muß mich dringend um meine Baustellenattrappen kümmern. Wenn du Verstärkung haben möchtest, nimm Zéca mit. Der putzt sich schon die Zähne. Und er kann dann auch bezeugen, daß der Rucksack wirklich dir gehört. Einen Dolmetscher wirst du nicht brauchen, der Polizeichef von Espargos kann Deutsch. Aber nimm mal für alle Fälle den Langenscheidt mit.«

Nina kletterte aus dem Bett. »Vielleicht hat Mareike ja Lust, mich zu begleiten.«
»Mareike ist ausgeflogen. Nachdem du dich schon hingehauen hast, sind wir noch zu einem Absacker ins Dorf gegangen, und da hat sie einen Jüngling aufgegabelt. Freundlich, knackig, blauäugig, einsneunzig, blond. Ein Schwede. Lars.«
»Typisch«, sagte Nina und suchte ihre Strümpfe. »Und was soll ich anziehen? Meine Sachen sind doch fast alle im Rucksack!«
Kurz darauf saß sie mit Zéca, den Fischern und den beiden Polizisten in einem altersschwachen Bus, unterwegs nach Espargos. In der Eile hatte sie sich von Mareikes Sachen einen beigen Cordrock und ein gelbes Shirt ausgeliehen und zu spät gemerkt, daß der Rock eine Spur zu kurz war und das Shirt einen Hauch zu bauchfrei. Sie hatte nur schnell eine Tasse Kaffee getrunken und war dankbar, als Zéca ihr eine Mango anbot.
Die Fischer waren guter Dinge. Sie schienen das Ganze als eine Art Familienausflug zu nehmen, als willkommene Abwechslung vom Fischen. In Beuteln hatten sie Brote, Pizza und Zigaretten dabei. Schlechte Laune hatten dagegen die Polizisten. Sie trugen hellblaue Uniformen mit dunkelblauen Streifen und dicke schwarze Lederstiefel, waren riesengroß und wirkten ziemlich grantig. Vielleicht weil es unter ihrer Würde war, sich mit einer Lappalie wie einem Rucksackdiebstahl zu befassen, sinnierte Nina.
Sie nahm sich das Wörterbuch vor und prägte sich schon einmal die wichtigsten Vokabeln ein. Rucksack: saco alpino, mochila. Diebstahl: roubo, furto. Eigentum: propriedade. Mein: meu. »Der mochila ist meu propriedade«, murmelte sie. Sie wollte es Zéca vorsprechen, aber der

war schon wieder eingeschlafen. Sein Kopf sank an Ninas Schulter.
Welche Wörter konnten sonst noch wichtig sein? Sie überlegte und schlug nach. Geld: dinheiro. Kleid: vestido. Parfüm: perfume. In meu mochila fehlen dinheiro, vestido e perfume. Was heißt fehlen? Wieder blättern. Fegefeuer, Fehde, Fehlbetrag, fehlen. Faltar. In meu mochila faltar dinheiro, vestido e perfume. Hoffentlich nicht, dachte sie und blätterte weiter. Vielen Dank: muito obrigado.
Sie fuhren durch ein Schlagloch. Nina fiel die Mango aus der Hand, und Zéca erwachte. Er blinzelte und streckte sich. Dann bettelte er die Polizisten an, das Radio einzuschalten, was sie nach einiger Zeit auch taten, aber vermutlich nicht aus Nettigkeit, sondern weil sie Zécas Quengeln nicht mehr hören wollten. Die Musik platzte förmlich aus dem Radio, stimulierende Tanzmusik, und Zéca trommelte den Rhythmus auf seinen braunen und Ninas weißen Beinen munter mit.
In Zécas Leben, hatte Guido gesagt, gibt es keine Pläne, solange es keine Wellen gibt. Und da es heute keine Wellen gab, hatte Zéca nichts dagegen, Nina nach Espargos aufs Revier zu begleiten. Dort war er schon öfter gewesen, weil der Polizeichef ihn für einen Dealer hielt, aber wie durch ein Wunder war in Zécas Taschen niemals auch nur ein einziges Gramm Marihuana zu finden, wenn er gefilzt wurde. Er hatte einen sechsten Sinn für solche Kontrollen entwickelt und betrachtete das Polizeirevier von Espargos als Zirkus und die Polizisten als Clowns, die zu seiner Unterhaltung da waren.
»Polícia de Ordem Pública«, stand auf dem Schild über dem Gebäude, das erheblich größer und um einige Klas-

sen besser in Schuß war als das Kabuff des Dorfkommissars.

Der Polizeichef begrüßte Nina schon vor der Tür mit Handschlag: »Guten Tag! Ich bin der Chefe de Esquadra da Polícia de Ordem Pública. Mein Name ist Umberto do Rosario. Und Sie sind Frau Nina Maurice?«

»Ja«, sagte Nina perplex. »Nina Moritz. Guten Tag! Sie sprechen aber sehr gut Deutsch!«

»Oh, ich habe eine deutsche Polizeischule besucht. In der DDR. Als die Kapverden noch sozialistisch waren.« Sein Blick fiel auf Zéca, der etwas abseits stand, die Hände in den Hosentaschen, und eine leere Bierdose durch die Gegend kickte. »Ist das einer der Verdächtigen?«

»Aber nein, das ist mein Zeuge.«

Senhor Rosario runzelte die Stirn. Seines Wissens hatte sich Zéca noch nie zuvor für Recht und Gesetz engagiert. Der Polizeichef kannte jeden hier, und am besten kannte er seine speziellen Pappenheimer. Zéca, der älteste Sproß der herzensguten Tanha aus Sao Nicolau, war ein Herumtreiber, und er hatte etwas mit Drogen zu tun, da war sich der Polizeichef sicher, auch wenn er Zéca nie etwas hatte nachweisen können.

»Er heißt Zéca«, sagte Nina. »Den Nachnamen weiß ich gar nicht.«

»Aber ich. Der Bursche war schon öfter hier. In anderer Sache. Ich habe ihn allerdings nie richtig drangekriegt.«

Nina verstand das nicht. Zéca aber schon, auch ohne Deutschkenntnisse. Er setzte sein unschuldiges Kindergrinsen auf und behielt es auch bei, als er Nina in den Saal begleitete, wo die feierliche Untersuchung des Rucksackdiebstahls stattfinden sollte.

Die Fischer wurden angewiesen, sich auf grobe Holzbänke zu setzen, während für Nina ein ausladender bordeauxroter Polstersessel bereitstand. Zéca blieb in einer Ecke stehen, lehnte sich an die Wand und blickte betont gelassen umher. Er schien zu überlegen, wo sich das Depot mit beschlagnahmten Drogen befand und ob es eine Möglichkeit gab, von dort etwas mitgehen zu lassen. Diesen Verdacht hegte jedenfalls Senhor Rosario.

Das Fernsehgericht tagt, dachte Nina und unterdrückte ein Kichern. Sie kam sich vor wie in einer Sit-Com. Wachleute hasteten hinaus und hinein und flüsterten dem Chefe, der nun schon seit fünf Minuten damit beschäftigt war, seine Unterlagen zu ordnen, irgendwelche Neuigkeiten zu oder hielten ihm Papiere hin, die er geistesabwesend, aber kraftvoll unterzeichnete, mit einem energischen Krakelstrich.

Die Fischer auf der Sünderbank hatten irgendwo ein kleines Kofferradio aufgetrieben, verfolgten die Sportnachrichten und schienen sich auf einen langen und gemütlichen Tag einzurichten.

Nina erwartete ein unterhaltsames und spannendes Gerichtsdrama, doch sie wurde enttäuscht. Abermals vergingen fast zwei Stunden mit dem Aufnehmen der Personalien und dem Abnehmen der Fingerabdrücke. Darauf legte der Chefe großen Wert.

Immerhin gab es hier einen Deckenventilator. Der drehte sich zwar nur in Zeitlupe, und einer der Ventilatorflügel war abgebrochen, aber der Anblick des antiken, schwerfällig rotierenden Modells und sein leises Quietschen riefen zumindest den leichten Placebo-Effekt einer Kühlung hervor.

Nach einer Weile wurde Zéca des Stehens müde. Bislang hatte er hier immer nur auf der Anklagebank gesessen.

Jetzt nahm er die Gelegenheit wahr, zur Abwechslung einen besseren Platz einzunehmen, wanderte zu Nina hinüber und quetschte sich neben sie auf den Polstersessel. »Tud cool?« flüsterte er ihr zu. Nina lachte, machte dem Kindskopf Platz und versuchte ihr Top über den Nabel zu ziehen.
Weiter verzögert wurde das schleppende Untersuchungstempo durch zahlreiche Unterbrechungen. Mehrfach mußte der Chefe längere Telefongespräche führen, dann brach sein Kugelschreiber in zwei Teile, zwischendurch eilten immer wieder Kriminalisten der unterschiedlichsten Dienstgrade herbei und mußten sich tuschelnd mit dem Chefe beraten, und einmal kam ein Huhn durchs offene Fenster hereingeflattert. Es dauerte eine Viertelstunde, bis das schreckhafte und reaktionsschnelle Tier endlich eingefangen und hinausbefördert worden war.
Danach nahm die Prozedur ihren Fortgang, vorschriftsmäßig und atemberaubend langsam. Erst nach einer halben Ewigkeit bahnte sich ein neuer Höhepunkt an. Senhor Rosario schickte jemanden aus, der Ninas Rucksack holen sollte. Aber auch das nahm sehr viel Zeit in Anspruch. Zwar beeilte sich der Laufbursche, doch er schien sich auf der Wache nicht besonders gut auszukennen. Vielleicht, dachte Nina nachsichtig, ist es sein erster Tag. Zweimal kehrte der junge Mann unverrichteter Dinge zurück und bat um eine genauere Wegbeschreibung. Beim drittenmal brachte er endlich einen Rucksack mit, doch es war der falsche.
Zéca, der sich die ganze Zeit gräßlich gelangweilt hatte, gluckste in sich hinein. Polizisten, die von ihrer Arbeit völlig überfordert waren, gefielen ihm gut. Aber Nina machte sich doch Sorgen. Es war ihr egal, ob Senhor Rosario

den Dieb ermittelte oder nicht; sie wollte einfach nur ihren Rucksack wiederhaben, möglichst mit Inhalt.
Schließlich, im vierten Anlauf, kam der Kurier mit Ninas Rucksack wieder. Sie hätte am liebsten sofort nachgesehen, ob noch alles da war, doch Senhor Rosario wollte erst einmal wissen, ob sie den Rucksack als ihren eigenen identifizieren könne.
»Ja, das ist meiner«, sagte Nina. »Kann ich mal reingucken?«
Nein, so schnell ging es nicht. Senhor Rosario wollte eine Grundsatzrede halten, in zwei Sprachen, immer abwechselnd für die Fischer und für Nina. Er dozierte über die Unantastbarkeit von Privateigentum, über den guten Ruf der Insel, über die Fortschritte der Kriminalistik und über die Tatsache, daß der Dieb jetzt zum letztenmal die Gelegenheit habe, sich freiwillig zu stellen. Erwischt werde er so oder so. Genaugenommen sei er praktisch schon überführt, es fehle nicht mehr viel, der Rest der Ermittlungen sei nur noch eine Formsache, denn der Rucksack sei gründlich nach Fingerabdrücken untersucht worden, und vor Gericht werde auch der kleinste Fingerabdruck auf dem Diebesgut als Beweismittel anerkannt.
Der Chefe bedachte die Fischer mit einem Blick voller Strenge, aber ein Geständnis war auch dadurch nicht zu erzwingen. Die Fischer gähnten, und Senhor Rosario seufzte. Er händigte Nina den Rucksack aus und bat sie, nachzusehen, ob etwas gestohlen worden sei.
Aufgeregt durchwühlte Nina ihre Sachen: Badeanzug, Schuhe, Fußpilzsalbe, *212, XS pour elle,* die Kleider, alles war noch da, sogar das Geld. Sie zählte nach.
»Ich glaube, es fehlt nichts«, sagte sie.
Der Chefe nahm diese Angabe ins Protokoll auf, aber

nicht mit Erleichterung, sondern eher mit leisem Grollen. Daß der Dieb letzten Endes überhaupt nichts gestohlen hatte, kam dem Chefe wie der Gipfel der Perfidie vor. Damit hatte der Dieb die Regeln seiner Zunft verletzt, aber nicht aus Reue, sondern aus Egoismus, um der Polizei die Arbeit zu erschweren und sich selbst ein mildes Urteil zu erschleichen, falls es einen Prozeß geben sollte. Das ärgerte den Chefe. Sie sollten bloß nicht glauben, daß sie so billig davonkämen, fuhr er die Fischer an, und dann sprach er Nina noch einmal sein amtliches und sein privates Bedauern über die Ungelegenheiten aus, die ihr von anonymen Schurken bereitet worden seien. Leider, fügte er später unter vier Augen hinzu, sei es ihm nicht möglich, sie wieder nach Hause eskortieren zu lassen; sie müsse wohl den Aluger nehmen. Die Mittel und die Personalstärke der Polizei seien begrenzt. Doch er werde alles tun, um den Schuldigen und seine Hintermänner zu schnappen. Notfalls werde er die Fischer Tag und Nacht beschatten lassen oder auch einen verdeckten Ermittler auf sie ansetzen, wenn es sein müsse. »Sie können auf mich zählen, Senhora Maurice. Unsere Aufklärungsquote liegt bei fast hundert Prozent.«
»Alle Achtung«, sagte Nina. Von den verwegenen Plänen des Chefe de Esquadra da Polícia de Ordem Pública hielt sie zwar nicht viel, bedankte sich aber von Herzen. Daß die hohe Aufklärungsquote hauptsächlich auf die lachhaft winzige, nur knapp über dem Nullpunkt angesiedelte Kriminalitätsrate zurückzuführen war, war eine Vermutung, die Nina für sich behielt.
Senhor Rosario verabschiedete sich mit vollendeter Galanterie. Dann begab er sich strammen Schrittes wieder in den gnadenlosen, auf- und abwogenden, ganze Kerle ver-

langenden Kampf gegen das Verbrechen, der so alt war wie die Menschheitsgeschichte.

Na? Wie fühlst du dich, nachdem du die Dorfbevölkerung an den Rand einer Hungerkatastrophe gebracht hast?« fragte Mareike. Sie saß auf der Terrasse unter einem Sonnenschirm am Tisch und lackierte sich die Fingernägel.

Nina stellte den Rucksack ab. »Was für eine freundliche Begrüßung!« sagte sie. »Jetzt weiß ich endlich, was ein Neandertaler empfunden haben muß, wenn er halbverdurstet und blutüberströmt von der Mammutjagd nach Hause gekommen ist, in dem trügerischen Glauben, stürmisch begrüßt und üppig bewirtet zu werden, aber statt Met steht in seiner Höhle bloß Nagellack auf dem Tisch, und die Neandertalerin sitzt bei der Maniküre und überschüttet ihren Gatten und Ernährer mit Vorwürfen statt mit Küssen und Erfrischungsgetränken ...«

»Nun mach mal halblang. Wenn du damit sagen willst, daß du mich für eine Neandertalerin hältst, darf ich dich vielleicht darüber aufklären, daß Nagellackrezepte in der mittleren Altsteinzeit noch weitgehend unbekannt waren. Das weiß ich zufällig genau. Ich war mal mit einem Paläontologen zusammen. Nicht lange, nur ein Vierteljahr, aber doch lang genug, um aus sicherer Quelle zu wissen, daß in den Kosmetikschränkchen der Neandertalerinnen nur Quellwasser und Fischgrätenkämme zu finden waren, aber kein Nagellack von Dior. Und wenn dir der Sinn nach Met steht, findest du Bier im Kühlschrank. Frisches Quellwasser ebenfalls. Ich habe eingekauft. Was übrigens gar nicht so einfach war«, rief sie Nina nach, die ins Haus ging, »denn der Wirtschaftskreislauf des Dorfs steht kurz vor dem Kollaps. Seit zwei Tagen gibt es keinen Fisch mehr, alle Restaurants haben geschlossen, und in der Bevölkerung gärt es. Wenn du nicht bald damit aufhörst, die Polizei gegen die Fischer aufzuhetzen, wird es hier einen Volksaufstand geben.«

»Kann ich vielleicht was dafür, wenn der Polizeichef seine Lebensaufgabe darin erblickt, einen kleinen Rucksackräuber zu fassen?« fragte Nina, als sie mit einem großen Glas Wasser in der einen Hand und einer dicken, tropfenden Melonenscheibe in der anderen zurück auf die Terrasse kam. »Was mich betrifft, ist der Fall erledigt. Mein Rucksack ist wieder da, und ich kann darauf verzichten, daß der Schuldige öffentlich geteert und gefedert wird. Wo ist eigentlich Guido?«

»Auf Achse. Baustellen aus dem Boden stampfen. Morgen kommen doch die Brüsselfritzen, da muß alles picobello sein.«

»Und wo steckt Napoleon?«

»Keine Ahnung. Den hab ich schon seit gestern nicht mehr gesehen. Nein, warte mal! Ich glaube, er trommelt Leute für einen Hungermarsch nach Espargos zusammen. Leute, die wieder Fisch essen wollen. Soviel ich gehört habe, sollen bei diesem Protestmarsch auch Puppen verbrannt werden, die einer gewissen Nina Moritz ähnlich sehen ...«

»Spinn ruhig weiter«, sagte Nina und biß von der Melone ab. »Es hat noch keinem geschadet, sich mal zwei Tage lang vegetarisch zu ernähren. Willst du was abhaben?« Sie hielt Mareike die Melonenscheibe hin.

»Besten Dank. Ich habe heute keinen Appetit.«

»Ach komm! Nur weil es keinen Fisch zu kaufen gibt?«

Mareike schüttelte den Kopf. »Nein, damit kann ich leben. Ich hab nur immer noch keine Rückmeldung von der Produktionsfirma aus Köln. Und ich hab mir doch wirklich ein Bein ausgerissen, um denen so schnell wie möglich alle Bilder zu mailen.«
»Verstehe. Südliches Dreieck antwortet nicht. Ist das alles?«
»Nicht ganz. Beim Surfen bin ich heute nur auf Halbwind abgeheizt. Das war grauenhaft öde. Und der schöne junge Mann von heute nacht hat leider den Elchtest nicht bestanden.«
Nina machte große Augen. »Mareike! Was ist los mit dir? Hat dich dein angeborener Jagdinstinkt verlassen? Erst die Pleite mit dem Rechtsanwalt in München und jetzt schon wieder ein Fehlgriff? So kenne ich dich gar nicht!«
»Ich mich auch nicht. Aber vielleicht liegt es ja auch gar nicht an mir, sondern am Nachlassen der durchschnittlichen Männerqualität. Weit und breit existiert kein zweibeiniger Grund mehr, sich das Fett absaugen zu lassen. Wenn das so weitergeht, werden meine wilden Jahre bald gezählt sein ...«
»Und was kommt dann?«
»Na, was schon? Ich werde in Torschlußpanik irgendeinen fetten, versoffenen, humorlosen und brutalen Schweinehund heiraten, achtzehn Stunden täglich barfuß und schwanger am Küchenherd stehen, regelmäßig die volkstümliche Hitparade verfolgen und dabei Socken stopfen, während mein Mann mit Harzer Roller und Gurken belegte Brote in sich hineinzwängt und mit Doppelkorn nachspült. Um die Hüften werde ich einen halben Zentner zulegen und allmählich vergessen, daß ich einmal ein menschenähnliches Geschöpf gewesen bin.«

»So stellst du dir also das Eheleben vor.«
»Halt, ich bin noch nicht ganz fertig! Wenn die Kinder aus dem Haus sind, werde ich an der Volkshochschule einen Ikebanakurs belegen, um die Zeit totzuschlagen. Dann kann ich nach und nach das ganze Haus mit pottscheußlichen Blumengestecken verzieren. Und wenn mein Mann mit ungefähr sechzig an Leberzirrhose verstorben ist, kann ich mich noch dreißig schöne Jahre lang damit beschäftigen, seine Bierdosensammlung im Hobbykeller zu pflegen. So ist das nun mal, wenn die wilden Jahre vorbei sind.«
Nina zeigte ihr einen Vogel. »Glaubst du im Ernst, daß das Liebesleben mit dem Jawort auf dem Standesamt zu Ende ist? So was glaubt man doch nur, wenn man dreizehn ist und sich nicht vorstellen kann, daß Mama und Papa noch scharf aufeinander sind. In deinem Alter solltest du über diesen jugendlichen Aberglauben erhaben sein.«
»In meinem Alter? Was soll das heißen? Ist das schon wieder eine Anspielung darauf, daß ich in der Steinzeit auf die Welt gekommen bin? Geboren von einer grunzenden Neandertalerin?«
»Quatsch. Ich bin doch genauso alt wie du.«
»Ja, das stimmt. Aber du bist nicht ganz so gut in Form wie ich, mein Schatz. Und damit das anders wird, habe ich dich bei einem Surfkurs angemeldet.«
»Was hast du?«
»Du hast mich schon verstanden. Morgen vormittag geht's los. Ein harmloser Anfängerkurs, keine Sorge. Ein kleines Geschenk von mir. Freust du dich?«
Nina legte sich gerade eine Antwort zurecht, als Zéca über die Gartenmauer flankte.

»Bô crê fumá?« fragte er und strahlte die beiden Frauen an.
»Ja und jederzeit«, rief Mareike, lief ins Haus und kam mit einer Packung Blättchen wieder.
Ein paar Minuten lang sah Nina wortlos zu, wie Zéca und Mareike einen Joint bauten, eine Arbeit, die sie mit großer Gewissenhaftigkeit und Kennerschaft ausführten.
»Guck nicht so mißtrauisch«, sagte Mareike schließlich. »Du wirst es vielleicht nicht glauben, aber was wir hier vorbereiten, ist nicht im mindesten gesundheitsschädlich, auch wenn dir dein neuer Freund was anderes erzählt hat.«
»Welcher neue Freund?«
»Der legendäre Chefe de Esquadra da Polícia de Ordem Pública. Senhor Rosario. Der berühmte Drogenfahnder. Willst du uns bei ihm verpetzen? Vielleicht kriegst du ja eine Belohnung.« Mareike ließ ihr Feuerzeug aufflammen, nahm einen tiefen Zug aus der Tüte, hielt einige Sekunden lang die Luft an und blies Nina dann den Rauch ins Gesicht.
Nina fächelte sich Frischluft zu. »Kommt drauf an, was ihr da pafft«, sagte sie.
»Wir paffen nicht«, erwiderte Mareike und reichte den Joint an Zéca weiter. »Wir inhalieren. Wir dürfen das, denn wir streben ja nicht das amerikanische Präsidentenamt an. Oder, Zéca? Möchtest du amerikanischer Präsident werden?«
Zéca, der kein Wort verstanden hatte, wollte Mareike zunicken, verschluckte sich am Rauch und mußte husten, bis ihm die Tränen kamen. Kraftlos hielt er Nina den Joint hin.
»Nein danke«, sagte sie. »Muito obrigado!«

Zéca hustete noch doller, weil er lachen mußte.
»Wo hast du denn so gut Portugiesisch gelernt?« fragte Mareike spitz. »Bei der Drogenpolizei in Espargos?«
»Nein, in Guidos Wörterbuch. Aber jetzt sag doch mal, was ihr da raucht.«
»Nur Shit. Du mußt dir wirklich keine Sorgen machen. Manchmal frage ich mich, in welcher Welt du eigentlich aufgewachsen bist. Wie kann eine Frau des Jahrgangs 1968 bloß so unbeleckt sein?«
»Ich hab eben immer abgelehnt, wenn mir jemand so ein Stinkeding hingehalten hat.«
»Oh«, sagte Mareike, »da ist dir aber einiges entgangen.«
»Das glaube ich auch. Zum Beispiel das Leben auf dem Straßenstrich, der goldene Schuß auf dem Bahnhofsklo und eine dreckige Spritze, von der ich mir eine Aidsinfektion holen kann.«
»Nina, ich bitte dich! Vom Kiffen kriegt man kein Aids, und wir rauchen hier auf Lunge und nicht intravenös.«
»Aber ihr nehmt Drogen. Wer weiß schon, welche anderen Drogen Zéca sonst noch konsumiert. Heroin? Oder Crack? Oder Kokain? Frag ihn doch mal!«
Mareike fragte ihn, und dann übersetzte sie seine Antwort. »Alles außer Shit und Grass ist ihm zu gefährlich, sagt er. Wer was anderes nimmt, verkauft am Ende seinen Kühlschrank.«
»Wie bitte?« Nina blickte nicht durch. »Wer verkauft Zécas Kühlschrank?«
»Niemand«, antwortete Mareike und kämpfte einen Lachanfall nieder. »Zéca hat nur gesagt, daß er keine Lust hat, seinen Kühlschrank zu verkaufen …«
»Was hat sein Kühlschrank damit zu tun? Zéca hat doch

überhaupt keinen Kühlschrank. Oder hat er einen Kühlschrank in seinem Zelt?«

Darauf noch eine zusammenhängende Antwort zu geben, fiel Mareike nicht leicht. »Er meint nur«, sagte sie und lachte, »er kennt Leute, die auf Drogen sind und alles Wertvolle verscherbeln.« Sie mußte wieder lachen. Es gelang ihr nicht mehr, sich deutlich auszudrücken. »Und als erstes natürlich den Kühlschrank ...« Als sie das gesagt hatte, liefen ihr vor Lachen die Tränen über die Wangen. Der Anfall dauerte eine Viertelstunde, und die folgende Viertelstunde brauchte sie, um Zéca zu übersetzen, was Nina gesagt hatte. Danach war kein Gespräch mehr möglich. Mareike und Zéca schüttelten und bogen sich vor Lachen. Sie konnten überhaupt nicht mehr damit aufhören und steckten sich immer wieder gegenseitig an, wie Vorschulkinder – niedlich, aber geistig nicht besonders zurechnungsfähig, wie Nina feststellte. Worüber die beiden lachten, war ihr ein Rätsel. Sie hörte sich das Gelächter noch eine Zeitlang an, und dann ging sie ins Bett.

Morgen lerne ich also surfen, dachte sie noch, bevor sie einschlief. Herzlichen Dank, Mareike!

Die Kursteilnehmer, sieben an der Zahl, hatten sich am Strand versammelt, ihren Obolus entrichtet und erwartungsvoll Platz im Sand genommen, und die Surflehrerin, eine muskulöse, schöne Frau um die Vierzig, die sich als Rudschya vorgestellt hatte, wollte gerade mit dem Unterricht beginnen, als ein Nachzügler angezottelt kam.

»Bin isch hier rischtisch bei den Spottskanone?« fragte er. »Isch hoff, isch hab noch nix väpaßt! Schnellä ging's net. Altä Mann ist schließlisch kaan D-Zug!«

Es war A-Ypsilon-Mayer. Nina schloß die Augen und schickte ein stummes Gebet zum Himmel. Lieber Gott, dachte sie, mach, daß das nicht wahr ist!
Doch der liebe Gott erhörte sie nicht. A-Ypsilon-Mayer ließ sich in den Sand sacken, nicht weit von Nina entfernt. Er entledigte sich keuchend seiner Umhängetasche und schälte sich aus seiner Weste. Darunter kam ein T-Shirt mit dem Aufdruck »Operation Desert Storm« zum Vorschein. Ein Geruchsgemisch aus Rasierwasser, Frisiercreme, Schweiß und Bier eroberte die Lufthoheit.
»Gestatten: Mayer!« sagte A-Ypsilon Mayer. »Mit A unn Ypsilon! Sie könne jetzt weidämache. Isch bin ganz Ohr!«
Rudschya führte am Simulator die Ausgangsstellung vor, zeigte Startschoot und Gabelbaum und erläuterte den Unterschied zwischen Masthand und Segelhand, aber Nina hatte Mühe, sich zu konzentrieren. Ihre Gedanken schweiften ab. Sie fragte sich, wie A-Ypsilon-Mayer reagieren würde, wenn er sie erkannte. Nach dem Zwischenfall mit der Frisbeescheibe hatte sie ihm einfach den Rücken gekehrt. Aber jetzt war sie ihm ausgeliefert, wenn er tatsächlich die Absicht hatte, den Surfkurs bis zum bitteren Ende durchzuhalten. Es würde vieles einfacher machen, wenn er weiterhin glaubte, daß sie taubstumm war. Dann würde er sie notgedrungen mit seinen Monologen verschonen. Allerdings verspürte sie wenig Lust dazu, die ganze Zeit eine Taubstumme zu mimen. So wichtig war A-Ypsilon-Mayer ja nun auch wieder nicht, daß sie sich von ihm in diese Rolle zwingen ließ. Sie müßte ihm eben deutlich zu verstehen geben, daß sie nichts von ihm wissen wollte, falls er auf die Idee kam, ihr schon wieder seine Lebensgeschichte zu erzählen.
Momentan war er hauptsächlich damit beschäftigt, eine

Körperhaltung zu suchen, die seinen Sitzfleischmassen angemessen war. A-Ypsilon-Mayer war offenbar an andere Unterlagen gewohnt, an ausladende, ledergepolsterte Chefsessel und gefederte Hollywoodschaukeln. Alle paar Sekunden wechselte er die Haltung, und er sah dabei nicht glücklich aus, sondern eher so wie ein Mann, der in eine Zitrone gebissen hat. Schnaubend versuchte er das linke Bein über das rechte zu legen, gab das Experiment aber schon bald wieder auf und probierte es umgekehrt, doch auch diese Variante konnte ihn nicht zufriedenstellen. Er verlagerte sein Gewicht nach rechts und dann nach links, er lehnte sich zurück, und er beugte sich vor, und währenddessen suchten auch seine fleischigen Arme immerfort nach der richtigen Ruheposition. Er verschränkte sie vor der Brust, stützte sich links ab und stützte sich rechts ab, oder er stützte einen Ellbogen auf den Oberschenkel und bettete sein Doppelkinn in die Handfläche, bis ihn auch diese Haltung wieder verdroß. Der ganze Mann wälzte sich unablässig hin und her, und seinen bebenden Nasenlöchern entfuhren dabei Winde, deren Lautstärke den Unterricht empfindlich störte.

Rudschya unterbrach ihre Ausführungen und warf einen strengen Blick auf A-Ypsilon-Mayer. »Wird's denn gehen?« fragte sie. »Oder soll ich Ihnen ein Sofa bringen?«

»Isch hab's mit dä Bandscheib«, erwiderte A-Ypsilon-Mayer. »Deswesche bin isch ja hier! Um misch mal wiedä auf Voddämann bringe zu lasse!«

Es wurde getuschelt und gelacht, doch A-Ypsilon-Mayer ließ sich davon nicht beirren. Er wollte zeigen, was er auf dem Kasten hatte. Offenkundig hatte er sich ein paar Fachausdrücke angelesen, um damit glänzen zu können. Als Rudschya die Begriffe »Auffieren« und »Dichtholen«

erklärte, rief er dazwischen: »Des is ja alls schön un gut, gnädisches Frollein, aber was soll isch denn mache, wenn dä Wind stärkä widd un achtälischä einfällt?«

»Sie meinen achterlicher?« fragte Rudschya zurück.

»Jawoll!«

»Das ist für Anfänger irrelevant. Wenn der Wind achterlicher fällt, bleiben Sie also am besten am Strand sitzen und streifen sicherheitshalber Ihre Schwimmärmelchen über.«

Das hatte gesessen. Nina beschloß, Rudschya so bald wie möglich ein Glas Champagner zu spendieren. Doch A-Ypsilon-Mayer hatte auch diesen verbalen Tiefschlag weggesteckt, ohne mit der Wimper zu zucken. Nina staunte. Entweder, dachte sie, ist er unvorstellbar hart im Nehmen, härter als Mike Tyson, oder er ist schlicht und einfach zu blöd, um überhaupt zu spüren, daß er getroffen worden ist.

Begeistert drängelte sich A-Ypsilon-Mayer nach vorne, als für die Trockenübungen am Simulator ein Freiwilliger gesucht wurde. »Des wird dä Mega-Kick!« rief er, doch sobald sich das Brett unter seinen Füßen zu drehen begann, kam er ins Straucheln, suchte vergebens nach einem Halt und stolperte mit der Anmut eines Mammuts in die vordere Reihe der Kursteilnehmer hinein. Fast hätte er dabei eine zierliche Japanerin lebendig unter sich begraben, doch sie hatte das Unheil kommen sehen und sich gerade noch rechtzeitig weggerollt.

Auf dem Platz, wo sie noch vor wenigen Sekunden gesessen hatte, schlug dumpf und der Länge nach der Körper des schwergewichtigen Import-Export-Kaufmanns auf.

Kurze Zeit lang war alles still.

»Sorry«, ächzte A-Ypsilon-Mayer dann und rappelte sich

umständlich wieder auf. »Abä wie isch immä sach, des kann doch ene Seemann net äschüddän!«
»Sie sehen«, rief Rudschya, »Surfen ist ein Risikosport. Wir treffen uns hier in zwei Stunden wieder. Bis dahin hat jeder Zeit, noch einmal darüber nachzudenken, ob er nicht doch lieber bei Halma oder Doppelkopf bleiben möchte.«

Ja, dieser Herr Mayer ist immer für eine Überraschung gut«, sagte Nina und reichte Rudschya ein großes Glas O-Saft. Champagner war nicht im Haus, aber nach allem, was vorgefallen war, stillte Nina ihren Durst sowieso lieber alkoholfrei. Sie saßen auf Guidos Terrasse im Schatten und sahen aufs Meer hinaus.
»Das hört sich fast so an, als ob er ein alter Bekannter von dir wäre«, erwiderte Rudschya und grinste. »Ist er dir schon öfter über den Weg gelaufen?«
»Allerdings. So oft, daß ich mich langsam frage, ob er nicht ein halbes Dutzend Doppelgänger hat.«
»Um Gottes willen! Wenn die alle in meinen Kurs kommen, wechsle ich den Beruf. Und am besten auch gleich den Kontinent. Sicher ist sicher.«
»Und wo würdest du hinziehen?«
»Am wohlsten habe ich mich immer in Indien gefühlt. Meine letzte Indienreise ist schon eine ganze Weile her, aber früher bin ich da oft monatelang geblieben.«
»Ach ja? Und was hast du dort gemacht?«
»Nichts«, sagte Rudschya und streckte sich.
»Nichts? Man kann doch nicht monatelang nichts machen.«
»Kann man schon, aber man muß es lernen, wenn man

aus dem westlichen Teil der Welt kommt. Nichtstun ist die Werkstatt Gottes! Meine Eltern haben mir immer gepredigt, daß Nichtstun die Werkstatt des Teufels sei, und es hat lange gedauert, bis ich dahintergekommen bin, daß genau das Gegenteil richtig ist. Mein Vater war Schiffsarchitekt, der hat sein Leben lang geschuftet wie ein Geisteskranker, und er ist erst mit fünfundsiebzig Jahren in Rente gegangen, nach seinem zweiten Herzinfarkt, und am ersten Tag seines Daseins als Rentner hat er einen Schlaganfall erlitten und ist gestorben. Er ist ein guter Katholik gewesen, und vermutlich ist er in den Himmel gekommen, aber ich kann mir nicht vorstellen, daß er sich da beliebt gemacht hat. Wahrscheinlich hat er sich sofort die Konstruktionspläne für die Arche Noah geben lassen und nach Statikfehlern gesucht. Auf so einen komischen Engel hat der liebe Gott bestimmt gerade noch gewartet. Wie soll man jemals das Göttliche erkennen, wenn man ständig Hummeln im Hintern hat? Im Westen halten die Menschen so ein Leben für ganz normal, aber in Indien hätten sie meinen Vater vermutlich ins Irrenhaus gesteckt.« Sie nahm einen Schluck O-Saft. »Aber ich wollte dir keinen Vortrag halten. Entschuldige.«

»Nein, erzähl ruhig weiter! Wie bist du denn darauf gekommen, nach Indien zu gehen?«

»Willst du die kurze oder die umständliche Version?«

»Am liebsten beide.«

»Mein Freund hatte mich sitzengelassen, meine Katze hatte Flöhe, meine Waschmaschine war ausgelaufen, mein Auto war verreckt, und ich mußte mein Konto überziehen, alles innerhalb von einer Woche, und als mir dann beim Frühstück eine Backenzahnplombe aufs Brötchen fiel, einfach so, da wußte ich plötzlich, daß ich mein

Leben von Grund auf ändern mußte. Also bin ich nach Indien gegangen. Das war die kurze Version.«

»Und die umständliche?«

»Ach, mich hat mal eine Freundin zu einem Tantra-Workshop auf einem Bauernhof mitgenommen, im Sauerland. Wenn ich vorher gewußt hätte, was da alles auf mich zukommt, wäre ich bestimmt nicht mitgegangen, sondern hätte mich zu Hause unterm Bett versteckt und einen Monat lang die Tür nicht aufgemacht. Aber als ich dann dort war, hat es mir eigentlich ganz gut gefallen, und so bin ich auf den Geschmack gekommen.«

»Und was habt ihr da gemacht?«

»Alles mögliche. Doch verglichen mit dem, was ich später noch alles gemacht habe, war das im Grunde sogar ziemlich harmlos. Es gab zum Beispiel eine Meditation, die nannte sich Feueratem. Dabei kann man den Orgasmus durch den ganzen Körper wandern lassen, vom Becken in die Beine und bis in die Zehenspitzen und wieder zurück, die ganze Wirbelsäule hinauf, in die Schultern, in die Arme, in die Brust, in den Kopf ...«

»Und das funktioniert?«

»Ja, jedenfalls bei mir.«

»Und sonst? Ich kann mir unter Tantra nicht viel vorstellen. Ist das nicht einfach nur Gruppensex?«

Rudschya lachte. »Nein, mein Herz! Tantra ist schon ein bißchen mehr. Es ist ein Weg, um zur Erleuchtung zu gelangen. Oder zu Gott, wenn dir das lieber ist. Die tantrische Lehre verteufelt den Körper nicht, wie es das Christentum macht. Tantra ist ein Versuch, durch Liebe, auch durch körperliche Liebe, zur ursprünglichen Einheit zurückzukehren – ich hoffe, du unterbrichst mich, wenn ich wie eine Missionarin klinge!«

»Tust du nicht. Erzähl weiter! Es kommt nicht so oft vor, daß ich Gelegenheit habe, solche Sachen aus erster Hand zu erfahren. Außer dir kenne ich niemanden, der schon mal einen Orgasmus in den Zehenspitzen gehabt hat ...«

»Du kannst dich ruhig darüber lustig machen, aber glaub mir, da entgeht dir was.«

Nina nagte an ihrer Unterlippe. »Und was habt ihr auf diesem Bauernhof sonst noch getrieben?«

»Dies und das. Wir haben meditiert, wir haben getanzt, wir haben gefastet und dann geschlemmt, wir haben Phantasiereisen in Trance unternommen, in frühere Leben ...«

»Jetzt willst du mich veräppeln!«

Wieder lachte Rudschya. »Warum sollte ich das tun?«

»Na ja«, sagte Nina mißtrauisch, »ich weiß nicht. Willst du wirklich behaupten, daß du früher schon mal gelebt hast?«

»Du denn nicht?« fragte Rudschya und lächelte.

»Nein, nicht daß ich wüßte. Das ist doch Hokuspokus.«

»Ja, das habe ich damals auch gesagt. Und in manchen Fällen würde ich das auch heute noch sagen. Bei solchen Phantasiereisen stellt sich fast immer heraus, daß alle anwesenden Frauen früher Hexen waren und verbrannt wurden. Oder sie waren stolze, grausame Königinnen. Und die Männer waren entweder berühmte Hexenmeister oder große Könige, die über gewaltige Reiche herrschten. Wenn alle diese Könige und Königinnen wirklich gelebt hätten, müßte die Geschichte der Menschheit wohl umgeschrieben werden. Es hat mich immer stutzig gemacht, daß fast nie irgend jemand in einem seiner früheren Leben etwas völlig Langweiliges und Normales war, Schuster zum Beispiel oder Putzfrau. Wenn es so etwas wie Seelenwanderung gibt, dann müssen doch auch Schuster und Putzfrauen ein Recht darauf haben, oder nicht? Aber wird es nicht langsam Zeit, an den Strand zu gehen?« fragte Rudschya.

Nina sah auf die Uhr. »Zehn Minuten haben wir noch. Genügt das für den Rest der umständlichen Version?«

»Dicke. Wie gesagt, mir hat nicht alles eingeleuchtet und gefallen bei diesem Workshop, aber ich hatte danach große Lust, noch mehr in dieser Richtung auszuprobieren, und das habe ich dann auch getan, ziemlich ausgiebig sogar.«

»Was hast du denn alles gemacht?«

»Oh, Yogakurse, Reiki, Rolfing, Auramassage, Bioenergetik, Biodynamik, Bachblütentherapie, Encounter, Urschreitherapie, Channeling, Rebirthing, Zen-Meditation, Tai Chi, Psychodrama, eigentlich alles außer Karate und Bumerangwerfen.«

»All das sagt mir zwar nicht viel, aber es klingt nach Arbeit.«

»Ja, das war es. Das meiste hat auch großen Spaß gemacht und mir in der einen oder anderen Hinsicht geholfen, aber irgendwas hat mir da immer gefehlt. Und schließlich habe ich mir gedacht, daß ich das, was mir fehlt, vielleicht in Indien finde, bei einem Meister.«

»Du meinst, du bist zu einem dieser Gurus gegangen?« Nina legte ihre Stirn in Sorgenfalten.

»Du hast es erraten«, sagte Rudschya. »Ich war in Poona. Da habe ich auch den Namen bekommen, den ich jetzt noch trage. Früher hieß ich Sabine. Du machst übrigens gerade genau das gleiche Gesicht wie meine Mutter, als ich ihr erzählt habe, daß ich nicht mehr Sabine heiße.

Meine Mutter hat ebenfalls gedacht, daß ich verrückt geworden bin.«

Nina bemühte sich, einen anderen Gesichtsausdruck aufzusetzen, aber für etwas verschroben hielt sie Rudschya schon, das war nicht abzustreiten.

»Jetzt fragst du dich wahrscheinlich, wieso ich nicht in orangefarbenen Gewändern herumlaufe, mit einem Mala von Osho um den Hals«, fuhr Rudschya fort. »Ich bin nach ein paar Monaten in Poona wieder ausgestiegen. Zuerst hatte ich gedacht, ich sei im siebten Himmel angekommen, und ich wollte nie wieder weg. Ich wollte jeden Tag zu Füßen des erleuchteten Meisters sitzen, meditieren, tanzen, vögeln und vor allem nie mehr in die kranke Welt außerhalb des Ashrams zurückkehren, sondern den Rest meines Lebens mit Sanyassins verbringen. Ganz entspannt im Hier und Jetzt! Aber nach einer Weile hab ich gemerkt, daß die meisten gar nicht so entspannt gewesen sind, wie es mir am Anfang vorgekommen war. Die hatten zwar ihre bürgerlichen Karrieren aufgegeben und den ganzen Streß und Terror hinter sich gelassen, die Jagd nach Geld und Erfolg und Ansehen und Zweitwagen und Ledersofas und Leistungsprämien, aber dafür jagten sie jetzt im Ashram nach der Erleuchtung. Ehrlich, viele haben da Tag und Nacht geackert und geknechtet, um endlich erleuchtet zu werden. Eine Meditation nach der anderen, pausenlos, und auf eine hammerharte Psychogruppensitzung folgte sofort die nächste. Alles, um das Ego zu zertrümmern, wie mit dem Preßlufthammer, im Akkord. Das reinste Rattenrennen! Manche waren schon drei Jahre da und ganz verzweifelt, weil sie immer noch nicht erleuchtet waren. Irgendwann ist mir jedenfalls aufgefallen, daß da der gleiche Leistungsdruck herrschte wie im ganz normalen Berufsleben. Als mir das klargeworden ist, habe ich meine Sachen gepackt und bin gegangen.«

»Ohne erleuchtet worden zu sein?« fragte Nina.

»Ich glaube, das hätte ich gemerkt«, sagte Rudschya.

»Und woran? Woran merkt man denn, daß man erleuchtet ist? Ich habe davon nur sehr vage Vorstellungen ...«

Rudschya lachte wieder. »Das ist ganz einfach zu erklären. Wenn du mit dem Universum eins wirst, in einem unendlichen, kosmischen Orgasmus, dann bist du erleuchtet.«

»Ach ja? Dann ist es wohl besser, man hat schwerhörige Nachbarn, wenn die Erleuchtung kommt.«

»Kann schon sein! Ich hab's noch nicht erlebt, und ich bin auch nicht so versessen darauf, daß ich darüber vergesse, das Leben zu genießen. Ich hätte nichts dagegen, noch ein paar tausendmal wiedergeboren zu werden, bevor ich als erleuchtete Meisterin ins Nirwana eingehe, vorausgesetzt, ich werde nicht ausgerechnet als Tochter von Ayatollah Khomeini wiedergeboren.«

»Oder als siamesischer Zwilling eines gewissen Herrn Mayer. Am Bauch mit ihm zusammengewachsen«, sagte Nina und schüttelte sich bei dieser Vorstellung.

»Oh, das könnte wohl nur passieren, wenn man sich im vorigen Leben total danebenbenommen und schwere karmische Schuld auf sich geladen hat. Zum Beispiel, indem man zu spät zum Surfunterricht erscheint.« Rudschya stand auf und reckte sich. »Wenn mich nicht alles täuscht, steht uns ein herrlicher Nachmittag bevor!«

Rudschyas Schüler und Schülerinnen versammelten sich am Strand. Die Sonne knallte, die Wellen rollten, der Wind blies kräftig, und Nina dachte voller Mitgefühl

an Fräulein Niehoff, die jetzt in der muffigen Redaktion der *Schuppe* sitzen mußte.
»Isch hab den Wäddäberischt gesehen«, rief A-Ypsilon-Mayer und rieb sich die Hände. »Da gibt's ein geiles Tief im Nordatlantik, des gibt den Megaswell!«
»So? Ich sehe hier aber nur Mickymaus-Wellen«, sagte Rudschya. »Wo haben Sie den Wetterbericht denn verfolgt?«
»Im Café gleisch hier vorne!« antwortete A-Ypsilon-Mayer und deutete zur Strandpromenade. »Da hängt en Fännsehgerät über der Theke!«
Rudschya lachte laut auf. »In diesem Fernsehgerät kommen leider keine aktuellen Wettervorhersagen. Da laufen nur Promotionvideos. Aber machen Sie sich nichts draus, für Anfänger sind Mickymaus-Wellen sowieso besser als der Megaswell ...«
A-Ypsilon-Mayer trug die Blamage mit Fassung. Aufs Schmollen verlegte er sich erst, als er gemerkt hatte, daß Nina nicht taubstumm war. Volle zehn Minuten lang strafte er sie mit Nichtachtung. Nina war überglücklich.
Beim ersten Training paddelte A-Ypsilon-Mayer weiter hinaus als alle anderen, und dann wurde er von der Strömung fortgeschwemmt und weggespült, in eine abgelegene Bucht, wo sein Wehgeschrei ungehört verhallte.
Nina konzentrierte sich hauptsächlich darauf, nicht die Balance zu verlieren, gleichzeitig auf die Wellen zu achten und nicht sofort einen halben Liter Wasser zu schlucken, wenn sie wieder einmal untergegangen war. Aber das war leichter gesagt als getan.
»Übung macht die Meisterin!« rief Rudschya. »Irgendwann machen Arme und Beine alles von alleine!«
Die zierliche Japanerin schien ein Naturtalent zu sein.

Schon nach kurzer Zeit hatte sie den Bogen heraus, jedenfalls besser als Nina, die sich allmählich fragte, ob sie nicht doch lieber mit Fräulein Niehoff getauscht hätte. Ein Bürostuhl in der Redaktion der *Schuppe* war wenigstens nicht so launisch und so schwer zu handhaben wie ein Surfbrett im Atlantik, auch wenn es angeblich nur Mickymaus-Wellen waren, die hier an den Strand rollten. Es ärgerte Nina auch, daß sich dort einige Touristen versammelt hatten, die breitbeinig und hämisch grinsend herumstanden, sich über das unbeholfene Treiben von Rudschyas Schülerschar lustig machten, ironische Anfeuerungsrufe hören ließen und applaudierten, wenn wieder jemand vom Brett gefallen war. Nina bemühte sich, die Idioten zu ignorieren, aber es gelang ihr nicht. Es waren die gleichen Gesten und die gleichen Fressen, die sie schon fünfundzwanzig Jahre zuvor zur Weißglut gebracht hatten. Damals hatte sie ihre ersten Schwimmzüge gemacht, an der Hand ihrer Großmutter, und ein paar Jungs, die schon im vierten Schuljahr waren und Fahrtenschwimmer-Abzeichen auf ihren Badehosen spazierenführten, hatten sich am Beckenrand zusammengerottet und sich über Nina mokiert: »Oh, die Tleine tann bald pfümmen! Aber die Omi hat die Tleine noch an der Leine!« Und dann hatten sie sich vor Lachen gekugelt. Ninas Großmutter hatte nichts davon mitbekommen, denn sie war schon damals schwerhörig gewesen und natürlich ohne Hörgerät ins Becken gegangen. Noch lange hatte die Schmach an Nina genagt, bis zu dem Tag, an dem sie unter Aufsicht des Bademeisters eine halbe Stunde lang geschwommen, todesmutig vom Dreimeterbrett gesprungen war und endlich ihr eigenes Freischwimmer-Abzeichen erhalten hatte. Seitdem hatte sie nicht mehr an die Rotzlöffel aus der vierten Klasse gedacht, erst jetzt wieder, beim Anblick der Kerle am Strand, die sich vor Lachen ausschütteten und mit dem Finger auf Nina zeigten. Sie fletschte vor Wut die Zähne. Warum sind Männer nur so blöd? fragte sie sich. Da muß wohl serienmäßig eine Schraube locker sitzen! Die einzige Lösung dürfte eine großangelegte Rückrufaktion des Herstellers sein …

Am meisten widerte sie ein Mann mit Pferdeschwanz an, der am Bügel seiner Sonnenbrille lutschte, während er seine Kumpel mit Kopfbewegungen und Handzeichen auf Ninas Patzer beim Surfen hinwies. Es war René, der schwatzhafte Hammerkopf aus der *Rasta-Bar.* Wenn ich den in die Finger kriege, mache ich Hackfleisch aus ihm, schwor sich Nina.

Die Wut verlieh ihr zwar keine Flügel, aber doch Kraft, und als sie sich abermals aufs Brett gequält und das Segel aufgerichtet hatte, nahm sie zum erstenmal richtig Fahrt auf, rauschte bald mit hoher Geschwindigkeit dahin, vergaß alles um sich herum und wurde erst von einer anderen Surfschülerin gestoppt, die ihr in die Quere gekommen war. Nina wurde durch den Zusammenprall koppheister vom Brett geschleudert. Unter Wasser wußte sie eine Weile nicht, wo oben und wo unten war, aber als sie endlich an die Oberfläche gelangte und wie wild nach Atem rang, fühlte sie sich unbändig stark, und sie brannte darauf, so schnell wie möglich wieder aufs Brett zu klettern und noch einmal so herrlich in Fahrt zu kommen. Jetzt war sie nicht mehr zu bremsen.

Gut, daß du da bist«, rief Nina, als sie Mareike ins Nebenzimmer treten hörte. »Ich brauche dringend jemanden, der mich massiert. Von Kopf bis Fuß! Ich hätte nicht gedacht, daß Surfen so anstrengend ist. Wenn ich nicht sofort eine Massage kriege, habe ich morgen einen schlimmeren Muskelkater als Jane nach ihrer ersten Liebesnacht mit Tarzan! Um Gottes willen, wie siehst du denn aus?«

Mareike war hereingekommen. Sie war bleich, ihre Haare waren zerzaust, und der Schrecken stand ihr ins Gesicht geschrieben. Eine Gazelle, die soeben einem brüllenden Löwenrudel entronnen war, hätte nicht abgehetzter ausschauen können.

»Was ist passiert?« fragte Nina. »Nein, laß mich raten. Du hast Post vom Finanzamt nachgeschickt bekommen. Oder du hast mit Fernabfrage deinen Anrufbeantworter abgehört und schlechte Nachrichten von deinem Arzt. Bist du schwanger?«

»Schlimmer«, sagte Mareike, warf sich neben Nina auf die Matratze und vergrub ihren Kopf im Kissen. »Viel flimmer. Iff habe ein Gebempf gewehen.«

»Wie bitte? Wenn du willst, daß ich Mitleid mit dir habe, mußt du schon deutlicher sprechen.«

Mareike hob den Kopf aus dem Kissen und sah Nina mit müden Augen an. »Ich sagte: Viel schlimmer. Ich habe ein Gespenst gesehen.«

»A-Ypsilon-Mayer?«

Mareike schüttelte den Kopf und ließ ihn wieder ins Kissen sinken. »Viel flimmer. Viel, viel flimmer ...«

»Schlimmer als A-Ypsilon-Mayer? Dann mußt du wirklich einiges durchgemacht haben. Aber nun bist du ja in Sicherheit. Weißt du was? Ich werfe jetzt endgültig meinen

Vorsatz über den Haufen, nie wieder Alkohol zu trinken, und hole uns zwei Caipirinha aus der Küche, und dann erzählst du mir, was vorgefallen ist. Okay?«
Mareike seufzte ins Kissen.
»Ich interpretiere das als Zustimmung«, sagte Nina.
Zwei Minuten später erschien sie mit den Getränken und setzte sich neben Mareike. »Eis ist leider alle. Aber in der Not frißt die Teufelin Fliegen. Auf dein Wohl!«
Sie stießen an und tranken.
»Und jetzt erwarte ich eine detaillierte Reportage über deine furchtbaren Erlebnisse mit dem Gespenst.«
Abermals seufzte Mareike. »Das Gespenst, dem ich über den Weg gelaufen bin, ist weiblich und heißt Heidi. Das ist die Freundin von dem Rechtsanwalt aus München. Falls du dich an den erinnerst. Der Nachtisch mit den Durchblutungsstörungen.«
Nina nickte. »Und die ist hier?« fragte sie.
»Allerdings. Seit meinem Rendezvous mit Dr. Gregor Feldmann hängt in München offensichtlich der Beziehungssegen schief. Diese Heidi ist der Meinung, daß wir uns alle einmal gründlich aussprechen müssen. Sie hat ihren Gregor gelöchert, wo ich zu finden bin, und dann hat sie ihn hierhergeschleift, damit wir drei hier in Klausur gehen können ...«
»Ist das wahr?«
»Leider ja.«
»Kaum zu glauben! Du meinst, diese Frau fliegt mit ihrem Kerl auf die Kapverden, nur um in deinem Beisein ein Beziehungsgespräch zu führen?«
»So sieht's aus.«
»Aber das ist doch total bescheuert!«
»Wem sagst du das?« Mareike stöhnte.

»Und dieser Gregor trottelt brav hinterher?«
»Wie ein Wauwau. Bei Gerichtsverhandlungen soll er, wie ich gehört habe, ein wahrer Satansbraten sein, aber in den Händen seiner Heidi ist er offensichtlich nur Wachs.«
»Und was hast du dazu gesagt?«
Mareike steckte sich eine Zigarette an, atmete tief den Rauch ein, blies ihn seufzend aus und zog die Augenbrauen hoch. »Ich habe gesagt, im Moment hätte ich keine Zeit, mir die Augen auskrallen zu lassen.«
»Sonst nichts?«
»Doch. Ich hatte zwar das Gefühl, daß diese Heidi mich am liebsten sofort erdrosselt hätte, aber ich habe ihr noch zu erklären versucht, daß ich von Gregor nichts will und daß sie mit ihm glücklich werden soll.«
»Und? War sie damit zufrieden?«
»Leider nicht.« Mareike zog erneut an ihrer Zigarette. »Sie will, daß wir uns morgen nachmittag treffen. Auf neutralem Boden. Und dann soll geredet werden.«
Nina lachte. »Das kann ja heiter werden!«
»Das glaube ich kaum. Aber wir werden es nie erfahren. Ich denke nicht daran, da hinzugehen. Ich bin doch nicht auf die Kapverden geflogen, um mich mit einer eifersüchtigen Irren zu zanken. Oder mich von ihr zerfleischen zu lassen.«
»Das wird Heidi aber nicht gefallen, wenn du sie versetzt.«
»Na und? Von mir aus kann sie vor Zorn explodieren. Wenn sie glaubt, daß sie von ihrem Gregor nicht mehr geliebt wird, werde ich sie ganz bestimmt nicht vom Gegenteil überzeugen können. Sie will einfach ihre Wut an mir auslassen, aber nicht mit mir. Lieber stelle ich mich tot,

bis das Gewitter vorübergezogen ist. Und jetzt kein Wort mehr davon. Gibt's hier einen Aschenbecher?«

Und? Wie ist es gelaufen?« Nina platzte fast vor Neugier, als Guido am frühen Abend von seiner Inspektionstour mit den hohen Herren aus Brüssel zurückkam. »Haben sie Lunte gerochen?«
Guido sank erschöpft auf einen Hocker in der Küche, wischte sich mit dem Unterarm den Schweiß von der Stirn und ächzte: »Ein Königreich für ein Bier ...«
Nina brachte ihm eins, und er schlotzte es in einem Zug aus. Nach einem zarten Rülpser sagte er: »Liebste Nina! Noch ein Königreich für noch ein Bier ...«
»Da du hier so generös mit Königreichen um dich wirfst, darf ich wohl annehmen, daß du noch kein ruinierter Mann bist«, entgegnete Nina und öffnete Guido ein zweites Bier.
Auch das trank er in einem Zug aus. Dann kamen eine Zeitlang nur Laute wie »Puh!« und »Uff!«, aber schließlich fand er die Sprache wieder. »Vorläufig kann Entwarnung gegeben werden. Ein paar Stolpersteine liegen noch im Weg, doch ich glaube, fürs erste habe ich die Typen zufriedengestellt.«
»Wie viele sind das denn?«
»Vier. Oder fünf, mit der Dolmetscherin. Zwei Belgier, die von Tuten und Blasen keine Ahnung haben und offensichtlich hier nur relaxen wollen, ein unendlich süßer Däne, der vermutlich noch nicht weiß, daß er eigentlich ein Homo ist, und dann noch so ein kiebiger Portugiese, der einzige Mann vom Fach. Ein Geologe. Ohne einen Funken von Humor. Für den muß ich mir noch irgend-

was einfallen lassen. Ich kann mich irren, aber der scheint mißtrauisch zu sein. Der hat so eine Art, einen anzustarren, als ob man ein Taubenschiß auf seiner Schuhspitze wäre.« Guido seufzte. »Na ja, und die Dolmetscherin kommt aus England. Miss Gregson. Sie ist schätzungsweise zweihundertachtzig Jahre alt, trägt eine Kriegsbemalung wie Häuptling Sitting Bull und faßt sich dreimal in der Minute in den Mund, um den Sitz ihres Gebisses zu korrigieren. Ich nehme an, den Herren wäre eine ungefähr zweihundertsechzig Jahre jüngere Dolmetscherin lieber gewesen, aber die Sache hat auch Vorteile. Ein Gespräch, bei dem Miss Gregson dolmetschen muß, wird von niemandem unnötig in die Länge gezogen.«

»Sexist«, sagte Nina.

»Wer? Ich?« fragte Guido und setzte eine Unschuldsmiene auf.

»Wer wohl sonst? Wahrscheinlich ist diese Miss Gregson gerade mal Anfang Fünfzig. Männer wie du halten alle Frauen, die übers Kükenalter hinaus sind, für Schreckschrauben. Ich möchte wetten, daß Miss Gregson eine ganz reizende Dame ist ...«

»Du kennst sie nicht. In meinen Augen hat sie weitaus mehr Ähnlichkeit mit dem bösen Hexenmeister Petrosilius Zwackelmann als mit dem reizenden Damentypus, den du vielleicht meinst. Und ich möchte hier doch einmal klipp und klar festhalten, daß ich kein Sexist bin, sondern ein glühender Verehrer aller Damen mit Vergangenheit und Herzensbildung. Doch wenn du unbedingt willst, wetten wir eben. Um eine Kiste Sekt? Wie wär's?«

»Du bist nicht nur ein Sexist, sondern auch ein Säufer«, entgegnete Nina. »Aber gut, von mir aus. Die Wette gilt!«

»Und wer ist Schiedsrichter?«

»Mareike, würde ich sagen.«
»Das ist unfair. Warum nicht Napoleon?«
»Weil Napoleon ein Mann ist. Alle Männer sind Sexisten.«
Guido lachte auf. »Das ist zwar eine ausgesprochen sexistische Behauptung, aber okay, du hast gewonnen. Mareike wird Schiedsrichterin. Und sie wird schon bald ihres Amtes walten können. In knapp zwei Stunden wird das Kommando aus Brüssel hier vollzählig einfliegen, um mit uns die Völkerverständigung voranzutreiben. Und dabei in Alkohol zu baden, das ist ja klar. Stehst du mir bei?«
»Natürlich. Vorausgesetzt, ich werde nicht selbst in Alkohol eingelegt.«
»Im Gegenteil. Es ist sogar viel besser, wenn du nüchtern bleibst. Es genügt vollauf, wenn du ein bißchen mit den Wimpern klapperst, den Bürokraten deine Beine zeigst, mir ab und zu Mut zusprichst und mit darauf achtest, daß dieser humorlose Portugiese genau die richtige Menge zu trinken bekommt. Morgen nachmittag besichtigen wir die zweite Baustelle, und es wäre gut, wenn er dabei einen halbwegs dicken Kopf hat, damit er nicht so viele Fragen stellt. Allerdings darf er auch nicht den Kater seines Lebens haben. So was wird immer dem Gastgeber angelastet. Ein schwerer Schwips wäre also genau das richtige. Auf keinen Fall darf er sich ins Koma saufen, unser portugiesischer Freund.«
Nina legte den Kopf schief. »Und ausgerechnet ich soll darüber wachen, wieviel er trinkt?«
»Aber ja! Ich überlasse es deinem weiblichen Gespür, abzuschätzen, wieviel der Kerl verträgt und wann er genug hat. Ich kann natürlich auch Mareike mit dieser Aufgabe betrauen, aber ich halte es für möglich, daß sie sich im

Laufe des Abends plötzlich dazu entschließt, statt meinen Anweisungen einfach ihrer Libido zu folgen und mit irgendeinem Betthasen zu desertieren. In dich setze ich da größeres Vertrauen. Du würdest so was nicht tun.«

»Soso«, sagte Nina und wechselte rasch das Thema. »Und wer macht das Essen? Wer besorgt die Getränke?«

»Napoleon und ich. Das wird keine leichte Aufgabe angesichts der akuten Fischknappheit, aber wir werden schon zurechtkommen. Von Mareike und dir erwarte ich nur, daß ihr euch ein paar mittelscharfe Sachen anzieht und euch ein bißchen aufbrezelt.«

»Aye, aye, Sir«, sagte Nina.

Guido hatte maßlos übertrieben. Nach Ninas Schätzung war Miss Gregson höchstens fünfzig, vielleicht auch jünger. Allerdings war sie tatsächlich recht bizarr geschminkt und unablässig damit befaßt, ihr Gebiß zu richten. Und der Portugiese hielt sich abseits und sah ausgesprochen finster drein, obwohl die Party schon seit mehr als einer Stunde im Gange war. Er hielt ein Glas mit Mineralwasser umklammert, beschränkte sich bei der Konversation auf das Knurren seines Namens – Flávio Moreira – und hatte offenbar nicht die Absicht, dem Alkohol zuzusprechen, im Gegensatz zu den beiden Belgiern, Monsieur Cottard und Monsieur Lavallée, deren Durst nicht im geringsten hinter ihrer Begeisterung zurückstand. Sie hatten möglicherweise einen zähen Abend unter Langweilern erwartet, wo man gequält Small talk machte und auf Miss Gregsons Übersetzungskünste angewiesen war, bevor man nach einer Anstandsfrist wie gerädert auseinanderging, vielleicht um ein paar blöde Witze reicher,

aber um drei oder vier Stunden kostbarer Lebenszeit ärmer. Doch nun sahen sich die Belgier umringt von zahllosen jungen Schönheiten, die ihnen Bananenkuchen und Melonenstücke in den Mund steckten, wirbelten über die zur Tanzfläche umfunktionierte Terrasse, ließen sich mit Bier und Caipirinha vollaufen und gelangten zu der felsenfesten Überzeugung, daß Guido ein ganz famoser junger Mann sei, der noch eine große Zukunft vor sich habe.
Der Däne, den Guido so charmant fand, trug den zungenbrecherischen Namen Nils Nilkvist. Unter den Bürokraten aus Brüssel war er der Benjamin. Nina schätzte ihn auf Anfang Dreißig. Er hatte strohblondes Haar, Ohren wie ein Kleinkind und Hüften wie eine Ballerina, und er stand sofort im Mittelpunkt der Aufmerksamkeit aller Homos, die Guido eingeladen hatte. Gekommen waren auch Cláudia, Neusa, Taté, Fernanda, Ceu und andere Frauen aus dem Dorf, die Nina noch nicht gekannt hatte, dazu Andrew und Mark und auch Rudschya sowie einige der Surfer, Josh und Keith und Jason und Renaud, allesamt Berühmtheiten, wie Mareike schwärmte. Zéca war DJ. Napoleon warf unermüdlich Würste auf den Grill und servierte Hühnerfleisch, das nach Fisch schmeckte, weil man die Hühner auf den Kapverden mit Fischmehl mästet. Es wurde gebechert und getanzt und gelacht, und die Stimmung hätte kaum besser sein können. Sogar Miss Gregson schien einen gewissen Gefallen an der Party zu finden, nachdem sie mit Andrew und Mark ins Gespräch gekommen war und festgestellt hatte, daß die beiden aus demselben Vorort von London stammten wie Miss Gregsons Mutter. Der einzige Mißklang war das Knurren von Flávio Moreira.
»Nina, tu was«, flehte Guido. »Der Kerl zieht eine Flunsch

wie ein Schneemann im Mai! In spätestens einer Stunde wird es hier zugehen wie in Sodom und Gomorrha, und wenn er dann immer noch nichts getrunken hat, wird er mich für den Höllenfürsten persönlich halten. Kannst du nicht wenigstens mal mit ihm tanzen?«

»Ich werd's versuchen. Aber versprich dir nicht zuviel davon.«

»Doch, das tu ich. Bring ihn ins Schwitzen. Er soll Durst kriegen, der so heftig brennt, daß er nur mit fünf Litern Bier gelöscht werden kann.«

Nina atmete durch. Dann setzte sie ein reißfestes Lächeln auf, schlich sich an den portugiesischen Eisklotz heran, faßte ihn, ohne groß zu fragen, an der Hand und zog ihn auf die Terrasse hinaus. Zéca hatte gerade ein besonders fetziges Stück ausgesucht, und Flávio Moreira blieb nichts anderes übrig, als sich dem Rhythmus anzupassen, wenn auch widerwillig. Nina legte Glut in ihre Augen und Leidenschaft in ihre Bewegungen, und siehe da, der Eisklotz taute langsam auf.

»Jetzt ich!« rief Mareike, als das Stück vorbei war. In der nächsten Dreiviertelstunde wurde Flávio Moreira unter den Frauen herumgereicht, von Mareike zu Taté, von Taté wieder zu Nina, von Nina zu Cláudia, von Cláudia zu Rudschya, von Rudschya zu Fernanda und wieder zu Mareike. Die Therapie schlug an. Als Nina dem völlig verschwitzten, förmlich dampfenden Mann ein Bier brachte, nahm er es dankbar an und trank es geradezu gierig aus. Dann stürzte er sich wieder auf die Tanzfläche.

»Wenn ich da so zusehe, kriege ich allmählich selbst Appetit auf den Mann«, flüsterte Guido Nina zu. »Aber von dem lasse ich lieber die Finger. Ach ja, was hält eigentlich unsere Unparteiische von Miss Gregson?«

»Ich hab sie noch nicht danach gefragt. Mareike?« Nina winkte ihr zu. »Wir brauchen deinen Rat als Menschenkennerin.«
Mareike hörte auf, vom Obstsalat zu naschen, und kam herüber. »Schießt los.«
Sie steckten die Köpfe zusammen. »Wie würdest du Miss Gregson einschätzen?« fragte Nina. »Als reizende Dame oder als ungefähr zweihundertachtzig Jahre alte Krawallschachtel?«
»Moment mal«, mischte sich Guido ein. »Von Krawallschachtel war nie die Rede! Ich bin nur der durchaus plausiblen Meinung, daß Miss Gregson keine süße alte Lady ist, sondern ein Wesen, dem ich zutraue, daß es zum Frühstück kleine Kinder frißt und nachts auf einem Besen zum Blocksberg reitet.«
Mareike sah sich um. »Wo steckt sie denn überhaupt, eure Miss Gregson?«
Sie entdeckten sie auf der Terrasse, wo sie mit Andrew tanzte, langsam, engumschlungen, mit geschlossenen Augen.
Und Andrew war unübersehbar damit befaßt, seine rechte Hand mit großer Zärtlichkeit über Miss Gregsons Rückenwirbel wandern zu lassen.
»Ich werd verrückt«, sagte Guido.
»Und ich erst«, stöhnte Mareike. Dann legte sie ein gekünsteltes Zittern in ihre Stimme und fragte: »Was hat sie, was ich nicht habe?«
»Das siehst du doch«, sagte Nina. »Sie hat Andrew.«
»Kann mich mal jemand kneifen?« fragte Guido. »Ich möchte wissen, ob ich träume.«
Nina kniff ihn sanft ins Ohrläppchen. »Aus der Traum. Du schuldest mir eine Kiste Sekt.«

»Wieso? Mareike hat ihr Urteil doch noch gar nicht gefällt. Was sagst du, Mareike? Ist Miss Gregson eine reizende Dame oder eine alte Hexe?«

Mareike überlegte hin und her. »Also«, sagte sie schließlich, »wenn ich nicht wüßte, daß Eifersucht blind macht, würde ich sagen, daß Miss Gregson die böseste alte Hexe ist, die mir jemals einen Mann vor der Nase weggeschnappt hat. Und daß sie ihn sich mit irgendeinem Zaubertrank aus ihrer Hexenküche gefügig gemacht hat. Aber andererseits ist mir sonnenklar, daß Andrew Geschmack hat. Immerhin hatte er es bis vor kurzem auf Nina abgesehen. Auf eine böse alte Hexe würde er niemals abfahren. Bleibt nur die logische Schlußfolgerung, daß du dich in Miss Gregson getäuscht hast. Sie muß eine wundervolle Frau sein. Und ich würde gerne in ihrer Haut stecken, jedenfalls heute abend ...«

»Eins zu null für mich«, sagte Nina zu Guido. »Und wehe dir, wenn du mir Faber oder Rotkäppchen unterzujubeln versuchst.«

Er gab sich geschlagen und hob die Hände. »Nicht nachtreten«, sagte er. »Ich weiß, wann ich verloren habe. Und jetzt will ich auf andere Gedanken kommen. Ich will Gesang, Musik und Tanz! Wo ist er, der Mann meiner Träume, der schwarze Rauschgoldengel meiner schlaflosen Nächte?« Mit diesen Worten stürmte Guido auf Napoleon zu, schleifte ihn auf die Terrasse und machte Zéca ein Zeichen, etwas Wilderes aufzulegen. Kurz darauf gaben sich Guido und Napoleon einem orgiastischen Fruchtbarkeitstanz hin.

»Herrgott, muß Liebe schön sein!« seufzte Mareike.

»Entschuldige, wenn ich deinen philosophischen Gedankengang unterbreche«, sagte Nina, »aber ich glaube, da

möchte jemand was von dir.« Sie deutete mit dem Kopf nach rechts.
Dort stand Mark, fünf Meter von ihnen entfernt, an ein Regal gelehnt, und prostete Mareike über die Köpfe der Leute hinweg mit einer Bierflasche zu. »Cheers!« rief er herüber. »Es ist einer guter Stimmung!«
»Auch das noch«, ächzte Mareike leise und winkte lahm zurück. »Ich fürchte, es ist höchste Zeit, diesem Menschen eine Lektion zu erteilen.« Sie straffte sich. »Da gibt es nur eins. Ich werde mich auf den erstbesten Kerl stürzen und so lange mit ihm knutschen, bis Mark endlich begreift, daß er seinen Charme woanders versprühen muß.«
»Mach dich nicht unglücklich«, sagte Nina, doch Mareike war schon unterwegs. Ihre Wahl war auf einen der Profi-Surfer gefallen, der Jason hieß und für Ninas Empfinden etwas zu selbstgefällig aussah. Er war braungebrannt und athletisch, was ja kein Verbrechen war, aber die Art, wie er dastand, mit gewölbter Brust, die Ungeniertheit, mit der er den Frauen aufs Hinterteil schaute, und die angestrengt coole Grimasse, die er schnitt, gefielen Nina nicht sonderlich. Manchmal, dachte sie, leidet die liebe Mareike an Geschmacksverirrung.
Mit versteinerter Miene folgte Mark dem Schauspiel, das ihm Jason und Mareike boten. Sie unterhielten sich, lachten, stießen mit Caipirinha an und sagten sich geheimnisvolle Sachen ins Ohr. Dann legte Mareike eine Hand auf Jasons Schulter, Jason faßte Mareike um die Hüfte, und kurz darauf tauschten die beiden einen Zungenkuß aus, der von Dauer war. Zwei volle Minuten vergingen, ohne daß Mareike und Jason voneinander abließen. Mark hatte den Blick abgewendet, sah aber aus dem Augenwinkel immer noch verstohlen hin. Zwischendurch schaute er auch

einmal auf die Uhr. Als der Zungenkuß nach vier Minuten immer noch kein Ende nahm, wurde Mark unruhig. Er wechselte Standbein und Spielbein, trank in immer kürzeren Abständen aus seiner Bierflasche und bemühte sich, das knutschende Paar zu ignorieren. Aber erst nach fünf Minuten schien er endgültig begriffen zu haben, daß er ausgestochen worden war. Er verließ seinen Posten, holte sich eine neue Bierflasche aus dem Kühlschrank und wanderte auf die Terrasse hinaus. Nina verlor ihn aus den Augen.

Es strömten immer mehr Gäste herbei. Nina fragte sich, ob das alles Guidos und Napoleons Freunde waren oder nicht auch Kiebitze und Schnorrer, die gar nicht eingeladen waren. Aber Guido hatte schon als Teenie einen riesigen Freundeskreis gehabt, und sein Adreßverzeichnis war dicker als die Bibel gewesen. An seinem achtzehnten Geburtstag hatte er eine Party für mehr als hundert Leute geschmissen. Ninas und Guidos Eltern waren zum Glück nicht dagewesen. Es hatte fast eine Woche gedauert, das Haus und auch den Garten wieder so herzurichten, daß sie einigermaßen vorzeigbar waren. Guidos damaliger Busenfreund Matze hatte unter starkem Einfluß von Mariacron Klimmzüge am Bohnengerüst gemacht und beim Absturz das Dahlienbeet und die Tomatenstauden auf verheerende Weise in Mitleidenschaft gezogen. Und irgendwer hatte so ausgiebig auf den handgeknüpften Korridorteppich gekotzt, daß Guido und Nina ihre Ersparnisse zusammengeschmissen und einen neuen gekauft hatten. In den Jahren danach hatte es glücklicherweise keine solchen Exzesse mehr gegeben, sondern nur noch Ausschreitungen, die im Rahmen des Üblichen geblieben waren.

Es hat doch viele Vorteile, wenn man älter wird, dachte Nina und gesellte sich zu Neusa, Nils und Guido, die gerade damit angefangen hatten, sich ihre Narben zu zeigen. Neusa konnte nur mit einer Blinddarmnarbe prahlen. Nils Nilkvist wies ein fingerlanges Prachtexmplar am rechten Unterarm vor. Da, erzählte er in gebrochenem Deutsch, habe er sich »an einem Stachelzaun gerissen«, als kleiner Junge, auf der Flucht vor einem »Tollhund«. Guido zog die rechte Sandale aus und gab eine mondsichelförmige Narbe an der Achillessehne zur Begutachtung frei. Ein Schlangenbiß sei das gewesen, erklärte Guido. Den habe er sich vor zwei Jahren in Namibia geholt, und er wäre daran gestorben, wenn ein giftkundiger Freund von ihm die Wunde nicht ausgesaugt hätte. Nina hatte ihre Zweifel an der Wahrheit der Geschichte, sagte aber nichts. Sie wußte, daß sich Guidos stattlichste Narbe auf seiner linken Pobacke befand, knapp unterhalb des Hosensaums, eine bleibende Erinnerung an den Fehler, im Alter von zwölf Jahren mit Freunden die Messerstecherei aus einem Fernsehkrimi nachzuspielen, und es war zu vermuten, daß Guido mit der Absicht schwanger ging, fünf oder sechs Caipirinhas später auch noch diese Narbe zu enthüllen. Er ist und bleibt ein Kindskopf, dachte Nina und sah zu ihrem Erstaunen Fritjof zur Terrassentür hereinkommen. Er hatte sich schick gemacht und zog viele Blicke auf sich, aber das schien er gewohnt zu sein, denn er achtete nicht darauf, sondern ging direkt auf Nina zu und überreichte ihr ein Geschenk. Es hatte ungefähr die Größe einer kleinen Pralinenschachtel und war ausgesucht abscheulich verpackt, in leuchtend silbriges Geschenkpapier mit Rosenmuster und lila Querstreifen.
»Alles Gute zum Geburtstag«, gratulierte Fritjof. »Für das

Papier kann ich nichts. Ich hab hier nichts anderes gefunden.«
»Tausend Dank«, sagte Nina verwirrt. »Darf ich es gleich auspacken, oder soll ich noch ein Dreivierteljahr warten, bis ich wirklich Geburtstag habe?«
Fritjof runzelte die Stirn. »Ich denke, hier wird dein Geburtstag gefeiert?«
»Aber nein, hier wird einfach nur das Leben gefeiert! Willst du das Geschenk zurückhaben?«
»Natürlich nicht! Mach's auf! Dann eben alles Gute zum Leben!« sagte Fritjof und sah sich um. »Wo ist der Kühlschrank?« fragte er dann und zauberte von irgendeiner Stelle hinter seinem Rücken eine Flasche Champagner hervor. »Der ist brühwarm und muß dringend kalt gestellt werden.«
»Da hinten«, antwortete Nina. »Genau da, wo Mareike und ihr neuer Schwarm gerade einen neuen Weltrekord im Dauerknutschen aufzustellen versuchen. Du wirst die beiden Turteltäubchen bitten müssen, ihre Aktivitäten zu unterbrechen und ein Stück zur Seite zu gehen, sonst kriegst du die Kühlschranktür nicht auf. Vielleicht wirst du ihnen auf diese Weise sogar das Leben retten. Sie haben seit einer halben Stunde keine Luft mehr geholt.«
Während Fritjof den Champagner verstaute, knibbelte Nina am Geschenkpapier herum. Wie kommt er bloß darauf, daß ich heute Geburtstag habe? fragte sie sich. Hoffentlich hat das nichts mit irgendwelchem Hokuspokus von wegen Sternzeichen und Aszendenten zu tun. Zuzutrauen wäre es ihm ja. Erst das Psychospiel, dann die Nummer mit den Sternzeichen, und als nächstes fängt er vielleicht noch mit Tischerücken an.

Schließlich half nur noch Gewalt. Sie zerriß das Papier und staunte dann, was sie da bekommen hatte.
»Ein Tarotspiel«, erklärte Fritjof. Er hatte Mareike und Jason einen halben Meter nach links geschoben, die Champagnerflasche ins Eisfach gelegt und sich ein Bier geholt. »Oder hast du das schon?«
Nina war wieder sehr verwirrt. »Nö«, sagte sie und betrachtete ratlos ihr Geschenk. »Ist das so was wie Canasta? Mit Kartenspielen kenne ich mich nicht aus.«
»Tarot ist besser als Canasta. Tarot ist ein Spiel, das einem dabei hilft, sich selbst besser zu verstehen und die richtigen Entscheidungen zu treffen.«
»Also wieder so ein Psychospiel?«
»Ja und nein. Du kannst es dir ja mal in Ruhe ansehen, wenn deine Geburtstagsparty – ich meine, wenn die Feier hier vorbei ist. In dem Buch, das dabeiliegt, steht alles drin, was du wissen mußt.«
»Dann bedanke ich mich also erst mal«, sagte Nina, deponierte das sonderbare Geschenk auf dem Couchtisch und wandte sich Fritjof zu. »Jetzt will ich aber wirklich wissen, wie du darauf kommst, daß ich heute Geburtstag habe. Raus mit der Sprache.«
»Die ganze Insel redet davon, daß hier heute nacht die größte Party des Jahres steigt. Daraus habe ich nur meine Schlußfolgerungen gezogen.«
Nina mußte lachen. »So ein Quatsch. In Wirklichkeit ist das eine Party zu Ehren der hohen Gäste meines kleinen Bruders, die extra aus Brüssel gekommen sind, um sich von den Fortschritten zu überzeugen, die seine Suche nach Wasser macht.« Sie deutete mit dem Daumen auf die beiden Belgier, die hinter Guidos Schreibtisch standen und gerade heftig mit Ceu und Cláudia

flirteten. Dann zog sie Fritjof am Schlips. »Wollen wir tanzen?«

Nebenbei behielt Nina den aufgetauten Portugiesen im Auge. Er war wie ausgewechselt. Nach einer neuen Serie schweißtreibender Tanzeinlagen saß er jetzt erschöpft und selig auf Guidos knirschendem Korbsofa, in jedem Arm eine Frau, ließ sich von ihnen mit Nüssen füttern und spülte sie mit Bier runter. Nicht mehr lange, und er würde den idealen Trunkenheitsgrad erreicht haben.

Guido konnte zufrieden sein. Er hatte alle, die zum Troß aus Brüssel gehörten, glücklich gemacht. Die Belgier, von schönen Frauen umringt, schwebten im siebten Himmel, Miss Gregson schwofte mit Andrew, der Muffel Flávio Moreira hatte sich in einen wahren Partylöwen verwandelt, und Nils Nilkvist schien Gefallen daran zu finden, daß sich immer mehr junge Männer für seine Tollhundnarbe interessierten und sie bewundern und betasten wollten. Mareike und Jason kamen, nachdem sie eine Dreiviertelstunde durch Abwesenheit geglänzt hatten, bester Dinge und mit verstrubbelten Frisuren wieder zum Vorschein. Napoleon war rührend um das leibliche Wohl der Gäste besorgt und zauberte immer neue Kreationen der fischlosen Küche hervor. Und Fritjof tanzte wieder wie ein junger Gott.

Gegen zwei Uhr morgens verabschiedete sich Flávio Moreira, leicht schwankend und mit Lippenstiftspuren auf den Wangen. Miss Gregson wurde von Andrew begleitet. Die beiden Belgier waren nach einem kleinen Strandspaziergang ebenso verschollen wie Ceu und Cláudia. Mehrere Gläser gingen zu Bruch, als Zéca ein volles Tablett hereinzubringen versuchte, aber die Scherben brachten Glück – jedenfalls denen, die den ganzen Abend über un-

geduldig darauf gewartet hatten, endlich einen Blick auf Guidos sagenumwobene Messerstichnarbe zu werfen.
Als zu fortgeschrittener Stunde die Idee aufkam, im Ozean vor der Haustür noch einmal baden zu gehen, klinkte sich Nina aus. Sie war hundemüde. Einige Unentwegte torkelten noch bis zum frühen Morgen zwischen Atlantik, Terrasse und Küche herum, aber Nina schlief, zufrieden, fest und traumlos.

Stell dir vor, was passiert ist«, sagte Nina und rüttelte Mareike wach, die sehr ungnädig reagierte, etwas grunzte und sich auf die andere Seite drehte. Aber Nina war nicht zu stoppen. »Ich habe gerade Surfunterricht gehabt, und da war auch wieder A-Ypsilon-Mayer dabei. Er hat nicht so viel gesabbelt wie sonst, sondern nur gestöhnt, weil er einen fetten Sonnenbrand im Gesicht und auf dem Bauch und auf den Schultern hat. Geschieht ihm ganz recht, dem alten Angeber. Jedenfalls hat er sich beim Surfen etwas abseits von uns gehalten, und dann hat er geglaubt, er wird von einem Hai attackiert, und hat eine Signalpistole abgefeuert. Eine Signalpistole! Das mußt du dir mal vorstellen! So was hat der bei sich gehabt! Falls mal ein Notfall eintritt, wie er uns hinterher erklärt hat. Aber natürlich hat es weit und breit keinen einzigen Hai gegeben. Die meisten, die dabeigewesen sind, als A-Ypsilon-Mayer um sein Leben gekämpft hat, liegen jetzt noch mit Lachkrampf am Strand. Hörst du mir überhaupt zu?«
Mareike gab wieder nur ein Grunzen von sich. Sie litt an einer mittelschweren Caipirinhavergiftung.
»Kaffee gefällig?« fragte Nina. »Hier steht welcher. Duf-

tend und gesüßt. Du mußt nur die Augen aufmachen und zugreifen. Oder willst du ihn lieber intravenös?« Sie hielt die Tasse so hin, daß Mareike am Kaffee schnuppern konnte.
Das weckte ihre Lebensgeister endlich.
»Und jetzt kommt das Beste«, fuhr Nina fort und reichte Mareike die Tasse. »A-Ypsilon-Mayer feuert also sein SOS in den Himmel und schreit, obwohl nicht die geringste Gefahr im Verzug ist, nach Leibeskräften um Hilfe. Als niemand darauf reagiert, läßt er sein Brett im Stich, paddelt an Land und hält den verdatterten Leuten da aus voller Lunge einen druckreifen Vortrag darüber, welche Strafen auf das Unterlassen von Hilfeleistungen für Personen stehen, die sich in Lebensgefahr befinden. Strafgesetzbuch, Paragraph 323 c. Alle kugeln sich vor Lachen, und Rudschya, unsere Surflehrerin, läßt die Bemerkung fallen, daß das deutsche Strafgesetzbuch hier keine Gültigkeit hat. A-Ypsilon-Mayer platzt fast vor Wut, redet immer mehr Stuß zusammen, und am Ende will er von Rudschya Schadenersatz für sein Surfbrett haben, das schon über alle Wellenberge ist. Wie findest du das?«
Guido kam herein. »Telefon für dich«, sagte er zu Nina.

Miriam!« rief Nina verblüfft. »Wo steckst du?«
»Bei Oma Charlotte! Und weißt du, wo wir gestern essen waren? Bei McDonald's! Oma hat zum erstenmal im Leben einen Doppelwhopper gegessen, und dann sind wir im Kino gewesen, in einem Film, wo ich eigentlich erst mit sechzehn reingedurft hätte, aber Oma hat sich extra noch Soße von dem Doppelwhopper am Kinn kleben lassen, um den Türsteher abzulenken, und der hat Oma ein

Taschentuch gegeben und mich gar nicht angeguckt, aber dann haben lauter Vollpenner drei Reihen vor uns gesessen, die die ganze Zeit gelabert haben, auch als die Werbung schon vorbei gewesen ist, und dann hat Oma denen Popcorn an den Kopf geschmissen ...«

»Miriam ...«

»...und hinterher bin ich mit Oma Eis essen gewesen, und dann haben wir Ligretto gespielt, das ist so ein Kartenspiel, wo man nicht warten muß, bis man wieder dran ist, sondern wo man die ganze Zeit spielen kann und versuchen muß, die passenden Karten auf die in der Mitte zu legen, und beim erstenmal hat Oma gewonnen, aber beim zweitenmal hat sie ganz knapp verloren ...«

»Miriam ...«

»...und dann hat heute nacht ein obszöner Anrufer bei Oma angerufen, erst um Mitternacht und dann noch mal morgens um zwei oder so, der hat immer ins Telefon reingestöhnt, aber der hat nicht gesagt, wer er ist, und dann haben Oma und ich auf dem Boden nach Opas alter Trillerpfeife gesucht, weil Oma dem Anrufer damit das Trommelfell kaputtpfeifen wollte, wenn er noch mal anruft, und auf dem Boden waren auch noch alte Zeugnisse von dir in so 'ner Kiste, und da war eins bei, da hat dringestanden, daß du im fünften Schuljahr in Erdkäse 'ne fünf gehabt hast!«

»Miriam, meine Liebe! Mach mal Pause! Wir sprechen uns gleich noch, aber gib mir doch erst mal Oma!«

Von Rechts wegen hätte Miriam noch im Internat sein müssen. Daß sie jetzt plötzlich in Bergedorf bei ihrer Urgroßmutter steckte, war nicht vorgesehen, denn die Ferien hatten noch nicht angefangen. Schaudernd dachte Nina an die Möglichkeit, daß Miriam auch schon zu Hause gewesen war, in dem Saustall, den Christoph aus ihrem Elternhaus gemacht hatte.

»Nina?«

»Hallo, Oma! Sag mal, was macht ihr da für Geschichten? Wieso ist Miriam bei dir?« Aufgeregt drehte Nina sich das Hörerkabel um den Finger.

»Ach, bei ihr im Internat hat's eine Grippewelle gegeben. Auf einmal war nur noch ein Drittel der Lehrer gesund, und da hat der Direktor beschlossen, die Ferien ein bißchen vorzuverlegen. Christoph hat mich gebeten, Miriam für ein paar Tage bei mir aufzunehmen, weil er im Moment beruflich zuviel zu tun hat und du gerade im Urlaub bist. Und du, mien Deern? Wie geht's dir da unten im Dschungel?«

»Nun, als Dschungel würde ich das hier zwar nicht gerade bezeichnen, aber es geht mir ganz gut soweit, danke ...«

»Und was würdest du davon halten, wenn Miriam und ich uns ins nächste Flugzeug setzen und dir und Guido ein bißchen Gesellschaft leisten in euerm Dschungel, der keiner ist?«

Nina war sprachlos.

»Bist du noch dran, mein Kind?«

»Ja! Ja doch!«

»Was heißt das? Daß du noch dran bist oder daß du für Miriam und mich den roten Teppich ausrollen willst?«

Fieberhaft überlegte Nina, ob es ernstzunehmende Gründe gab, die gegen diesen Überraschungsbesuch sprachen. Eigentlich wollte sie ja hier in Ruhe nachdenken, einen freien Kopf bekommen und möglichst ungestört über ihr Leben meditieren. Aber bei der Aussicht, schon in wenigen Tagen Miriam bei sich zu haben, floß ihr vor Sehnsucht das Herz über. »Kommt her«, sagte sie. »Alle beide!«

»Bist du sicher, daß das gut für dich ist?« fragte Mareike. Sie lag neben Nina am Strand, auf dem Bauch, abgekämpft nach anderthalb Stunden Surfen, aber gut eingeölt und zufrieden. »Wenn ich mich richtig erinnere, wolltest du dir hier doch in aller Ruhe darüber klarwerden, wie und wo und mit wem du den Rest deines Lebens zu verbringen gedenkst. Und jetzt lädst du dir plötzlich deine ganze bucklige Verwandtschaft auf den Hals?«

Nina setzte ihre Sonnenbrille auf. »Bucklig sagst du? Meine Oma ist die unbuckligste Großmutter aller Zeiten, du wirst schon sehen. Und du wirst ja wohl auch nicht im Ernst behaupten wollen, daß meine süße Tochter einen Buckel hat ...«

»Komm schon, du weißt genau, was ich meine!« Mareike rollte sich auf den Rücken. »Du hast dich jetzt gerade mal so eben hier etabliert, kriegst da und dort Angebote, machst mit deinem komischen Fritjof rum, lernst surfen, bringst die ganze Bullerei zum Tanzen, und dann holst du dir auf einmal deine komplette Sippe auf den Hals.«

»Komplett ist gut. Meine Sippe ist zur Zeit alles andere als komplett. Deswegen bin ich ja hier.«

»Na gut. Ich an deiner Stelle wäre jedenfalls vorsichtiger mit so was. Vergiß nicht, daß auch Mütter buckelloser Töchter und Enkelinnen unbuckliger Omas ein Recht auf Urlaub haben.«

»Was du so Urlaub nennst.«

»Was nenne ich denn so Urlaub?«

»Na, ich glaube, du nennst es Urlaub, wenn du dir einen Schmierlappen wie diesen Jason angeln kannst.«
»Was willst du damit sagen?«
»Nichts.«
»Quatsch nicht. Du hast da gerade was von wegen Schmierlappen gesagt.«
»Ist dieser Jason denn vielleicht keiner?«
Mareike setzte sich auf. »Kein was? Kein Schmierlappen?« Ihre Augen funkelten.
Nina nahm das Kampfangebot an. »Ehrlich, mir ist völlig unbegreiflich, wie du dich mit so einem Heini wie diesem Jason abgeben kannst. Der hat doch nun wirklich überhaupt gar nichts auf dem Kasten.«
»Aha. Und du meinst, ich versündige mich gegen die heiligen Prinzipien der Frauenbewegung, wenn ich mit einem Kerl aus dem Volk rumknutsche?«
»Rumknutschen ist ja wohl eine reichlich beschönigende Umschreibung.«
»Na und?«
»Ach, mach doch, was du willst.«
»Vielen Dank für die Erlaubnis, aber das tu ich sowieso.«
Eine Viertelstunde lang schmollten die beiden. Es war auch wirklich fast zu heiß, um sich zu streiten.
»Ich gebe ja zu, daß er kein Geistesriese ist«, sagte Mareike schließlich, versöhnungsbereit. »Aber wenn ich Lust habe, mit einem Mann zu schlafen, gehe ich eben gewisse Kompromisse ein. Sonst wäre ich heute noch Jungfrau.«
Nina drehte sich zu Mareike herum. »Aber ausgerechnet mit diesem Ekelpaket?«
»Besser ein Ekelpaket als ein Weichei.«
»Na, ich weiß nicht.«
»Ich aber. Mir wäre es ja auch lieber, wenn alle Männer

die Grütze von Albert Einstein hätten und den Body von Will Smith und außerdem noch so goldig wären wie Leonardo di Caprio, aber unter bestimmten Umständen bin ich bereit dazu, ein paar Abstriche zu machen.«

»Leonardo di Caprio? Diesen Piepmatz findest du attraktiv?«

»Jedenfalls attraktiver als deinen bescheuerten Fritjof.«

»Der hat mir immerhin was zum Geburtstag geschenkt, obwohl ich gar nicht Geburtstag hatte.«

»Und was?«

»Ein Tarotkartenset.«

»Wie bitte?«

»Ich kann's holen, wenn du's nicht glaubst.« Nina lief ins Haus und kehrte fünf Minuten später mit den Karten und der dazugehörigen Fibel zurück.

»Dieser Mann ist doch krank«, sagte Mareike.

»Wieso?«

»Also wirklich! Tarotkarten! Ich hatte mal einen Liebhaber, der ist auch dauernd mit so was angekommen, aber das ist sieben, nein, laß mich rechnen – das ist acht – neun – das ist neun Jahre her. Neun Jahre! Damals war so was ja vielleicht noch halbwegs up to date. Und mein verflossener Liebhaber ist durch seine Jugendlichkeit entschuldigt. Was man von deinem Fritjof ja nun nicht gerade behaupten kann. Der Mann ist erwachsen. Der sollte sich wirklich schämen, wenn er es nötig hat, Frauen, die er anbetet, mit solchen Geschenken zu bombardieren ...«

»Du kennst dich also mit Tarotkarten aus?«

»Ich hab sie mir mal legen lassen, aber das ist Jahre her.«

»Hier steht, daß die Karten einem in Situationen des Umbruchs Antworten und Hilfestellungen geben können.«

»Na toll.«
»Jetzt maul nicht rum. Hilf mir lieber, wenn du schon soviel Erfahrung damit hast ...«
Nina ging genau nach den im Buch beschriebenen Schritten vor. Sie mischte die Karten, wählte drei davon aus und reihte sie neben dem Stapel verdeckt auf dem Handtuch auf.
»Vergangenheit, Gegenwart, Zukunft«, sagte Nina und tippte auf die drei Karten. »Ich drehe jetzt die Vergangenheitskarte um.«
»Tu, was du nicht lassen kannst«, erwiderte Mareike.
Die Karte zeigte einen Menschen, der über Kopf am Galgen hing, aufgeknüpft an den Füßen. Nina starrte die Karte an. »Der Gehängte«, sagte sie. »Ist das etwa meine Vergangenheit? Guck doch mal nach, was in dem Buch zu der Karte steht.«
»Sekunde.« Mareike blätterte in dem Buch. »Hier. Der Gehängte. Soll ich vorlesen?«
»Ja, bitte.«
»Wie du willst. Also. Der Gehängte. Dein Leben ändert sich radikal. Du hast das Gefühl, über Kopf aufgehängt zu sein. Deine überkommenen Wertvorstellungen haben ihre Gültigkeit verloren. Dein Weltbild hat sich um einhundertachtzig Grad gedreht. Es gibt keine Ausflucht mehr, kein Versteck, in dem du dich verbergen kannst. Du mußt der Realität ins Auge sehen. So erkennst du dich selbst. Laber, laber, laber. Am Anfang wird dir nicht gefallen, was du siehst, aber wenn du ehrlich bist, wirst du merken, daß dich deine Selbsttäuschungen daran gehindert haben, du selbst zu sein. Oje. Willst du noch mehr von diesem Schmus hören?«
»Aber sicher doch.«

»Schon gut. Also, hier steht: Du hast jetzt die einmalige Chance, dein Leben aus neuer Perspektive zu betrachten. Laß geschehen, was geschieht. Es ist alles zu deinem Besten. Nimm dir Zeit, deine neuen Erfahrungen zu verarbeiten. Wenn du bereit bist, das Alte loszulassen, wird dich das Neue zu einem glücklicheren Menschen machen. O Gott, o Gott, was für ein Gesülze. Ich hoffe, du nimmst das nicht ernst!«

Nina zuckte mit den Schultern. »Das paßt doch soweit ganz gut. Ich drehe jetzt mal die Gegenwartskarte um.«

»Und?«

»Wechsel«, sagte Nina.

»Mehr steht da nicht drauf?«

»Doch. Zwei Scheiben, steht da.«

Mareike blätterte in dem Buch. »Zwei Scheiben. Hier. Harmonischer Wechsel. Grundenergie des Kosmos, Erneuerung der Lebenskraft. Ohne Wechsel und Erweiterung kann der Baum des Lebens nicht blühen. Überlaß dich vertrauensvoll den Änderungen, die in deinem Leben anstehen. Bla, bla, bla. Wirklich, Nina, ich finde, du bist zu alt für diesen Esoterikmist.«

»Wieso denn? Das paßt doch alles ganz gut.«

»Ja, natürlich! Alle Karten passen gut, ganz egal, welche du ziehst.«

»Das wollen wir ja mal sehen. Ich bin jedenfalls gespannt, was für eine Zukunftskarte ich gezogen habe ...«

Aber sie kam nicht mehr dazu, die Karte umzudrehen. Wie ein Geschoß schnellte ein riesiger hechelnder Hund zwischen ihr und Mareike hindurch, mit einem Schuh in der Schnauze, und raste weiter, Sand aufwirbelnd, unaufhaltsam.

Mareikes Sonnenmilchflasche war umgekippt und ausgelaufen, und die Tarotkarten lagen kreuz und quer durcheinander, einige davon zerknickt. Nina würde nie erfahren, welche davon die Zukunftskarte gewesen war.

»Vädammtä Sauköter!« brüllte ein Mann. »Disch krieg isch! Unn dann dreh isch dir die Gurgel um!« Aber das war eine leere Drohung. A-Ypsilon-Mayer konnte nur schimpfen und die Fäuste schütteln; einholen und bestrafen konnte er den Hund, der ihm den linken Schuh gestohlen hatte, natürlich nicht. »Unn den Besitzä zeig isch an! Da kann er sisch drauf välassen! Awwer hundätprozentisch! Unn dä Köter wird gerischtlisch eingeschläfert!« Seine Stimme überschlug sich.

»Armer Irrer«, sagte Nina leise.

A-Ypsilon-Mayer stand weit genug weg und war zu sehr mit sich selbst und seiner Wut beschäftigt, um eine unmittelbare Gefahr für Ninas und Mareikes Sicherheit zu bilden. Er humpelte grummelnd zu dem Platz zurück, wo seine Kleider lagen – eine Hose, ein Hemd, ein Schlips, ein Jackett, zwei Strümpfe und ein Schuh.

»Wieso schleppt der Idiot, wenn er baden will, auch seine halbe Abendgarderobe an den Strand?« meinte Mareike. »Selbst schuld, kann ich da nur sagen.«

»Er hat wahrscheinlich nicht damit gerechnet, daß hier Hunde ihr Revier haben, die so behämmert sind, daß sie einen Schuh nicht von einem Knochen unterscheiden können.«

»So behämmert war der Hund ja vielleicht gar nicht. Ich kann mir durchaus vorstellen, daß der Geruch von A-Ypsilon-Mayers Schuhen in einem gut funktionierenden Hundegehirn den gleichen Freßreiz auslöst wie ein stinkender alter Suppenknochen.«

»Tja«, sagte Nina. »Wir werden es hoffentlich nie erfah-

ren. Und wir werden leider auch nie erfahren, welche Zukunftskarte ich gezogen habe.« Sie betrachtete betrübt das Durcheinander, das der Hund mit dem seltsamen Appetit auf Herrenschuhleder hinterlassen hatte.
Mareike zuckte mit den Schultern. »Wenn du unbedingt wissen willst, was dir die Zukunft bringt, liebe Nina, dann gibt es eine weitaus zuverlässigere Methode als das Kartenziehen.«
»Aha, und welche?«
»Einfach abwarten.«

Nina und Guido waren viel zu früh losgefahren. Das Flugzeug hatte sich verspätet. Es dauerte noch eine Dreiviertelstunde, bis die ersten Reisenden die Zollformalitäten hinter sich gebracht hatten und nach draußen kamen, schwer beladen mit Koffern und Surfbrettern und allesamt sichtlich urlaubsreif.
»Da sind sie!« rief Nina. »Miriam! Oma!«
Miriam schrie vor Wiedersehensfreude laut auf und rannte Nina fast um.
Die Großmutter brauchte etwas länger. Sie zog einen quietschenden Rollkoffer hinter sich her.
»Oma! Herzlich willkommen im Paradies!« sagte Guido und nahm ihre Wangenküsse entgegen. »Wo hast du denn den schicken Fummel her?«
»Du lernst es wohl nie, mein Junge«, erwiderte sie. »Du sollst mich nicht Oma nennen, sondern Charlotte. Und was ich trage, ist kein Fummel, sondern bloß ein praktisches Leinenkostüm. Und jetzt laß mich mal zu deiner Schwester durch. Die braucht mich nötiger als du.« Sie umarmte Nina, nahm sie dann an beiden Händen und

sah ihr tief besorgt ins Gesicht. »Nina, mein Goldkind! Ich hab dir doch gleich gesagt, daß dieser Kerl dein Ruin ist!«

»Wer? Guido?«

»Nein, du Dummerchen! Christoph! Dieser Filou! Der hat in seinem Leben nur eine einzige gute Tat vollbracht, und zwar, als er Miriam gezeugt hat.«

»Oma, bitte!« Nina wollte solche Diskussionen nur ungern in der Öffentlichkeit führen.

»Was ist ein Filou?« fragte Miriam.

»Ein durchtriebener Schuft, mein Schatz. Und ich heiße nicht Oma, sondern Charlotte. Und jetzt will ich ein Eis essen. Sofort. Ich komme um vor Hitze.«

Miriam kletterte auf den Kofferkuli und ließ sich von Guido mit Höchstgeschwindigkeit durch die Schalterhalle schieben, auf die nächste Eisdiele zu.

»Soll ich dir den Hackenporsche abnehmen?« fragte Nina.

»Danke schön, aber so klapprig bin ich noch nicht«, antwortete Charlotte und hakte sich bei ihrer Enkelin ein. Gemessenen Schrittes folgten sie Guido und Miriam, die in der Eisdiele den heiligen Schwur ablegte, nicht über Bauchweh zu klagen, und zur Feier des Tages zwölf Kugeln Eis mit Waffeln und Sahne erhielt.

»Hast du mir denn auch 'ne Stange Lucky Strike mitgebracht, Oma?« fragte Guido hoffnungsvoll, als alle Eisportionen serviert worden waren. »Ich meine, Charlotte?«

»Du bist wohl nicht mehr ganz bei Trost. Ich bin hergekommen, um mich um das Wohlergehen deiner Schwester zu kümmern, aber doch nicht als deine persönliche Drogenschmugglerin. Wenn du unbedingt an Lungen-

krebs erkranken möchtest, mußt du dich schon selbst mit den nötigen Schadstoffen versorgen.«
»Und wie war der Flug?« fragte Nina.
»Da waren zwei Besoffene dabei«, erzählte Miriam. »Die haben schon vorm Start die ganze Zeit gesungen, aber die konnten gar nicht richtig singen, das war mehr so bescheuertes Gerülpse, und dann ist der Kapitän gekommen und hat denen gesagt, daß sie die Schnauze halten sollen, und da sind sie erst richtig ausgerastet, und dann sind so Polizisten gekommen und haben die beiden abgeführt, und wir haben alle geklatscht. Aber der Flug war okay. Da ist ein Film mit Leonardo di Caprio gelaufen.«
»Findest du den gut?« fragte Nina.
»Geht so«, antwortete Miriam und lutschte gedankenverloren am Eis.
»Also, *ich* würde jedenfalls nicht nein sagen zu einem Mondscheinspaziergang mit Leonardo di Caprio«, warf Guido ein.
Seine Großmutter sah ihn scharf an. »Männer«, meinte sie verächtlich. »Die alte Geschichte! Sie können den Hals nicht voll genug kriegen, auch wenn sie verheiratet oder verlobt sind. Mir wird ja immer nur die Hälfte der Wahrheit verraten, aber soweit ich weiß, bist du doch verlobt, mein Junge? Mit so einem Schwatten?«
»Oma, *bitte*«, sagte Nina. »Wir wissen alle, daß du keine Rassistin bist, aber es gibt Leute, die dich dafür halten könnten, wenn sie dich so reden hören.«
»Wieso? Weil ich die Hautfarbe des Verlobten meines Enkelsohns erwähne? Da ist doch nichts dabei!«
»Der Ton macht die Musik«, sagte Nina.
»Napoleon und ich sind auch nicht verlobt«, fügte Guido hinzu. »Nur verliebt.«

»Verliebt, aha«, sagte Charlotte. »Gerade eben hast du aber noch verkündet, daß du gerne mit diesem Leonardo di Capriciosa anbändeln möchtest.«

»Leonardo di Caprio heißt der«, berichtigte Miriam.

»So? Von mir aus kann er auch Leonardo da Vinci heißen«, sagte Charlotte. »Mann bleibt Mann. Da ist einer wie der andere. Ob schwarz oder weiß.« Sie legte ihre Hand auf Ninas Unterarm und sah ihr in die Augen. »Das hast du ja nun auch erfahren müssen. Jung gefreit und alt gereut, nicht wahr?«

Nina mußte lachen. »So alt bin ich ja nun wirklich noch nicht.«

»Nein, da hast du wohl recht. So alt wie ich bist du noch nicht. Das kommt noch, mien Deern. Da kannst du die Uhr nach stellen. Eines Morgens wachst du auf und bist eine faltige alte Oma. Da führt kein Weg dran vorbei!«

»Mama kann sich doch lüften lassen«, gab Miriam zu bedenken.

»Liften heißt das«, sagte Nina belustigt. »Aber ich habe nicht die Absicht, mich jemals liften oder lüften zu lassen.« Die ganze Wahrheit war das nicht. Sie hatte schon manchesmal vorm Badezimmerspiegel gestanden und angesichts ihrer Lachfältchen daran gedacht, sich eines Tages vielleicht doch noch unters Messer eines Schönheitschirurgen zu begeben. In zwanzig Jahren eventuell. Dann würde die Schönheitschirurgie gewaltige Fortschritte gemacht haben, und ein geliftetes Gesicht würde nicht mehr aussehen wie ein straffes Spannbettlaken, sondern ganz natürlich. Das verhießen jedenfalls Artikel in einschlägigen Zeitschriften, die im Wartezimmer der einen oder anderen Arztpraxis Ninas Interesse gefunden hatten.

»Die Frauen von heute«, sagte Charlotte, »tun mir wirklich leid. Dafür sind Rosa Luxemburg, Simone de Beauvoir und ich bestimmt nicht auf die Straße gegangen, daß sich die Frauen heute ihre Krähenfüße amputieren lassen. Aber nun mal im Ernst, mein Kind. Du wirst dir doch nach der Scheidung nicht sofort wieder einen anderen Ganoven anlachen? Kannst du mir das versprechen?«
Nina stand der Mund offen. »Scheidung? Wer spricht denn von Scheidung?«
»Oma Charlotte spricht davon«, sagte Miriam, verleibte sich einen Mundvoll Pistazieneis ein und saugte es hinab. »Wenn du dich scheiden läßt, muß Papa Alimente zahlen, und davon finanzieren wir mein Studium. Aber Papa darf einmal die Woche kommen und mit mir ausgehen.«
»Ach, sag bloß!« Nina war baff. »Und das würde dir gefallen?«
Miriam nickte. »Klar. Da würde ich Papa doch viel öfter sehen als früher.«
»Kinder und Narren sprechen die Wahrheit«, sagte Guido und biß von seiner Eiswaffel ab. »Ich bestelle mir jetzt einen Caipirinha. Will noch jemand was haben?«

Als Zéca die Invasion von Ninas Verwandten nahen sah, verzog er sich sofort in die nächste Bar. Mareike schleppte Bettwäsche hin und her. Guido hatte sein Bett für die Großmutter geräumt und sich bereit gefunden, bis auf weiteres bei Napoleon zu übernachten, Miriam sollte in Ninas Zimmer schlafen, und nach fünfzig verpfuschten Frontloops in der Brandung hatte Mareike ihre Knochen sortiert und beschlossen, sich als Zimmermädchen nützlich zu machen. Guidos altersschwache

Waschmaschine, mit drei Bettbezügen, drei Laken und Zécas Schlafsack im Rachen, donnergrollte in der Küche vor sich hin.

Gleich nach der Ankunft stürzten Miriam und Nina sich ins Wasser. Mareike hatte angenommen, daß die Großmutter sich erst einmal hinlegen würde, aber die dachte gar nicht daran.

»Wir kennen uns noch nicht«, sagte sie und reichte Mareike die Hand. »Ich heiße Charlotte. Und Sie sind also Mareike. Nina hat mir schon so manches von Ihnen erzählt. Kommen Sie, lassen Sie uns einen zur Brust nehmen. Ich hoffe, mein Enkelsohn hat vorgesorgt und seinen Kühlschrank mit Likör bestückt.«

»Hab ich, hab ich«, sagte Guido eilfertig und brachte ein Tablett mit zwei Gläsern und einer Flasche Eierlikör auf die Terrasse. »Ei, ei, ei, Verpoorten! Wenn du wüßtest, Oma, wie schwer es war, auf dieser zwar sehr schönen, aber doch bemerkenswert likörlosen Insel Eierlikör aufzutun, würdest du mich aus lauter Dankbarkeit heute noch als deinen Alleinerben einsetzen. Und nun wünsche ich euch viel Vergnügen miteinander und entschuldige mich. Ich habe noch zu tun. Wenn ich schon kein Wasser finde, muß ich wenigstens eine neue Geldquelle zum Sprudeln bringen. Politik. Ihr versteht.« Er drückte seiner Großmutter einen Kuß auf die Stirn und enteilte.

»Na ja«, sagte Mareike und setzte sich neben Charlotte auf die Terrassenbank, »wenn es etwas gibt, das Ihr Enkel Guido nicht mehr zum Sprudeln bringen muß, dann ist es sein Redefluß.«

»Große Klappe, nix dahinter«, erwiderte Charlotte und goß die Gläser bis an den Rand mit Eierlikör voll. »Nein, das habe ich nicht gesagt. Das nehme ich zurück. Das

streichen wir. Guido ist schon ein Goldjunge. Aber er ist eben auch ein Mann. Und Männer sind nun mal so. Zum Wohle!«
Sie erhoben ihre Gläser, tranken sie aus und sahen sich an.
»Wenn ich nicht den Verdacht hätte, daß Ihnen solche Komplimente zu den Ohren raushängen, würde ich Sie gerne für Ihre Fitneß loben«, sagte Mareike.
Charlotte winkte ab. »Hören Sie bloß auf. Ich kann mich noch an eine Zeit erinnern, als so was Kraft durch Freude hieß. Und das war nicht die angenehmste Zeit, das dürfen Sie mir glauben.«
»Ja, das kann ich mir vorstellen. Nina hat mir erzählt, daß Sie Sportlehrerin gewesen sind.«
»Das war mal. Jetzt bin ich pensioniert. Zum Glück gehe ich noch nicht am Stock. Aber das kann mir durchaus noch blühen. Wenn ich mit ansehen muß, daß meine liebe Nina ihr Lebensglück einem treulosen Mannsbild opfert – also, das würde mir schon schwer zu schaffen machen. Ich habe nicht vergessen, wie Ninas Mutter zugrunde gegangen ist. Clara. Meine Tochter. Stellen Sie sich das bloß mal vor: Kaum sind die Kinder aus dem Haus, erkrankt der Mann an Parkinson und wird zum Pflegefall. Drei Jahre später ist meine Clara dann selbst gestorben. An Krebs. Vom Leben hat sie wirklich nicht viel gehabt!«
»Ja«, sagte Mareike, »Nina hat mir davon erzählt. Eine traurige Geschichte ...« Sie wartete einen Moment, bevor sie weitersprach. »Und was soll Nina Ihrer Meinung nach jetzt am besten tun?«
Charlotte schlug mit der flachen Hand auf den Tisch. »Na, was wohl! Scheiden lassen soll sie sich von diesem Widerling! Das ist doch wohl die einzig vernünftige Lösung!«

»Ja, kann sein«, entgegnete Mareike und sah zum Strand hinunter, wo Nina und Miriam mit Wasser spritzten. Nach Ninas Berichten war ihre Großmutter eine resolute Frau, die mit ihrer Meinung nicht hinterm Berg hielt. Sie hatte in der Nachkriegszeit eine feministische Frauensportzeitung gegründet, war gegen das KPD-Verbot auf die Straße gegangen und später gegen den Paragraphen 218 – eine Großmutter von Format. Es war eigentlich ein Wunder, daß sie trotzdem als Lehrerin in den Staatsdienst aufgenommen worden war. Sie konnte austeilen. Aber ob sie auch Widerspruch vertrug? Mareike machte die Probe aufs Exempel. »Vielleicht sollte sich Nina wirklich von ihrem Mann trennen. Ich wäre ihr aber auch nicht böse, wenn sie sich anders entscheidet. Aus dem Alter, in dem sie den Entscheidungen ihrer Großmutter zu gehorchen hat, ist sie ja nun wohl langsam raus.«
Charlotte lachte. »Da haben Sie allerdings recht. Was meinen Sie, ob wir noch einen dürfen?« Sie zeigte auf die Eierlikörflasche. »Dann können wir Brüderschaft trinken. Schwesternschaft, meine ich. Sie glauben ja gar nicht, wie oft mir nach dem Mund geredet wird. Die meisten der jüngeren Leute behandeln mich wie eine verkalkte Alte und sind viel zu taktvoll oder zu feige, um mir freche Antworten zu geben. Lieber als alle höflichen Kriecher sind mir aber Menschen mit losem Mundwerk. Und die möchte ich gerne duzen. Leuten, die ich duze, kann ich besser Kontra geben.«

Nach ihrer kräfteraubenden Wasserschlacht rieben sich Nina und Miriam gewissenhaft mit Sonnencreme ein, und dann legten sie sich erschöpft aufs große Badetuch.

»Du hast da ja eine Narbe«, sagte Nina und strich mit den Fingern über Miriams rechte Augenbraue.
»Och, das war halb so schlimm. Ist beim Rugby passiert.«
»Rugby? Ich hör wohl nicht recht! Das haben die uns im Internat aber nicht erzählt, daß sie euch zum Rugbyspielen zwingen!«
»Tun sie ja auch nicht. Das war in der Freizeit.«
»Und die schlägst du mit so brutalen Spielen tot?«
»War ja nur ein einziges Mal. Wir spielen auch manchmal Karten, falls dich das beruhigt.«
Nina stützte ihren Kopf auf die Hand und betrachtete Miriams Profil. Das Kinn hatte sie von Christoph, aber die Nase war eindeutig Ninas Werk. »Und gefällt's dir denn noch da?« fragte sie. »So weit weg von zu Hause?«
»Meistens schon. Der Musiklehrer ist ein Volltrottel, und ein paar von den Jungs sind absolut Panne. Doch die meisten sind okay. Mit dem Hoffie hab ich aber Schluß gemacht. Der wollte immer mit mir küssen üben, und das ist mir zu anstrengend gewesen. Und dann ist da ja noch die Debra. Das ist meine beste Freundin. Mit der teile ich mir auch das Zimmer.«
»Und hast du nicht manchmal Heimweh?«
»Ja, schon. Aber jetzt nicht mehr.«
»Weil du jetzt wieder bei mir bist?«
»Nein, weil diese doofe Kuh bei uns zu Hause ist!« sagte Miriam trotzig. »Man kann doch kein Heimweh haben, wenn bei einem zu Hause so ein Monster sitzt! Da gehe ich lieber wieder ins Internat zurück.«
Ninas Augen funkelten. »Keine Sorge, Miriam, das Monster werde ich schon verjagen, wenn dein Vater das nicht tut.«
»Ich verstehe überhaupt nicht, wie der mit der bumsen

kann«, sagte Miriam in aller Unschuld. »Die ist so häßlich! Baah!«
»Männer machen leider manchmal Sachen, für die es keine vernünftige Erklärung gibt«, erwiderte Nina.
»Ja, das hat Oma auch gesagt. Am besten läßt du dich wohl wirklich scheiden. Deinen nächsten Mann können wir ja zusammen aussuchen. Auf alle Fälle solltest du einen jüngeren nehmen. Zu jung darf er natürlich auch nicht sein, sonst ist er noch zu unreif für dich. Du kannst ja einen nehmen, der so mittel ist.«
Nina tippte sich an die Stirn. »Du hast wohl einen Sonnenstich, mein Schatz. Dein Papa kann immer noch wieder Vernunft annehmen. Er ist ja kein Dummkopf. Sonst hätte ich ihn nicht geheiratet. Und wenn er sich wider Erwarten weigert, die Finger von dieser – von diesem Monster zu lassen, dann werde ich bestimmt nicht Hals über Kopf zur nächsten Partnervermittlung rennen.«
»Brauchst du ja auch gar nicht. Die Männer laufen dir schon von alleine hinterher. Du mußt dir nur den richtigen aussuchen. Wie wär's mit dem da vorne? Der sieht doch ganz süß aus.«
»Um Gottes willen. Ich bin nicht interessiert an Schmalzbubis in geblümter Badebüxe. Und an anderen Männern ebenfalls nicht.«
»Aber du kannst dich doch wenigstens mal mit ihm unterhalten. Soll ich ihm zuwinken?«
»Untersteh dich!«
Miriam gähnte. »Na ja, wenn du nicht willst, dann eben nicht. Ich glaub, ich seh mich jetzt mal im Dorf um. Bis später!« Sie lief ins Haus, zog sich ihre Rollerblades an und raste davon. Die Verkehrswege in Sal waren von anderer Beschaffenheit als deutsche Fußgängerzonen, doch

Miriam fürchtete sich vor nichts, auch nicht vor Sandpisten, Schlaglöchern und krummen Pflastersteinen, und am wenigsten vor der Aufgabe, einen neuen Mann für Nina aufzutreiben.

Guido legte seine Serviette weg und strich sich sehr zufrieden über den Bauch. »Auf diese Grundlage könnte ich einen Liter reinen Alkohol gießen, ohne betrunken zu werden.«
Nina räumte die Teller vom Tisch. »Reichlich viel Wein hast du ja schon intus. Wie wär's zur Abwechslung mit einem Eierlikör? Möchte außerdem noch jemand einen?«
»Vornehm geht die Welt zugrunde«, sagte Charlotte und zeigte auf. Auch Mareike hob die Hand, und Guido sowieso. Nur Miriam schaufelte sich immer neue Portionen vom Backblech auf den Teller. Die Meeresluft war in der Lage, einen Appetit zu wecken, der beim Essen unaufhaltsam wuchs und schließlich in wahre Freßgier überging, vor allem bei Miriam. Sie war stundenlang auf ihren Rollerblades unterwegs gewesen, unbeaufsichtigt, aber das war kein Grund, sich Sorgen zu machen. Soviel hatte Nina von ihrer Tochter schon gelernt. Und tatsächlich war Miriam fünf Minuten vor dem Abendessen wieder eingetroffen, wohlbehalten und gesund und munter, wenn auch ohne Heiratskandidaten für ihre Mutter.
In die Zubereitung der Abendmahlzeit hatte Nina ihren ganzen Ehrgeiz gelegt. Bei der Vorspeise, einer portugiesischen Tomatensuppe, hatte sie nicht mit Knoblauch, Gurken, Eiern und Portwein gegeizt. Eigentlich hätte noch Schnittlauch dazugehört, aber so was gab es nicht

auf den Kapverden. Nina hatte sich mit einheimischen, auf unaussprechliche Namen getauften Kräutern beholfen, und die hatten aus der Suppe eine Sensation gemacht. Mareike wäre bereit gewesen, für das Rezept ihre Seele zu verkaufen. Und für die gemischte Fischplatte, die als Hauptgericht auf den Tisch gekommen war, hätte Nina nach dem einmütigen Urteil ihrer Gäste ein Denkmal verdient.

Während sie den Eierlikör servierte, suchte Guido nach dem größten Kompliment, das er zu vergeben hatte. »Wenn ich nicht schwul wäre«, sagte er schließlich, »und wenn du nicht meine Schwester wärst und auch noch nicht unter der Haube, dann würde ich dir jetzt einen Heiratsantrag machen, liebe Nina. Aber so, wie die Dinge nun einmal liegen, kann ich dich nur fragen, ob du bereit bist, als Leibköchin in meine Dienste zu treten. Auf Lebenszeit. Überleg's dir gut. Wir hätten beide was davon. Du würdest als Köchin endlich Erfüllung in deiner eigentlichen Bestimmung finden, und ich selbst wäre das am leckersten bekochte und ernährte Menschenkind aller Zeiten. Außerdem könnte ich dich von der Steuer absetzen. Oder dich irgendwie auf eine Gehaltsliste der EU schmuggeln. Was hältst du davon?«

»Gar nichts«, sagte Nina, nahm einen Kochlöffel und tockte Guido damit auf den Kopf. »Nach spätestens vier Wochen würdest du platzen. Das ist der Fluch der guten Küche. Ich hab's oft genug an Christoph gemerkt. Der ist im ersten halben Jahr unserer Ehe aufgequollen wie ein Kuchenteig. Ich hab ihn dann mit Rohkost und Liebesentzug wieder abgepäppelt, aber auf Dauer macht es leider keinen Spaß, so streng zu sein. Und deshalb ging es jahrelang auf und ab mit Christophs Gewicht. Fünf Kilo rauf, sieben Kilo runter, acht rauf, drei runter, fünf rauf, sechs runter …«

»Hör auf«, stöhnte Mareike. »Mir wird ganz schwindlig.«

Charlotte schüttelte den Kopf. »Als ob Frauen nichts Besseres zu tun hätten, als ihre Männer zu füttern und deren Gewicht zu kontrollieren. Und während die Frauen die Freßnäpfe spülen und im Geiste schon das Menü für den kommenden Tag zusammenstellen, machen die Männer Karriere. Daran haben auch hundert Jahre Frauenbewegung nichts geändert.«

»Doch«, entgegnete Nina. »Heute können sich die meisten Frauen frei entscheiden, ob sie Karriere oder lieber nur den Haushalt machen wollen. Ich zum Beispiel habe es aus freien Stücken vorgezogen, Hausfrau zu sein.«

»Na, na, na«, sagte Mareike. »Nicht alle Frauen, die Karriere machen wollen, haben auch Gelegenheit dazu. Jedenfalls nicht bei diesen Arbeitslosenzahlen. Verhinderte Karrieristinnen gibt es wie Sand am Meer.«

»Was habt ihr denn gegen Sand am Meer?« fragte Miriam schmatzend und schob sich mit den Fingern noch ein Stück Fischfilet in den Mund. »Das ist doch gut, daß es Sand am Meer gibt.«

»Also wirklich, Miriam! Ich muß doch sehr bitten! Machst du das im Internat genauso?« fragte Nina.

»Laß sie doch«, mischte Guido sich ein. »Im Urlaub gelten andere Sittengesetze.« Er stand auf und erhob sein Eierlikörglas. »Liebe Oma, liebe Nina, liebe Mareike, liebe Miriam! Auf den Tag genau vor fünfzig Jahren haben wir an dieser Stelle unseren Verein zur Abwehr des Sprechens mit vollem Mund gegründet. Wenn wir heute auf diese turbulenten Jahre zurückblicken, dann tun wir das mit einem Wermutstropfen im Knopfloch, da wir unser

Vereinsziel noch nicht überall erreicht haben. Doch der Rückblick auf die vollbrachten Leistungen erfüllt uns auch mit Stolz. Nur durch uns und unser Wirken ist der Gedanke an das Sprechen ohne Essen im Mund in die ganze Welt hinausgetragen worden, und ich glaube sagen zu dürfen ...«

»...daß du betrunken bist«, ergänzte Nina.

»Ja«, fuhr Guido fort, »das auch. Ich bin dankbar für diesen Hinweis. Aber vor allem, liebe Anwesende, und damit komme ich zum Schluß, möchte ich noch sagen, daß unser Verein ...«

»...der beste ist!« rief Miriam mit vollem Mund.

»Danke, Miriam. Exakt das hat mir auf der Zunge gelegen. Du hast mir das Wort gewissermaßen aus dem Mund genommen. Darauf wollen wir trinken! Prost zusammen!«

Als der Eierlikör alle war, stellte Guido härtere Sachen auf den Tisch und brachte immer absurdere Trinksprüche aus, auch dann noch, als die anderen längst auf Kaffee und Mineralwasser ausgewichen waren. Miriam begnügte sich mit Eistee, den sie sich in großen Mengen einverleibte.

Das Tischgespräch drehte sich eine Zeitlang um die Frage, ob es wirklich mehr arbeitslose Frauen als Sandkörner am Meer gebe, dann um Mareikes fehlgeschlagenen Versuch, die Produktionsfirma in Köln für Sao Nicolau als Drehort zu begeistern, später um Miriams Schulnoten, um Guidos unmöglichen Haarschnitt und um Napoleon, der am Nachmittag probiert hatte, eine Flasche Bier mit dem Gebiß zu öffnen. Er hatte sich daraufhin einer komplizierten Zahnbehandlung unterziehen müssen und wartete seitdem in seinem Bett darauf, daß der Schmerz

nachließ. Danach kreiste das Gespräch wieder einmal um Ninas Zukunft.
»Du bist noch immer jung genug für den Sprung in die Freiheit«, sagte Charlotte. »Weg von deinem Mann. Und weg von deinem grotesken Groschenheft.«
»Und hinein ins Vergnügen!« fügte Mareike hinzu.
»Ihr habt gut reden«, sagte Nina und betrachtete ihren Ehering. Sie hatte ihn immer mit Stolz getragen, und er war ein kraftvoller Zauberfetisch, der ihr schon viele Kerle vom Hals gehalten hatte. »Ich kann das doch jetzt nicht einfach alles so in die Ecke werfen und so tun, als ob ich wieder siebzehn wäre.«
»Siebzehn!« rief Charlotte aus. »Du bist viel besser dran als jede Siebzehnjährige! Du hast die blödsinnigen Jugendkrisen alle hinter dir und die nötigen Erfahrungen gesammelt für ein Leben, in dem du auf eigenen Beinen stehen kannst.«
Nina sah auf. »Niedliche Jugendkrisen wären mir jetzt aber lieber als diese Erwachsenenkrise. Mit Jugendkrisen kenne ich mich aus. Damit kann ich umgehen.«
»Ja, natürlich«, sagte Charlotte. »Deswegen steckst du jetzt ja auch in einer Erwachsenenkrise. Die Frau wächst mit ihren Aufgaben.«
»Und du, liebe Nina, wirst schon bald über dich hinauswachsen«, meinte Mareike. »Du wirst einen hochdotierten Traumjob als Redakteurin ergattern, die begehrtesten Junggesellen der Welt werden um deine Gunst buhlen, und dein Streß mit Christoph wird nur noch eine drollige Erinnerung sein ...«
Miriam wischte sich mit dem Handrücken das Fett aus den Mundwinkeln. »Als ich mit Hoffie Schluß gemacht hab«, erklärte sie dann, »bin ich zuerst auch total down

gewesen. Aber jetzt weiß ich, daß das die beste Entscheidung meines Lebens gewesen ist.«

»Darf ich auch noch mal was sagen?« fragte Guido. Nach dem Genuß von sieben Gläsern Wein, drei Gläsern Eierlikör und elf Schnäpsen hatte er etwas Mühe damit gehabt, dem Gespräch zu folgen. Jetzt wollte er trotzdem noch etwas loswerden. »Ich weiß ja nicht, wie ihr das seht, aber ich sehe das so: Ihr seid alle ganz wunderbar! Jawohl, das seid ihr. Im Ernst!« Er hickste. »Und jetzt«, setzte er noch hinzu, »muß ich meinen Süßen trösten gehen. Fühlt euch wie zu Hause!«

Miriam hatte schon bald herausgefunden, daß Sal im Vergleich mit England die bessere Insel war. In jeder Hinsicht. Vor allem war hier das Wetter besser. Und auf der ganzen Insel gab es niemanden, der von Miriam verlangte, den Flächeninhalt eines Dreiecks zu berechnen, Französischvokabeln zu lernen oder sich das spezifische Gewicht des Wassers einzuprägen. Wasser gab es dafür in Hülle und Fülle, und es hatte eine deutlich angenehmere Temperatur als das Wasser an Englands Küsten. »Wenn du so weitermachst, werden dir Schwimmhäute zwischen den Zehen wachsen«, hatte Nina Miriam gewarnt, die auf dem Buggyboard immer neue Rekorde aufstellte. Einmal hatte sie vier Stunden am Stück in der Brandung verbracht.

Sie hatte natürlich zusammen mit Nina und Mareike auch Exkursionen auf der Insel unternommen. Einmal war Zéca mitgekommen, und er hatte sie vor einem wilden Hund gerettet. Angeblich war der zwar völlig ungefährlich gewesen, aber Miriams Dankbarkeit war groß und ihre Bewunderung für Zéca grenzenlos. Zur Belohnung erteilte Miriam ihm Englischunterricht, sooft Zéca nichts Besseres zu tun hatte, und wenn er nicht gerade surfte, hatte er eigentlich nie etwas Besseres zu tun. Eifrig betätigte Miriam sich auch als Napoleons Krankenschwester. Er kurierte immer noch sein Zahnweh aus und ließ es sich gefallen, daß Miriam ihn einmal täglich mit frischen Lebensmitteln versorgte. Das hätte auch Guido machen können, aber Miriam ließ sich das nicht nehmen. Wenn sie Napoleon Kuchen und Bier brachte, kam sie sich vor wie Rotkäppchen auf dem Weg zur kranken Großmutter. Wein wäre natürlich passender gewesen, aber für Napoleon mußte es Bier sein. Miriam zuliebe spielte er den Todkranken und begrüßte sie jedesmal wie einen rettenden Engel. Das machte ihr Spaß. Außerdem ließ Napoleon sie mit seiner Ziege spielen. Miriam war sich darüber im klaren, daß eine Elfjährige, die sich noch mit einer Ziege abgab, nicht besonders cool war, und normalerweise hätte sie eine Ziege oder ein anderes Streichelwiesentier nicht einmal mit der Kneifzange angefaßt. Aber auf Sal war eben alles anders.

Einen zu Nina passenden Mann hatte Miriam leider noch nicht entdeckt, obwohl sie die Augen offengehalten hatte. Es liefen zwar durchaus Exemplare herum, die sich einigermaßen sehen lassen konnten, aber alle hatten irgendwelche Mängel. Dem einen wuchsen Haare aus den Ohren und dem anderen aus der Nase. Einer stank drei Meilen gegen den Wind nach Bier, ein anderer war nach Auskunft von Guido »stockschwul«, und einer, von dem Miriam sofort gedacht hatte, er sei nun endlich der richtige, hatte eine Minute später auf offener Straße an eine Hauswand gepinkelt.

Etwas erfolgreicher war Miriam bei der Suche nach einem Urlaubsfreund für sich selbst gewesen. Sie hatte Tobias kennengelernt, einen drahtigen vierzehnjährigen Jungen aus der Schweiz, der mit seinem Vater auf Sal war und sich entsetzlich gelangweilt hatte, bis er Miriam traf. In Aarau, wo er zu Hause war, hätte er sich ohne Gefahr für seinen guten Ruf zwar ebensowenig mit einem elfjährigen Mädchen abgeben dürfen wie Miriam sich ihrerseits mit einer Ziege, aber im Urlaub galten nun einmal andere Gesetze. Das hatte Guido ganz richtig erkannt.
Oma Charlotte hatte sich Tobias gegenüber anfangs sehr reserviert verhalten. Aber dann hatte sich herausgestellt, daß eine Tante von Tobias eine Schülerin von Charlotte gewesen war, und da schloß Charlotte den verdutzten Tobias in ihr Herz.
Auch Charlotte schien der Urlaub gutzutun. Für sie war es zwar kein Urlaub vom Schulunterricht, sondern nur der Urlaub von einem Dasein als Rentnerin mit unendlich viel Freizeit, aber Urlaub war Urlaub, und die Kapverden waren nicht Bergedorf. Hier schlug der Atlantik an die Küste. In ihrer Jugend war Charlotte eine verwegene Motorradfahrerin gewesen, sie hatte den Kilimandscharo erklommen und einmal sogar einen Fallschirmsprung riskiert, aber sie hatte nie schwimmen gelernt. Sie hatte es Nina beigebracht, ohne es selbst zu können, und im Studium hatte sie sich mit getürkten Attesten um die entsprechenden Vorschriften herumgeschummelt. Und jetzt hatte sie das Gefühl, etwas nachholen zu müssen.
Tiefer als bis zur Hüfte war sie nie zuvor im Wasser gewesen. Ihre eigene Mutter hatte sich zeitlebens davor gefürchtet, einem Herzschlag zu erliegen, sobald ihr kaltes Meerwasser an die Brust schwappe, und Charlotte war es

nie gelungen, sich von diesem Aberglauben zu befreien. Erst nachdem sie Nina, Miriam und Mareike drei Tage lang beim Baden zugesehen hatte, faßte sie den Entschluß, sich doch noch ins tiefe Wasser zu wagen. Natürlich hatte sie als betagte und eingefleischte Nichtschwimmerin keinen Badeanzug dabei, und das Leihmodell, das Guido ihr nach einer mündlichen Suchanzeige in seinem Bekanntenkreis präsentierte, saß stramm und sah ziemlich unmöglich aus, aber Napoleon kannte eine verschwiegene und flache Bucht, wo Charlotte, begleitet und angefeuert von Nina, Miriam und Mareike, sich in die Fluten stürzen konnte, ohne Aufsehen zu erregen.
Schon nach wenigen Tagen brachte es Charlotte auf mehr als zehn Züge, bevor sie wieder Bodenfühlung aufnehmen mußte, und nach einer Woche konnte sie tauchen und von Miriam in die Wellen geschleuderte Steine apportieren.
»Hör auf damit, Miriam«, hatte Nina gesagt. »Oma ist doch kein Hund!«
Aber Charlotte hatte ans Ufer gebrüllt: »Laß das Kind in Ruhe! Miriam, schmeiß den nächsten Stein rein!«

Während Charlotte sich wie ein Fisch im Wasser bewegte, ließ Mareike bei jedem Landgang äußerste Vorsicht walten. Die Gefahr, Dr. Gregor Feldmann und seiner eifersüchtigen Partnerin zu begegnen, war groß, denn die Insel war klein.
Eines Abends nahm das Schicksal seinen Lauf. Es geschah in der *Rasta-Bar*. Mareike hatte gerade dem quengligen Lector ein Bier spendiert, um sich ungestört einem sehr charmanten Kanadier widmen zu können, der Douglas

hieß und ihr schon beim Wellenreiten aufgefallen war. Er gehörte nicht zur Prominenz, und sein Board war eine lächerliche Gurke, aber was er damit anstellte, war weltmeisterlich. Wahrscheinlich würde er in den Wellen sogar auf einer Seifenschale noch eine gute Figur machen, dachte Mareike, sprach Douglas ihre Bewunderung aus und rückte ihm in Millimeterarbeit näher. Das erforderte ihre volle Aufmerksamkeit, und sie achtete nicht mehr darauf, wer kam und ging.

Es gingen wenige, und es kamen viele, auch Mark und Andrew, Fritjof und Nina, Zéca und Jason, Guido und Napoleon und schließlich die nach Rache dürstende Heidi und ihr geplagter Liebhaber Gregor.

»Da sind Sie ja«, sagte Heidi in scharfem Ton zu Mareike und nahm eine Körperhaltung ein, die einer Kriegserklärung gleichkam.

»A friend of yours?« fragte Douglas.

Mareike schüttelte den Kopf. »No. Not really.« Dann holte sie tief Luft, wandte sich Heidi zu und sagte mit beherrschter, kaum gehobener Stimme: »Entschuldigen Sie, ich bin mitten in einem Gespräch.« Mehr nicht. Es sollte Heidi dazu bringen, sich zu trollen.

Aber Heidi dachte gar nicht daran. Sie kam sogar noch näher, trat Mareike fast auf die Füße und wurde laut. »Ach, Sie sind mitten in einem Gespräch? Das tut mir aber leid! Denn Sie werden Ihr Gespräch jetzt unterbrechen und sich ein paar Takte lang mit *mir* unterhalten müssen!«

Mareike ignorierte das. »Hallo, Gregor.« Sie nickte dem unglücklichen Rechtsanwalt zu, der etwas abseits stand und sich am Kopf kratzte.

»Hallo«, krächzte er und lächelte gequält.

»Hast du Zahnweh, Gregor?« fragte Mareike. »Du siehst so aus. Nein, warte, das stimmt nicht ganz. Du scheinst etwas Schlimmeres als Zahnweh zu haben. Du siehst aus wie jemand, der eine *Beziehung* hat.«

Das war ein sorgfältig gezielter Giftpfeil, und er traf so gut, daß Heidi aufstöhnte, ihr eigenes Waffenarsenal musterte und sich spontan für ihre Fäuste entschied.

Douglas, der die Gefahr erkannt hatte, fiel Heidi in den Arm und fing die größte Wucht ihres Schlags ab. In einer Reflexbewegung hatte Mareike ihre Arme gehoben und wurde von Heidis Faust auf den Ellbogen getroffen. Nicht mit aller Gewalt, dank Douglas, aber doch schmerzhaft. In Mareikes Musikknochen spielte sofort eine ganze Heavy-metal-Band auf. Einen Moment lang wurde es Mareike schwarz vor Augen. Sie taumelte, verlor das Gleichgewicht, knallte mit dem Hinterkopf an die Wand und ging zu Boden.

Inzwischen waren auch Nina, Guido und andere Gäste hinzugesprungen. Mareike bekam nicht viel davon mit. Der Schlag gegen die Wand hatte wie eine Teilnarkose gewirkt.

Zu denen, die Mareikes Puls fühlten und ihren Hinterkopf untersuchten, gehörte auch Heidi. Sie war auf einmal gar nicht mehr kampflustig, sondern zutiefst besorgt um Mareikes Gesundheit und erschüttert über ihre eigene Dummheit.

Aus reiner Eifersucht einer Nebenbuhlerin hinterherfliegen, Streit mit ihr anzetteln und Totschlag im Affekt begehen – wer so was tut, ist eine Gefahr für die Allgemeinheit und gehört in die Klapsmühle, dachte Heidi und seufzte vor Erleichterung, als Mareike langsam wieder zu sich kam.

»Wie geht's dir?« fragte Nina und legte ihr eine Hand auf die Stirn.

Mareike hustete. »Blendend«, antwortete sie dann. »Sieht man das nicht?«

Eine Dreiviertelstunde danach hatte Heidi immer noch nicht das Gefühl, sich oft genug entschuldigt zu haben.

»Ist doch nur eine Beule«, sagte Mareike zum zwölften- oder dreizehntenmal und ließ sich die Cortada schmekken, die Heidi ausgegeben hatte. »Und meine Bemerkung zu Gregor war ja auch nicht gerade nett.«

»Ja, aber ich hab angefangen.«

»Nein, ich! Immerhin hab ich mich an deinen Freund rangemacht.«

»An meinen Exfreund, meinst du. Dieser Feigling. Wie kann man nur in so einer Situation einfach abhauen?«

»Das verstehe ich allerdings auch nicht. Doch er wird schon wieder auftauchen.«

»Dann muß er sich aber eine verdammt gute Erklärung ausgedacht haben. Sonst setze ich ihn gleich wieder vor die Tür.«

»Ich weiß nicht«, sagte Mareike, zündete sich eine Zigarette an, inhalierte tief und pustete den Rauch an die Decke. »Auf diese Weise wäre ich doch noch irgendwie dran schuld, daß ihr euch trennt ...«

»Nein, bist du nicht. Das hat Gregor ganz alleine verbockt. Möchtest du noch eine Cortada?«

»Danke, im Moment nicht. Am liebsten möchte ich jetzt da weitermachen, wo ich vorhin aufgehört habe.« Sie lächelte Douglas zu, der am Tresen stand. »Ich hoffe, daß der Mann, mit dem ich mich unterhalten habe, nichts gegen Frauen mit besenstielförmigen Beulen am Hinterkopf hat.«

Heidi lachte. »Selbst wenn! Du siehst völlig normal aus, glaub mir.« Sie gab Mareike die Hand. »Viel Spaß noch. Hat mich wirklich gefreut, dich kennenzulernen.«

Man erzählt sich ja dolle Sachen über dich«, sagte Charlotte am nächsten Vormittag, als Mareike vom Strand kam.

»Soso«, erwiderte sie nur, setzte sich auf einen der Terrassenstühle und schenkte sich Kaffee ein. Sie hatte eine lange Nacht hinter sich und nach dem Aufstehen ein Vollbad im Atlantik genommen. Besonders gesprächig war sie noch nicht. Wer redet schon wie ein Wasserfall, ohne vorher wenigstens eine Tasse Kaffee getrunken zu haben?

Charlotte klappte das Buch zu, in dem sie gelesen hatte. Über den Rand ihrer Lesebrille sah sie Mareike an. »Man erzählt sich, daß du dich geprügelt hast. Wegen eines Mannes.«

Mareike mußte lachen. »Ist das wahr? Erzählt man sich das?«

»Allerdings. Es ist natürlich deine Privatangelegenheit, und ich habe kein Recht, mich da einzumischen, aber es sollte mich wirklich wundern, wenn es auf dieser Welt einen Mann gibt, der es wert ist, daß sich Frauen um ihn raufen ...«

Der Kaffee war genau richtig. Stark, pechschwarz und heiß. Mareike genoß jeden Schluck und kam allmählich wieder in Form. »Hast du dich denn nie mit einer Frau um einen Mann geprügelt?« fragte sie.

»Ich? Gott behüte! Ich mußte ja schon heiraten, als ich noch gar nicht richtig flügge war, und da hatte ich dann meinen Mann fürs Leben. Um den mußte ich mich nicht mehr lange prügeln.« Sie seufzte. »Das war mehr so eine Zweckheirat. Nicht unbedingt die reine Liebe. Verstanden haben wir uns nachher ganz gut, aber wenn ich noch mal jung wär, also nee! Dann würde ich einiges anders machen! Manchmal frage ich mich, ob ihr jungen Dinger überhaupt wißt, wie gut ihr's heute habt. Alle Freiheiten habt ihr, und das ganze Leben liegt noch vor euch ...«

»Das halbe«, korrigierte Mareike und versuchte einen Blick auf das Buch in Charlottes Schoß zu werfen. »Was liest du denn da Schönes?«

»Ach, nichts Besonderes. Denken der Geschlechterdifferenz. Über Perspektiven der feministischen Philosophie.«

»Das ist deine Ferienlektüre?« fragte Mareike verblüfft. »Ich hatte gedacht, du liest da einen Krimi oder so was!«

»Krimis habe ich auch dabei. Ich wechsle immer ab. Erst ein Krimi und dann wieder was Anspruchsvolles. Das ist besser so für die grauen Zellen.«

»Und welchen Krimi hast du zuletzt gelesen?«

»Requiem für eine Wasserleiche. Von irgendeinem Franzosen. Anatole Sowieso. Den Nachnamen weiß ich nicht mehr.«

»Charlotte«, sagte Mareike, »du bist die erstaunlichste Großmutter, die ich jemals kennengelernt habe.«

»Danke. Aber vergiß nicht, daß ich schon Urgroßmutter bin. Von Miriam.«

»Ach ja, wo steckt die überhaupt? Und wo ist Nina?«

»Die beiden sind spazierengegangen, zum Schildkrötenstrand. Mit diesem Fritjof. Ein seltsamer Patron ist das. Na, jedenfalls scheint er einen Narren an Nina gefressen zu haben. Ich hoffe, sie weiß, was sie tut ...«

Es war ein denkwürdiger Spaziergang. Der Schildkrötenstrand blieb unauffindbar. Dann verknackste Miriam sich den Fuß und mußte den ganzen langen Rückweg getragen werden, huckepack, von Fritjof, der nach einer Weile feststellte, daß Miriam nicht so leicht war, wie er gedacht hatte. Er fing schauderhaft an zu schwitzen. Der Schweiß wusch ihm die sorgfältig aufgetragene Sonnenmilch aus dem Gesicht, und am Ende hatte er den schönsten Sonnenbrand, von der Stirn bis zum Schlüsselbein, in sattem Rot.

Es war einfach zu heiß für solche Gewaltmärsche. Nina beschloß, den Rest des Tages in einem kühlen und schattigen Winkel des Hauses zu verbringen, ungestört und reglos, mit einem Fächer und einer Kanne Eistee in Reichweite, und sich ihren Träumen und Gedanken hinzugeben.

Aber daraus wurde nichts. Als sie das Haus erreicht hatten und Fritjof die fußlahme Miriam absetzte, konnte sie auf einmal wieder laufen. Sie rannte los, holte ihre Spielkarten und bettelte so lange, bis Nina, Mareike und Charlotte sich bereit erklärten, beim Ligrettospiel mitzumachen. Nur Fritjof gelang es, sich abzusetzen. Er wollte nach Hause und irgendwie sein verbranntes Gesicht verarzten.

Sprachlich war Miriam sehr begabt, aber leider nicht in der Kunst, begriffsstutzigen Erwachsenen ein paar einfache Spielregeln zu erklären. Ihre Erläuterungen waren etwas konfus. »Wenn ihr eine Karte habt, die paßt«, sagte sie, »müßt ihr sie obendrauf packen und dann eine vom Ligrettostapel in die Lücke legen. Und vom Stapel in der Hand immer jede dritte aufdecken. Und wenn in der Mitte ein Stapel voll ist, muß er umgedreht werden ...«

»Und wer hat nachher gewonnen?« fragte Nina.
»Wer die meisten Punkte in der Mitte hat. Davon müssen aber noch die Minuspunkte abgezogen werden ...«
»Welche Minuspunkte?«
»Die für die Karten im Ligrettostapel. Für jede Karte gibt es zwei Minuspunkte.«
Mareike zog die Brauen in die Höhe. »Ich verstehe zwar nur Bahnhof, aber wir können ja mal eine Proberunde spielen.«
Es blieb nicht bei der Proberunde. Fast drei Stunden lang tobte die Schlacht, und das Kriegsglück wechselte, aber am Ende hatten Miriam und Charlotte die Nase vorn.
»Gewonnen!« schrie Miriam und riß die Arme hoch. »Wollen wir noch mal?«
»Ich nicht mehr«, sagte Nina mit Entschiedenheit. »Ich hab ja schon Muskelkater im Arm von dem Kartengedresche. Ich werde mir jetzt einen Kamillentee kochen und mich mit einem von Omas Krimis in mein Schlafgemach zurückziehen.«
»Einspruch«, sagte Mareike. »Heute ist doch das Konzert!«
»Welches Konzert?«
»Das von Jaim. Hab ich dir doch erzählt!«
»Nein, hast du nicht!«
»Dann erzähl ich's dir eben jetzt. Heute abend gibt der berühmte Jaim in Espargos ein Konzert, und da gehen wir hin. Widerspruch zwecklos!«
Die Wahl zwischen einem geruhsamen Abend im Bett und einer lärmigen Partynacht in Espargos fiel Nina nicht schwer. »Und wenn ich nicht will?« fragte sie.
»Dann muß ich eben Gewalt anwenden. Du weißt ja, ich bin Neandertalerin.«

»Streitet euch nicht«, sagte Charlotte. »Frauen müssen zusammenhalten.«
»Was macht denn dieser Jaim für Musik?« wollte Miriam wissen.
Mareike zuckte mit den Schultern. »Rap, glaube ich. Aber mehr so wie Zouk. Ist doch egal. Hauptsache Party!«
Aber für Rap, der mehr so wie Zouk klingen sollte, war Miriam nicht zu begeistern. Sie wollte lieber fernsehen.
Auch Charlotte hatte etwas Besseres vor. »Geht ihr man«, sagte sie. »Ich hab da noch einen Krimi. Der Killer mit der Todespeitsche. Den werde ich mir jetzt mal zu Gemüte führen.«
Mareike tippte Nina auf die Nasenspitze. »Aber du, du kommst mit! In einer Stunde holt Zéca uns ab. Er bringt uns mit Guidos Pickup hin, trinkt den ganzen Abend über keinen Tropfen Alkohol und chauffiert uns irgendwann wieder nach Hause. Darauf hat er einen Eid abgelegt. Und jetzt machen wir uns stadtfein.«
»Und wann wird gegessen?« fragte Nina.
»Morgen«, antwortete Mareike. »Schmier dir halt eine Stulle. Morgen abend mache ich dafür ein Drei-Gänge-Menü für die ganze Familie. Versprochen!«

Der Wagen steht vorm Haus!« rief Guido, als er zur Terrassentür hereinkam, und warf Nina die Schlüssel zu. »Um zehn geht's los. Ihr müßt euch beeilen!«
»Ich nicht«, sagte Nina. »Ich habe mich schon beeilt. Ich sitze bereits seit einer halben Stunde startbereit hier rum. Die einzige, die sich noch beeilen muß, ist Mareike. Hört man das nicht?«

»Du meinst, das Ungeheuer, das da über uns wütet, trampelt, flucht und mit den Türen knallt, ist Mareike?«

»Allerdings. Das ist Mareike auf der Suche nach ihrem Lieblingsparfüm.«

»Und wo steckt Zéca?«

»Der macht mit Miriam oben irgend so ein Computerspiel.«

Jetzt kam Mareike die Treppe heruntergedonnert. »Guido! Hast du mein *Paco Energy* gesehen?«

»Dein was?«

»Mein *Paco Energy!* Das hat heute mittag noch im Bad gestanden.«

»Ach das. Ja, das hab ich mir mal ausgeliehen«, sagte Guido kleinlaut.

»Bist du *doof* oder was?«

»He, du kriegst es ja zurück! Gleich morgen bring ich's dir wieder mit.«

»Von wo?«

»Von Napoleon. Das steht da bei ihm im Bad.«

Mareike schnaubte. »Na toll! Dann hat Napoleon demnächst eine Ziege, die nach *Paco Energy* duftet!«

»Können wir bald mal los?« fragte Nina und klapperte mit den Autoschlüsseln. »Wenn ich schon zu diesem Konzert geschleift werden soll, will ich wenigstens noch was davon mitkriegen.«

Ein paar Minuten später saßen sie im Wagen und rasten durch die dunkle Wüstenlandschaft. Nina öffnete ein Seitenfenster, wurde von einer Wolke rotbraunen Wüstenstaubs eingehüllt und machte das Fenster schnell wieder zu.

Zéca sang vor sich hin, trommelte aufs Lenkrad und gab Gas. Es war unwahrscheinlich, daß er jemals Fahrunter-

richt genossen oder gar eine Führerscheinprüfung bestanden hatte, und so fuhr er mit dem Schneid des Ahnungslosen durch die Nacht.
»Wonach riecht's denn hier?« fragte Nina und schnupperte.
»Nach *Opium*«, sagte Mareike, mit Erbitterung in der Stimme. »Es ist mir nichts anderes übriggeblieben, als das Parfüm deiner Großmutter zu benutzen.«
»Ist das so schlimm? Sei nicht undankbar! Noch vor zwanzig Jahren hättest du im Kulturbeutel meiner Oma außer Kölnisch Wasser und Nivea überhaupt nichts gefunden. Alles andere hat sie aus ideologischen Gründen abgelehnt. Damals hat sie sogar Wimperntusche, Nagellack und Lippenstift als Folterinstrumente des Patriarchats bezeichnet. Also freu dich lieber, daß sie heute nicht mehr ganz so fundamentalistisch ist. Und mecker nicht.«
»Tu ich ja gar nicht«, maulte Mareike und kramte einen Escudo-Schein aus der Tasche ihres Cordrocks. »Kannst du den mal lucky machen? Dann hole ich uns Bier. Wir sind gleich da.«
Zéca brachte den Wagen mit Vollbremsung vor einer Hauswand zum Stehen, haarscharf neben einem verschrammten Müllcontainer. Es war ein riskantes Manöver gewesen, aber Zéca lachte, stieg pfeifend aus und war mit den Gedanken schon wieder woanders. Vielleicht bei der Frage, wie er unbemerkt an der Kartenkontrolle vorbeikommen konnte.
Während Mareike Bier holen ging, sah Nina sich um. Für das Konzert schienen sich nur wenige Touristen zu interessieren. Die meisten Leute, die hier standen und Superbock tranken, waren Einheimische. Sie kannte nieman-

den, aber Zéca schien fast alle zu kennen. Jedenfalls wurde er von vielen fröhlich begrüßt.
Mareike kam mit dem Bier wieder. Sie hatte auch Kaugummis der hier üblichen Marke Gorila mitgebracht und bot Nina und Zéca welche an.
»Gorila verd!« rief Zéca und schüttelte sich und machte eine abwehrende Geste.
»Spinner«, sagte Mareike. »Er behauptet immer, die grünen Kaugummis würden nach Aschenbecher schmecken. Na, egal. Laßt uns reingehen!«
Daß Zéca beim Anblick der Kasse unruhig wurde, hatte Nina schon bemerkt. »Ich lad euch ein«, sagte sie. »Wenn ich meinem Chauffeur und meiner Kellnerin schon kein Gehalt zahle, kann ich ihnen ja wenigstens die Konzertkarten spendieren.«
Zéca gelang es, sich an der Kontrolle vorbeizudrücken, ohne sich die Karte abreißen zu lassen. Mit dem Besucherstempel auf der Hand flutschte er wieder nach draußen, verkaufte die Karte einem Freund, besorgte sich vom Erlös irgendwo noch was zu kiffen und kehrte zurück, alles innerhalb von zwei Minuten und noch rechtzeitig vor Konzertbeginn. Man konnte wirklich nicht behaupten, daß Zéca keine Talente und Fähigkeiten hatte.
Es mochten sieben- oder achthundert Leute gekommen sein, schätzte Nina. Als Jaim und seine Musiker auf der Bühne erschienen und loslegten, stiegen alle auf die Bänke und winkten, jubelten und tanzten, dicht an dicht. Auch Nina tanzte. Es blieb ihr gar nichts anderes übrig. In einem Pulk ausgelassen tanzender Kapverdianer ist es unmöglich, still stehenzubleiben. Sie achtete aber darauf, Mareike, die sich etwas weiter nach vorne gedrängelt hatte, nicht aus den Augen zu verlieren und sich immer

möglichst dicht an Zéca zu halten, Schulter an Schulter. Als Fünfjährige war Nina einmal auf dem Rummelplatz verlorengegangen, das hatte ihr fürs ganze Leben genügt.
Die Musiker waren mit Leidenschaft bei der Sache. Jaim trug Klamotten in Übergröße, flirtete mit den Schönheiten am Bühnenrand und führte sich wie der Leadsänger einer Boygroup auf, obwohl er schon um die Dreißig sein mußte. Was gespielt wurde, war auch nicht gerade die Art von Musik, für die Nina schwärmte – wenn sie sich richtig erinnerte, hatte sie schon vor mehr als einem Jahrzehnt damit aufgehört, überhaupt für Musik zu schwärmen –, aber es war kein Fehler gewesen, hierherzukommen. Es war sogar sehr gut. Es war großartig. Es war ein Fest, um genau zu sein, und allmählich kam Nina in Hochstimmung. Anfangs befürchtete sie noch, Seitenstechen zu kriegen, wenn sie so ekstatisch tanzte wie Zéca und die anderen, aber irgendwann war ihr das egal. Sie machte sich keine Gedanken mehr.
Dann kam die Pause. Zéca lachte Nina an, kniff ein Auge zu, sagte etwas Unverständliches und verschwand in der Menge.
»Nina!« rief Mareike. »Du bist ja klatschnaß! Was hast du gemacht? Dir dein Bier über den Kopf geschüttet?«
»Nein, nur ein bißchen getanzt.«
»Nicht schlecht. So, wie du aussiehst, mußt du gezappelt haben wie eine afrikanische Fruchtbarkeitsgöttin.«
»So fühle ich mich auch. Komm mal mit, ich muß dir was erzählen ...«
»Und wo ist Zéca abgeblieben?«
»Weiß ich nicht. Den treffen wir hier nachher schon wieder. Laß uns mal kurz irgendwohin gehen, wo es ruhiger ist.«

Sie schlängelten sich durch die Menge, wichen einer Gruppe nicht mehr ganz nüchterner Männer aus, die unter Gelächter auf ihre Potenz aufmerksam zu machen versuchten, stiegen über eine lallende Bierleiche und fanden schließlich einen Stehplatz am Zaun, wo sie ungestört waren.

»Was gibt's denn?« fragte Mareike und steckte sich eine Zigarette an. »Ich hoffe, was du mir erzählen willst, ist kein Roman mit Überlänge. Ich muß nämlich noch aufs Klo, und gleich nach der Pause kommen Quatro. Das sind die kapverdischen Backstreet Boys. Die will ich nicht verpassen. Faß dich kurz!«

»Kein Problem«, sagte Nina. »Ich glaube, ich hab mich verliebt. Das ist alles. Brauchst du Kleingeld fürs Klo? Oder hast du noch genug?«

Mareike war die Zigarette aus dem Mund gefallen. »*Was* hast du?«

»Mich verliebt. Oder jedenfalls verknallt oder verschossen, falls es da einen Unterschied gibt. Ich bin ein bißchen aus der Übung, wie du weißt.«

Die Zigarette war in eine Bierpfütze gerollt und zischend verloschen. »Also doch«, sagte Mareike. »Ich hab's kommen sehen. Vom ersten Moment an.« Sie schüttelte langsam den Kopf und steckte sich eine neue Zigarette an. »Du und Christoph, das hat mir ja noch eingeleuchtet. Im großen und ganzen. Ich meine, bevor er übergeschnappt ist. Aber du und dieser Fritjof? Ist das wirklich dein Ernst?«

»Wer redet denn von Fritjof? Ich bin in Zéca verliebt.«

Fast wäre Mareike auch die neue Zigarette aus dem Mund gefallen. »Hast du noch mehr solche Überraschungen auf Lager? Oder kann ich jetzt in Ruhe rauchen?«

»Du sollst nicht rauchen, du sollst mir helfen«, sagte Nina.
»Leuten, die verliebt sind, kann man nicht helfen. Ob man raucht oder nicht.«
»Aber was soll ich denn bloß machen?«
»Komische Frage. Was schon? Wenn du scharf bist, mußt du rangehn.«
Mareikes praktischer Verstand machte Nina sprachlos. Wer scharf ist, muß rangehen – wenn Mareike das sagte, klang es ganz natürlich, und es gab eigentlich keinen vernünftigen Einwand dagegen. Aber so unkompliziert, dachte Nina, ist die Welt nun einmal nicht eingerichtet.
»Träumst du oder denkst du nach?« fragte Mareike.
Nina seufzte. »Ich weiß nicht. Ich bin anders als du. Ich kann nicht einfach hingehen und Zéca um den Hals fallen.«
»Sollst du ja auch gar nicht. Du hast sogar größere Chancen, ans Ziel zu kommen, wenn du etwas weniger stürmisch vorgehst.«
»Aber ich kann doch nicht einen Zweiundzwanzigjährigen anmachen!«
»Und warum nicht?«
»Weil er zweiundzwanzig ist. Darum!«
»Na und? Das ist doch ein ausgesprochen süßes Alter. Ich hatte mal einen Liebhaber, der erst siebzehn war. Der ist noch mit einer einzigen Rasur in der Woche ausgekommen ...«
»Mareike, bitte! Sei doch mal ernst!«
»Bin ich das nicht?«
»Nein. Mir geht es nicht darum, Zéca ins Bett zu zerren. Ich will schließlich nicht noch mehr Unordnung in meinem Leben anrichten. Ich meine, ich bin zehn Jahre älter

als dieser Kindskopf, lebe in einem anderen Kontinent und bin eine treusorgende Familienmutter. Aber jedesmal, wenn ich an Zéca denke, läuft mir ein heißer Schauer über den Rücken. Das ist doch nicht normal. Und diese Wimpern! Und wie er lacht! Ich bin absolut wehrlos dagegen ...«

»Schön und gut, aber das solltest du nicht mir erzählen, sondern ihm«, sagte Mareike.

»Ach ja? Und in welcher Sprache, wenn ich fragen darf?«

»Warum nicht mit Händen und Füßen?«

»Du nimmst mich nicht ernst.«

»O doch. Ich bin nur absolut nicht der Meinung, daß du Grund dazu hast, Trübsal zu blasen. Wenn du wirklich verliebt bist, müßtest du einen Freudenschrei nach dem anderen ausstoßen vor Glück, statt hier rumzustehen wie bestellt und nicht abgeholt. Nach dem Urlaub hast du immer noch genug Zeit dazu, deine Ehefraudepression zu pflegen. Solange du verliebt bist, solltest du dich mit Zéca amüsieren. Du mußt ihn ja nicht gleich heiraten.«

Nina kaute auf ihrer Unterlippe. »Ja, das weiß ich selber. Aber nur mal angenommen, ich würde mich auf so ein Abenteuer einlassen, obwohl ich weiß Gott nicht die richtige dafür bin – wer garantiert mir denn, daß Zéca überhaupt Interesse an mir hat?«

»Niemand«, rief Mareike und trat ihre Zigarette aus. »Das mußt du schon selbst herausfinden. Ehrlich, Nina, manchmal kommst du mir vor wie eine Elfjährige. Nimm dir mal ein Beispiel an deiner Tochter. Die ist in mancher Hinsicht lebenstüchtiger als du.«

»Soweit ich weiß, hat Zéca sowieso eine Freundin«, brummelte Nina.

»Zéca? Da weißt du mehr als ich. Und ich weiß eigentlich

so gut wie alles darüber, wer hier mit wem was laufen hat. Soweit ich informiert bin, hat Zéca ungefähr ein Dutzend Freundinnen, aber keine feste. Das wäre ihm viel zu anstrengend. Verdammt, jetzt ist die Pause vorbei, und bin noch immer nicht auf dem Klo gewesen!«

Unterm Jubel des Publikums waren vier Musiker auf die Bühne gestürmt. Einige Frauen versuchten den Bühnenrand zu erklimmen und konnten von den Ordnern nur mit Mühe wieder zurückgedrängt werden.

»Manêra Mareike, tud drêd?« rief einer der Musiker ins Mikrofon, schwenkte seine Strickmütze und warf Mareike eine Kußhand zu.

»Einer deiner Liebhaber?« fragte Nina.

»Noch nicht«, sagte Mareike. »Bis jetzt ist er nur ein guter Freund. Mal sehen, was die Zukunft bringt. Ich nehme an, du hast nichts dagegen, im Falle eines Falles nachher mit Zéca alleine zurückzufahren …«

Auf der Bühne rannten Kameraleute von RTP-Africa herum und filmten Jaim, der die Gruppe Quatro wieder abgelöst hatte. Das Publikum reagierte immer enthusiastischer auf die Musik. Nicht so Nina. Sie hielt nach Zéca Ausschau und dachte über das Gespräch mit Mareike nach. Das Geständnis, in Zéca verknallt zu sein, hatte Nina aufgewühlt. Sie hatte das Geheimnis tagelang mit sich herumgetragen. Jetzt war es raus. Es ist doch ein ziemlicher Unterschied, dachte sie, ob man so was ausspricht oder ob man nur im stillen darüber nachdenkt. Dadurch, daß sie endlich jemandem ihr Herz ausgeschüttet hatte, war ihre Zuneigung zu Zéca noch klarer und stärker geworden.

Doch er war nirgendwo zu sehen. Sie hatte Sehnsucht nach ihm. Und sie hatte es satt, vernünftig zu sein, zu grübeln, eine schwere Verantwortungslast herumzuschleppen, für sich und andere, von Hamburg nach Sal und zurück und immer weiter, bis ans Lebensende. Rings um Nina tanzte, lachte, soff und knutschte alle Welt unterm Sternenhimmel. Vielleicht hatte Mareike ja recht. Wenn Zéca jetzt gekommen wäre, hätte Nina sich ihm einfach an den Hals geworfen. Ihr war danach.
Aber Zéca kam nicht. Nina spähte nach allen Seiten und quetschte sich durch die Menschentrauben. Auch von Mareike war nichts mehr zu sehen, doch das war ja zu erwarten gewesen.
Als Jaim nach der dritten Zugabe die Bühne verließ, schöpfte Nina noch einmal Hoffnung. Möglicherweise wartete Zéca beim Auto. Er hatte ja die Wagenschlüssel.
Fehlanzeige, dachte Nina, als sie den Wagen gefunden hatte. Sie wußte, daß die Türen abgeschlossen waren, aber sie probierte sie aus. Nichts zu machen. Alles zu. Und das einzige Lebewesen, das sie hier in der nächsten halben Stunde zu sehen bekam, war eine abgemagerte Ratte, die den rechten Hinterreifen beschnupperte und dann das Weite suchte.
Es wurde kühl. Nina drehte eine Runde durch die Bars, immer in der Hoffnung, Zéca wiederzufinden, doch er war und blieb verschwunden. Statt dessen sah sie Mark, der schon jenseits von Gut und Böse war und einer kaum weniger betrunkenen Blondine irgendwas ins Ohr sabberte.
Nina kippte eine Cortada, schickte ein Stoßgebet zum Himmel und ging zum Parkplatz zurück.
Kein Zéca.

Er konnte natürlich im Gewühl einen Oberschenkelhalsbruch erlitten haben oder in einer dunklen Ecke ausgeraubt und k.o. geschlagen worden sein, aber Nina mußte sich eingestehen, daß diese Gedankenspiele nicht sehr realistisch waren. Vermutlich hatte Zéca ein paar Bekannte getroffen, sich hemmungslos zugedröhnt, mit Shit und Alk, und darüber alles andere vergessen.
Es war nicht gerade einfach, in Espargos ein Taxi ausfindig zu machen. Anderthalb Stunden mußte Nina üben, aber dann gelang ihr das Kunststück. Ihre Liebe zu Zéca war in der Zwischenzeit etwas abgekühlt.
Dann eben nicht, sagte sich Nina, als sie hinten im Taxi saß. Sie lehnte den Kopf zurück, ließ sich die kühle Nachtluft aus dem Seitenfenster um die Nase streichen und gähnte. Wenn eine Frau von allen Männern, die sie liebt, im Stich gelassen worden ist, hat sie doch immer noch ihr Bett, dachte Nina. Auch wenn es manchmal nur ein Gästebett ist. Auf ein Bett ist Verlaß. Das verspricht nicht plötzlich einer Brasilianerin die Ehe, und es kommt auch nicht auf die Idee, abzuhauen und sich einen anzusaufen.

Am nächsten Tag unternahmen Nina und Miriam einen weiteren Versuch, den Schildkrötenstrand zu finden. Ohne Fritjof. Obwohl er so heldenhaft den Lastesel gespielt hatte, war Miriam ganz froh, ihre Mutter diesmal für sich allein zu haben. Es würde sich zwar nicht vermeiden lassen, sie über kurz oder lang mit einem neuen Mann fürs Leben zu verkuppeln, aber Fritjof war in Miriams Augen nicht der richtige. Er war nett, das schon, doch eindeutig ein Langweiler, und er verstand nichts, aber auch gar nichts von Computern. Er hatte nicht einmal eine E-Mail-Adresse. Als Miriam das erfahren hatte, war Fritjof für sie ein erledigter Fall. Einen altmodischen Vater, mit dem sie keine Computerspiele machen konnte, hatte sie schon, und einer von der Sorte war genug.

Jemand wie Zéca wäre da schon besser für die Nachfolge ihres Vaters qualifiziert, dachte Miriam. Zéca hatte immer Lust zu Computerspielen, und er hatte nicht die Angewohnheit, mittendrin aufzuhören, weil er noch seine Steuererklärung aufsetzen oder irgendwelchen anderen Schrott machen mußte, den Erwachsene so liebten. Und es wäre natürlich cool, einen Kapverdianer von Anfang Zwanzig, der auch noch super Wellenreiten konnte, als Stiefvater zu haben. Aber Miriam war klar, daß es zwischen Nina und Zéca nicht funken konnte. Für Nina kam nur ein Mann in Frage, der einen festen Beruf, eine E-Mail-Adresse und das richtige Alter hatte. Eine Tochter wäre im übrigen kein Hinderungsgrund. Nach einem Bruder hatte Miriam sich nie gesehnt, aber eine Schwester hätte sie schon manchmal gut gebrauchen können, am besten eine gleichaltrige.

»Na endlich!« rief Nina und zeigte auf zwei große Wasserschildkröten, die sich in einiger Entfernung durch die Brandung an Land schleppten. »Und da hinten sind noch zwei!«

Wie nahe man ihnen kommen durfte, wußte Nina nicht genau. »Paß lieber auf«, sagte sie, als Miriam auf die Schildkröten losstürmen wollte. »Die können gefährlich werden.«

»Wieso? Im Fernsehen hab ich mal gesehen, wie Leute sogar auf Riesenschildkröten *geritten* sind.«

»Aber bestimmt nicht auf solchen, die gerade an Land gekommen sind, um ihre Eier abzulegen. Ich hätte mich schön bedankt, wenn ein Schildkrötenjunges auf mir zu reiten versucht hätte, als ich im neunten Monat war. Es reicht doch, wenn wir uns das aus sicherer Entfernung ansehen. Und ich glaube, das ist den Schildkröten auch lieber so.«

Immer mehr von den Tieren kamen jetzt aus dem Wasser, wanderten schwerfällig landeinwärts und hinterließen dabei breite Schneisen im Sand. Daß dabei menschliches Publikum anwesend war, schien sie nicht im mindesten zu kratzen.

»Und wo wollen die ihre Eier ausbrüten?« fragte Miriam.

»Nirgendwo. Das ist nicht nötig. Die buddeln die Eier im Sand ein, wo die Flut nicht hinkommt, und kehren dann zurück ins Meer. Und wenn der Nachwuchs geschlüpft ist, geht er ebenfalls so schnell wie möglich ins Meer. An Land gibt es zu viele natürliche Feinde, die kleine Schildkröten als Leckerbissen betrachten. Raubvögel, Reptilien und Menschen.«

Miriam verzog das Gesicht. »Baah! Wer ist denn so blöd und frißt Schildkröten auf?«

»Oh, es gibt genug Leute, die nicht allzuviel gegen eine gut zubereitete Schildkrötensuppe einzuwenden haben«, sagte Nina, leckte sich über die Lippen und dachte an das Drei-Gänge-Menü, das Mareike versprochen hatte.

»Also, *ich* würde lieber verhungern als auf einer Schildkröte rumzukauen«, erklärte Miriam. Sie hatte sich sowieso vorgenommen, in ihrem späteren Leben das meiste anders zu machen als die Erwachsenen, die sie kannte.

Es dauerte lange, bis die erste Schildkröte die Flutgrenze überschritten hatte und damit anfing, eine Ablage für die Eier zu graben. Und auch das Eierlegen nahm geraume Zeit in Anspruch. Schildkröten schienen überhaupt sehr

viel Zeit und niemals dringende Termine zu haben. Im Fernsehen, dachte Miriam, hatte das Leben der Schildkröten spannender ausgesehen.
»Mir langt's jetzt«, meinte sie schließlich. »Ich will wieder zurück. Asap!«
»Was?«
»Asap. *As soon as possible.* Das ist Networker-Slang.«
»Aha«, sagte Nina. »Wieder was dazugelernt ...«
Auf dem Rückweg hielt Miriam verschärft nach einer Flaschenpost Ausschau und grub alle möglichen Gegenstände aus, die der Atlantik an Land gespült hatte. Sie fand eine halbe Stiefelsohle, eine verschimmelte Badekappe, einen Handschuh und tatsächlich auch zwei Plastikflaschen, aber beide ohne Post.
Sieh an, dachte Nina, auch im Internet-Zeitalter hat die Jugend noch Sinn für altes Seemannsgarn aus der Flaschenpost, eines der langsamsten und ältesten Kommunikationsmittel der Welt. Oder gab es noch ältere? Trommeln vielleicht? Oder Brieftauben?
Weit weg waren zwei Menschen zu sehen, die Nina und Miriam entgegenkamen. Zwei Schwarze. Ein Mann und eine Frau, soviel wurde auch auf große Distanz deutlich. Als sie geringer wurde, erkannte Nina den Mann.
Es war Zéca. Ausgerechnet.
Die junge Frau an seiner Seite war Nina unbekannt. Sie trug ein knappes knallrotes Kleid, das ihre Figur gut zur Geltung brachte. Und es sah so aus, als ob Zéca und die Frau Hand in Hand gingen.
Nein, es sah nicht nur so aus, es war so.
Allmächtiger, betete Nina, mach, daß ich nicht rot werde. Und wenn du das nicht machen kannst, dann mach wenigstens, daß es niemand merkt.

Auch Miriam hatte Zéca entdeckt. »Da kommt der Rächer mit der Todespeitsche!« rief sie theatralisch. »Soll ich dich vor ihm beschützen?«
»Tu, was du nicht lassen kannst«, antwortete Nina mit belegter Stimme und räusperte sich.
Miriam rannte auf Zéca zu und verwickelte ihn in einen Zweikampf. Zéca ging sofort zu Boden. Die fremde Frau stand daneben und lachte.
Das bringen wir jetzt ganz souverän hinter uns, sagte sich Nina. Kein Grund zur Aufregung. Ich bin schließlich nicht mehr dreizehn. Ich bin älter als Miriam und Zéca und seine Flamme da zusammengerechnet. Na ja, nicht ganz. Aber jedenfalls alt genug, um vernünftig damit umgehen zu können, daß ein Mann, der keine Ahnung davon hat, daß ich in ihn verknallt bin, mit einer anderen Frau am Strand spazierengeht. Sogar Hand in Hand. Na, soll er doch! An mir, dachte Nina, scheint er ja ohnehin nicht interessiert zu sein, sonst hätte er mich gestern abend nicht versetzt. Mal sehen, was für eine Entschuldigung er vorbringt. Nein, muß er ja gar nicht. Kann er ja gar nicht! Ist ja niemand da, der dolmetschen könnte. Grinsen wird er, dachte Nina, und damit hat es sich dann, das weiß ich jetzt schon.
»Manêra Nina!« rief Zéca. Er grinste und legte der Frau in dem roten Kleid den Arm um die Hüfte.
»Hallo!« erwiderte Nina, eine Spur zu laut und zu fröhlich. Aber besser so als mit einer Stimme, die kratzig und belegt klang.
»Du mußt keine Angst haben«, meinte Miriam. »Ich habe den Rächer gerade eben mit seiner eigenen Todespeitsche entmannt. Stimmt doch, Zéca, oder nicht?«
Zéca lachte und nickte.

»Siehst du?« sagte Miriam. »Er gibt es zu!«
Die Frau in Rot lächelte verlegen und zog Zéca sanft am Arm. Sie wollte sich hier nicht mehr lange aufhalten, das war deutlich.
»M' ta bai pa praia c' un piquena pa … fazê qualquer côsa«, sagte Zéca, grinste noch breiter und ließ sich von seiner Begleiterin fortziehen.
»Was hat er gesagt?« fragte Miriam.
»Hast du doch gehört«, antwortete Nina. »M' ta bai pa praia c' un piquena pa fazê qualquer côsa.« Sie hatte sich die Worte gut gemerkt und wollte später jemanden um die Übersetzung bitten.
Miriam zeigte ihrer Mutter einen Vogel. »Auf deutsch, meine ich! Menno!«
»Tut mir leid, das weiß ich auch nicht. Aber wir können ja Mareike fragen. Asap!«

Charlotte, Guido und Napoleon saßen einträchtig auf dem Sofa und sahen sich eine der schrecklichen, aus Brasilien importierten Dailysoaps an, die sich auf den Kapverden größter Beliebtheit erfreuten.
»Ihr kommt zur rechten Zeit!« rief Charlotte Nina und Miriam zu. »Hier könnt ihr was über das Patriarchat in Brasilien lernen. Gerade ist die Leihmutter mit dem Baby durchgebrannt, statt es abzuliefern, und jetzt zertrümmert der Kindsvater ihre Wohnung …«
»Cool«, sagte Miriam und setzte sich auf die Sofalehne.
Nur Nina hatte kein Interesse am brasilianischen Patriarchat. »Was heißt: M' ta bai pa praia c' un piquena pa fazê qualquer côsa?« fragte sie.
Napoleon lächelte versonnen.

»Äh … das heißt soviel wie: Ich gehe mit einer Kleinen an den Strand, um da irgendwas mit ihr zu machen«, antwortete Guido.

»Wer hat das gesagt?« fragte Charlotte, ohne den Blick vom Bildschirm zu wenden.

»Zéca. Wir haben ihn am Strand getroffen. Mit einer schönen Frau. Und vorher sind wir bei den Riesenschildkröten gewesen«, berichtete Miriam.

Charlotte verzog mißbilligend das Gesicht. »Männer! Wenn sie mal keine Frauen im Kopf haben, dann trinken sie, und wenn sie trinken, haben sie erst recht nur noch Frauen im Kopf!«

»Das ist nicht wahr!« protestierte Guido. »Ich habe immer nur Männer im Kopf, ob ich trinke oder nicht. An mir könnte sich Zéca ruhig ein Beispiel nehmen. Es ist wirklich Verschwendung, daß er die männliche Hälfte der Menschheit nicht an seinem Liebesleben teilnehmen läßt. Hat sie wenigstens nach was ausgesehen, die Kleine?«

»Nein«, sagte Nina und ging zum Kühlschrank, um sich einen Wodka einzugießen. »Sie war dick und hat gehinkt.«

Guido seufzte. »Das soll einer verstehen. Warum nimmt Zéca nicht lieber mich zur Abwechslung? Oder Napoleon? Wir sind beide gertenschlank und immer noch sehr gut zu Fuß.«

»Schluß mit dem sexistischen Geschnatter«, kommandierte Charlotte. »Konzentrier dich lieber auf den Film.«

Der Wodka fuhr wie eine Stichflamme Ninas Kehle hinab und tat dann vorschriftsmäßig seinen Dienst als Medizin zur Betäubung des Kummers. Bloß gut, dachte Nina, daß ich mich auf Mareikes Diskretion verlassen kann. Außer

ihr und mir braucht wirklich niemand auf der Welt etwas von meiner Geschmacksverirrung zu erfahren. Apropos Mareike, wo war sie überhaupt?
»Wißt ihr, wo Mareike steckt?« fragte Nina. »Sollte die nicht längst am Herd stehen und ein Drei-Gänge-Menü zusammenzaubern?«
»Stimmt«, meinte Guido. »Mir knurrt auch schon langsam der Magen. Sie ist oben. Sag ihr doch mal Bescheid. Soweit ich weiß, hat sie allerdings Herrenbesuch.«
Nina ging hoch und klopfte vorsichtig an die Tür.
»Kannst reinkommen!« schrie Mareike. Sie war halbnackt und rannte in einem Chaos aus Kissen, Decken, Klamotten, Badesachen, Taschen und leeren Flaschen herum. »Verflucht! Wo ist mein anderer Schuh? Ach, hallo, Nina! Du kommst wie gerufen! Frag doch bitte mal Guido, ob ich mir seine Rostlaube borgen kann!«
»Was ist denn los? Wo willst du hin? Ich denke, du bekochst uns heute?«
»Ah, da ist er ja!« rief Mareike und rupfte den Schuh unter einem Knäuel nasser Handtücher hervor. »Tut mir leid, aber das Menü fällt aus. Mir ist was dazwischengekommen.« Sie zog den Schuh an und zerrte die Senkel so straff, daß einer riß. »Verdammt!«
»Jetzt sag doch endlich mal, was los ist!«
Mareike stieß einen tiefen Seufzer aus. »Der Gummi ist geplatzt. Vorhin.«
»Welcher Gummi?«
»Na, du stellst vielleicht Fragen! Der Gummi von Henry!«
»Wer ist Henry?«
»Das ist der ... Ach, ist doch ganz egal, wer das ist! Ich hab gedacht, es ist nicht so schlimm, weil es nicht in den kriti-

schen Tagen passiert ist, aber als Henry gegangen ist, hab ich sicherheitshalber noch mal nachgerechnet und festgestellt, daß ausgerechnet heute der fruchtbarste Tag überhaupt ist. Ich könnte schon von einem *Handkuß* schwanger werden.«

»Und wo willst du jetzt hin?«

Mareike schlang einen groben Knoten in den zerrissenen Senkel. »Nach Espargos. Ins Krankenhaus. Und mir die Pille danach verschreiben lassen.«

»Da hast du dir aber ganz schön was vorgenommen. Ich meine, es ist Samstagabend auf einer westafrikanischen Insel kurz vor dem Bretterzaun, hinter dem die Welt zu Ende ist, und ausgerechnet hier und jetzt willst du die Pille danach auftreiben?«

»Nett von dir, daß du mir Hoffnung machst. Einen größeren Gefallen würdest du mir allerdings tun, wenn du jetzt endlich runtergehst und Guido nach dem Wagen fragst. Unter irgendeinem Vorwand, wenn's geht. Es muß ja nicht gleich jeder wissen, was los ist.«

Nina tat wie geheißen, kehrte aber mit einer schlechten Nachricht wieder. »Guido sagt, daß Zéca gestern nacht mit dem Wagen liegengeblieben ist, auf der Rückfahrt von Espargos, zwei oder drei Kilometer von hier. Das Benzin war alle. Die Schlüssel hat er aber immerhin noch abgeliefert.«

»Auch das noch!« stöhnte Mareike. »Dann werde ich also Mutter, nur weil irgendwelche Kerle zu doof zum Tanken sind!«

»Nicht unbedingt. Guido hat noch einen Kanister Benzin im Haus. Du kannst mit dem Fahrrad zum Auto fahren, den Tank auffüllen und dann in aller Ruhe nach Espargos gondeln.«

»Spitze. Wird gemacht. Nina, ich liebe dich! Kommst du mit?«
»Zu zweit auf dem Fahrrad?«
»Warum nicht? Du setzt dich auf die Stange und hältst den Kanister fest. Und dann kannst du mich auf dem Rest der Strecke seelisch unterstützen. Das könnte ich gebrauchen. Ich bin ein bißchen mit den Nerven runter.«
»Gut. Ja. Wenn du glaubst, daß wir uns auf dem Fahrrad nicht den Hals brechen, komme ich mit.«
»Danke.« Mareike stand auf und stopfte sich das Hemd in die Hose und schnappte sich die Jeansjacke. »Was hast du Guido denn erzählt, wofür ich den Wagen brauche?«
»Ach, ich hab gesagt, daß es irgendwie um dieses Drehbuch geht. Südliches Dreieck und Pipapo. Und daß du dafür noch was in Espargos recherchieren mußt.«
»Ausgezeichnet. Dann kann's ja losgehen. Bringen wir's hinter uns!«

Der Dorfkommissar, der den Beginn seines Feierabends verschlafen hatte, trat vor die Tür der Polizeistation und atmete tief ein. Die Luft roch nach Meersalz, Zedern und Feigenbäumen, und der Nordostpassat strich sanft, fast schläfrig durch die Straßen. An den bunten, leicht verfallenen Häusern im Kolonialstil schlenderten ein paar Touristen vorüber, müde vom Baden und doch wieder beschwingt beim Gedanken an das erste kühle Bier, das es bald geben würde. Das ganze Dorf war ein Bild des Friedens – bis Mareike und Nina auf dem Mountainbike angeschossen kamen.
Im Kanister gluckerte das Benzin. Es war nicht gerade eine Kleinigkeit, mit der einen Hand am Lenker und der

anderen am Kanistergriff das Gleichgewicht zu bewahren, aber Nina gab ihr Bestes, während Mareike wie eine Besessene in die Pedale trat.
Der Kommissar straffte sich. Hier rief die Pflicht. Er stellte sich mitten auf die Straße und gab Mareike durch energische Handzeichen zu verstehen, daß sie anzuhalten habe. Sie bremste scharf. Nina sprang ab, und der Kommissar, der seine strengste Miene aufgesetzt hatte, ließ einen Redeschwall auf Mareike los und deutete auf die Polizeistation.
»Was will er denn, der Witzbold?« fragte Nina.
»Der spinnt, der will uns auf der Wache verhören, weil es verboten ist, zu zweit auf einem Rad zu fahren. Für solchen Quatsch haben wir jetzt aber keine Zeit.« Sie kratzte ihr Creolo zusammen und teilte dem Kommissar mit, daß sie Wichtigeres zu tun habe, als sich wegen so einem Schnickschnack verhören zu lassen.
Das brachte den Kommissar in Wut. »Bzôt ê obrigód entrá ma mi!« brüllte er und rüttelte am Lenker, ohne Mareike das Rad entreißen zu können. Als nächstes griff er nach Mareikes Jackenärmel und zog daran.
Der Kommissar wußte nicht, daß er eine Trägerin des schwarzen Karategürtels vor sich hatte. Mit einer Bewegung, als würde sie eine lästige Fliege abwehren, machte Mareike sich los.
Der Kommissar, fassungslos vor Zorn, fletschte die Zähne, ballte die Fäuste und brüllte abermals: »Bzôt ê obrigód entrá ma mi!« Dann rüttelte er wieder am Fahrradlenker.
»Mareike, hör auf, beruhig ihn lieber, der dreht gleich durch«, sagte Nina.
Doch Mareike gab nicht nach. Sie hielt das Fahrrad fest und schüttelte den Kopf.

Jetzt zog der Kommissar seine Pistole, richtete sie auf Mareike und wiederholte seinen Befehl: »Bzôt ê obrigód entrá ma mi!« Zur Bekräftigung dieser Worte zielte er nach oben und schoß in den Himmel.

Nina war zu Tode erschrocken. Ihre Beine waren plötzlich wie aus Brei, und der Kommissar kam ihr gar nicht mehr wie ein Witzbold vor, sondern nur noch wie ein gemeingefährlicher Irrer.

Erschossen werden wollte Mareike nun auch wieder nicht. Sie gab ihren Widerstand auf, ließ den Kommissar das Fahrrad konfiszieren und begab sich zusammen mit Nina auf die Wache.

Er ist unfähig, einen Rucksackdiebstahl aufzuklären, dachte Nina, aber Fahrräder beschlagnahmen, das kann er. Und Löcher in die Luft schießen. Ein feiner Kommissar! Ihr schlug das Herz noch immer bis zum Hals, aber der Kommissar hatte sich etwas beruhigt und seine Waffe wieder eingesteckt.

Mareike redete in allen möglichen Sprachen auf ihn ein und rang ihm schließlich ein bescheidenes Zugeständnis ab: »Er hat mir erlaubt, einen Anwalt zu holen. Ich darf sogar das Fahrrad nehmen. Aber du müßtest solange hierbleiben, als menschliches Faustpfand sozusagen. Stehst du das durch?«

»Na ja«, sagte Nina. Sie sah nicht sehr glücklich aus. »Ich hoffe, unser Freund und Helfer spielt nicht plötzlich wieder den wilden Mann und ballert in der Gegend rum. Zu welchem Anwalt willst du denn hin? Kennst du hier einen?«

»Logisch. Dr. Gregor Feldmann!«

»Was? Dieser Versager soll uns hier raushauen?«

»Das ist sein Beruf. So was kann er. Hoffe ich jedenfalls.«

»Na, das klingt ja vielversprechend. Und wo willst du diese Flasche jetzt suchen?«

Mareike zuckte mit den Schultern. »Mal sehen. Ich drehe eine Runde durch die Bars. Irgendwo wird er schon sein.«

»Warte mal! Willst du nicht lieber erst nach Espargos fahren und dich um diese Pille kümmern? Das kann ja schließlich auch nicht ewig dauern. Nicht, daß du nachher schwanger bist, nur weil du verhindert hast, daß ich hier eine Stunde auf der Wache festgesessen habe ...«

»Keine Angst. Soweit kommt es schon nicht. Außerdem will ich dich in Espargos lieber dabeihaben. Ganz davon abgesehen, daß es unseren Kommissar stutzig machen könnte, wenn ich mir den Benzinkanister unter den Arm klemme. Also, bis gleich!«

Als Mareike weg war, musterte Nina den Kommissar, der an seinem Schreibtisch saß und wieder seine vielgeliebten Formulare ausfüllte. Schweißtropfen standen ihm auf der Stirn. Ob er wohl Buch über seine verschossenen Kugeln führen mußte? Und über jeden Schuß eine Aktennotiz anzulegen hatte? Das würde ich dir gönnen, dachte Nina.

Der Kommissar sah auf. Gute Laune hatte er noch immer nicht. »Manêra que bo nom?« raunzte er.

Daß das eine Frage war, hatte Nina schon verstanden, aber sonst auch nichts.

»Manêra que bo nom?« fragte der Kommissar in noch schärferem Ton und starrte Nina böse an. Dann stieß er einen Grunzlaut aus und kritzelte wieder in seinen Formularen herum.

Eine große Kakerlake wanderte seelenruhig über den Fußboden. Sonst geschah nichts, eine halbe Stunde lang. Aber einer Frau, die sich allein mit einem schießwütigen

Verkehrspolizisten und einer Wanderkakerlake in einem Raum befindet, kann eine halbe Stunde schon wie eine Ewigkeit erscheinen.

Nina atmete hörbar auf, als Mareike endlich mit dem Anwalt zurückkam. Dr. Gregor Feldmann war nicht völlig nüchtern. Seine Versuche, Heidis Herz zu erweichen und sich wieder bei ihr einzuschmeicheln, waren noch nicht von Erfolg gekrönt worden, und so hatte sich der liebeskranke Anwalt vorgenommen, erst einmal ein größeres Quantum Alkohol zu konsumieren und dann weiterzusehen. Irgendwann zwischen dem fünften und dem sechsten Bier, so genau ließ sich das nicht mehr rekonstruieren, war dann Mareike aufgekreuzt und hatte ihre Notlage geschildert.

Gegenüber dem Kommissar war Dr. Feldmann sehr darum bemüht, sich seinen Schwips nicht anmerken zu lassen. Aber allein schon die Tatsache, daß er sich als Rechtsanwalt ausweisen konnte und die beiden Verkehrssünderinnen in seinen Schutz nahm, bedeutete die Rettung. Vor Anwälten war der Kommissar auf der Hut, und es gab ihm zu denken, daß dieser Rechtsverdreher sich nun seinerseits den Namen und den Dienstgrad des Kommissars buchstabieren ließ und beides säuberlich notierte.

Zuletzt ließ es der Kommissar dabei bewenden, Mareike und Nina eine Geldstrafe aufzubrummen. Gregor riet ihnen zu zahlen.

»Also gut«, sagte Mareike, zählte die geforderte Summe auf den Tisch und sah dem Kommissar mit wachsender Ungeduld beim Ausstellen der Quittung zu. Jede Minute war kostbar.

Draußen drückte Mareike Gregor kurz ans Herz und gab ihm einen Kuß auf die Nase. »Danke. Du machst dir keine Vorstellung, wie sehr du mir geholfen hast. Mir und Nina. Ich weiß nicht, welchen Tarif du verlangst, aber ...«

»Geschenkt«, sagte Gregor. »Jeden Tag eine gute Tat. So hab ich das beim Fähnlein Schieselfeif gelernt. Wieselschweif, meine ich.«

»Fieselschweif meinst du. Jedenfalls danke! Wir müssen jetzt los. Man sieht sich!«

Hinter der nächsten Straßenecke nahm Nina wieder auf der Stange Platz, und die rasende Fahrt ging weiter.

Eine gute Stunde später standen Mareike und Nina im Krankenhaus von Espargos und warteten auf die Nachtschwester. Seit dem Zwischenfall mit dem Kommissar hatte alles wie am Schnürchen geklappt. Der Wagen war noch dagewesen, hatte das Benzin geschluckt und war sofort angesprungen.

»Jetzt kann eigentlich nichts mehr schiefgehen«, sagte Mareike.

Nina lehnte sich an die Wand. »Dein Wort in Gottes Ohr.«

»Hör auf zu unken.«

»Ich unke doch gar nicht. Ich frage mich nur, weshalb uns der Pförtner gerade auf die Kinderstation geschickt hat. Für die Pille danach ist das doch ein etwas seltsamer Aufbewahrungsort. Ich kann mir einfach nicht vorstellen, daß sie die hier im Medizinschrank haben.«

»Klar haben sie die. Wollen wir wetten?«

»Du kannst ja mit der Schwester wetten. Da kommt sie angerollt.«

Die Nachtschwester war eine korpulente, sehr energische

Frau. Sie hörte sich an, was Mareike zu sagen hatte, unterbrach sie aber ziemlich bald und ging zu einem Schrank, dem sie verschiedene Packungen entnahm.

»Na also«, sagte Mareike und zwinkerte Nina zu. »Glaubst du mir jetzt?«

Doch es war nicht die Pille danach, was die Schwester brachte. Es waren Präservative. Mareike bemühte sich, das Mißverständnis auszuräumen, aber es half alles nichts. Von der Pille danach hatte die Schwester noch nie etwas gehört. Sie tippte immer wieder auf die Präservativpakkungen, und dann fing sie auch noch damit an, Mareike den weiblichen Zyklus zu erklären, in allen Einzelheiten, bis Mareike der Kragen platzte.

»Ove tchok!« rief sie und zeigte der verdutzten Schwester einen Vogel. »Komm, Nina, wir gehen.«

Die Schwester schickte ihnen einen Schwall von Flüchen hinterher, und in zwei oder drei Krankenzimmern fingen Kinder an zu weinen.

»Was hast du zu ihr gesagt?« fragte Nina.

»Weiß ich nicht. Das muß irgendeine wüste Beschimpfung sein. Hat mir mal ein Surfer zugerufen, dem ich aus Versehen die Vorfahrt abgeschnitten hatte. Und jetzt gehen wir erst mal einen trinken. Ich hab's nötig.«

Es war eine wundervolle Sommernacht, aber die rechte Stimmung wollte nicht aufkommen. In einer ruhigen Bar bestellte Nina zwei Cortada und versuchte Mareike aufzumuntern. »Vielleicht ist ja gar nichts passiert. So was gibt's doch. Wenn es stets nach dem Biologielehrbuch und der statistischen Wahrscheinlichkeit ginge, wäre Miriam heute schon sechs Monate älter ...«

»Ja, ich weiß. Ausnahmen gibt es immer. Aber leider nicht bei mir.« Sie trank einen großen Schluck, stützte betrübt die Stirn in die Hand und fingerte mit der anderen Hand eine Zigarette aus der Schachtel.

»Aiaiaiaiai!« rief jemand hinter Nina und legte ihr die Hand auf die Schulter. Es war Manuel, der Steuermann vom Horrorschiff. »Tud fish? Tud cool?« Als er Ninas ernste und Mareikes finstere Miene sah, stellte er eine besorgte Frage nach der anderen und ließ nicht locker, bis er die ganze Geschichte gehört hatte.

»Babosa«, sagte er dann und nickte Mareike zu. »Babosa!« Das sei ein Tee, erklärte er, ein uraltes Hausmittel, das jeder Schwangerschaft ein Ende mache. Auf den Kapverden werde es schon seit Jahrhunderten angewandt.

Mareike horchte auf. Und als Manuel erzählte, daß er eine Tante habe, die nur ein paar Schritte weiter wohne und sofort einen Babosa-Tee aufsetzen könne, stürzte Mareike den Rest von ihrer Cortada hinunter und steckte ihre Zigaretten ein. »Nichts wie hin!« sagte sie.

Manuels Tante hatte schon geschlafen. Sie war nicht gerade begeistert über den späten Besuch, aber als sie hörte, daß es sich um einen Notfall handle, wurde sie freundlicher. Sie bat Manuel, Mareike und Nina in die Küche, kramte einige Zeit in einer Truhe auf dem Flur herum und brachte schließlich einen kurzen, fleischigen, am Ende spitz zulaufenden Zweig herbei.

»Babosa«, sagte Manuel.

»Und da wird jetzt Tee draus gekocht?« fragte Nina und schnupperte an dem Zweig. »Pfui Spinne!«

Die Tante stellte einen Wasserkessel auf den Herd und schnitt den Zweig in Stücke. Nach und nach wurden im Haus immer mehr Kinder wach und machten Krach oder schlichen sich zur Küchentür und spähten durch den Spalt. Es war ein ziemlich kinderreicher Haushalt. Entwe-

der taugt dieses Babosa nicht viel, dachte Nina, oder Manuels Tante hat es selbst nie ausprobiert.
Der Tee, den sie Mareike servierte, stank wie die Pest. Der Geruch erinnerte schwach an Jägermeister, entfernt an Sperma und extrem stark an das Odeur einer Mülldeponie. Die Kinder stöhnten, zogen von außen die Tür zu und verdrückten sich.
»O Gott«, sagte Mareike und hielt sich die Nase zu. »Vielleicht sollte ich doch lieber Mutter werden ...«
Nina öffnete das Fenster und schnappte nach Luft.
Manuels Tante nahm Mareikes Hand, legte sie um den Becher und sagte etwas, das aller Wahrscheinlichkeit nach eine Aufforderung zum Trinken war.
Mareike war blaß geworden. Sie schloß die Augen. »Was sein muß, muß sein«, sagte sie, holte tief Luft, hielt den Atem an, setzte den Becher tapfer an die Lippen und trank.
Schluck um Schluck.
Als sie fertig war, stellte sie den Becher ab und hielt sich mit beiden Händen den Mund zu. Sie zuckte, aber es gelang ihr, dem Gebräu den Rückweg in die Freiheit zu versperren.
Manuel nahm Mareike in den Arm.
»Geht's?« fragte Nina. Bei der Vorstellung, dieses Zeug nicht nur riechen, sondern auch noch trinken zu müssen, wurde ihr ganz anders.
Mareike öffnete die Augen. Sie waren gerötet. »Danke der Nachfrage«, flüsterte sie. »Es geht so.« Sie hustete. »Aber Kamillentee wäre mir lieber gewesen.«

Mareike war am nächsten Tag die letzte, die zum Frühstück kam. Sie hatte vorm Schlafengehen versucht den strengen Nachgeschmack des Babosa-Tees mit Bier fortzuspülen, aber der Geschmack hatte sich gehalten, sogar über Nacht. Alles Zähneputzen, Gurgeln und Pastillenlutschen half nichts. Jetzt mußte starker Kaffee her.

»Läuft gerade durch«, sagte Nina. Sie blätterte in einer Illustrierten. »Oder willst du lieber Tee?«

»Tee! In meinem ganzen Leben werde ich keinen Tee mehr trinken!« verkündete Mareike und setzte sich neben Nina an den abgeräumten, blankgeputzten Terrassentisch. »Ist das alles für mich?«

Nina legte die Illustrierte weg und nahm die Sonnenbrille ab. »Dein Frühstück wird sofort serviert. Da ich nicht wußte, wann du von den Toten wiederauferstehst und wieviel Appetit du dabei mitbringst, habe ich drei verschiedene Frühstücksvarianten vorbereitet. Wenn du was Kräftiges willst, kriegst du ein Pfannengericht mit Schinken, Speck und Eiern. Falls dir mehr nach Süßem ist, kann ich dir Sahnejoghurt und selbstgebackene Berliner anbieten. Mit einer Füllung aus Mangomarmelade. Und wenn du lieber Schonkost haben willst, empfehle ich dir den Gemüsesalat, der im Kühlschrank steht. Allerdings mit kapverdischem Dressing.«

»Kapverdisches Dressing? Was ist das?«

»Eine Mischung aus Nußöl, Schnaps und Barbecue-Soße. Guidos Erfindung. Schmeckt absolut widerlich.«

»Dann ziehe ich deine Berliner vor. Und den Joghurt. Und danach das Schinkenomelette. Ich werde mit dem Essen erst wieder aufhören, wenn ich endgültig diesen elenden Babosageschmack los bin. Notfalls werde ich so-

gar das kapverdische Dressing probieren. Wo sind eigentlich die anderen?«
»Oma und Miriam sind auf dem Bolzplatz«, sagte Nina und ging in die Küche.
»Wie bitte? Was hat denn eine ausgewachsene Urgroßmutter auf dem Bolzplatz verloren?«
»Weiß ich auch nicht«, rief Nina. »Willst du Milch und Zucker zum Kaffee?«
»Nein danke. Schwarz ist okay.« Mareike gähnte und sah aufs Meer hinaus. Es war ein guter Tag zum Wellenreiten. Ein Tag, der hoffentlich ohne Begegnungen mit übergeschnappten Bullen und verkalkten Krankenschwestern verlaufen würde.
Nina brachte das Frühstückstablett auf die Terrasse. Im gleichen Moment sprangen Miriam und ihr Freund Tobias über die Gartenmauer, verdreckt und verschwitzt, und stürzten sich auf die Berliner.
»Das ist eigentlich Mareikes Frühstück!« schimpfte Nina.
»Laß mal, einen hab ich ja«, sagte Mareike und biß von dem Berliner ab, den sie vor Miriam und Tobias gerettet hatte. »Na, ihr Räuber? Wo habt ihr denn Charlotte gelassen?«
»Oma kommt nach«, erklärte Miriam, schon wieder mit vollem Mund. »Die hat den Ball an die Birne gekriegt und kann noch nicht wieder so schnell, aber Zéca hilft ihr beim Gehen.«
»Ich hör wohl nicht recht«, stieß Nina aus. »Sag bloß, Oma hat mit euch Fußball gespielt!«
»Nein, die war nur Schiedsrichterin. Aber einmal hat Guido so ein Ei geschossen und Oma voll am Hinterkopf getroffen, und dann hat sie das Spiel erst mal abgepfiffen.«

»Was du nicht sagst! Aber gehen kann sie noch?«
»Ja, sicher! Da kommt sie ja schon!«
Zéca, der Charlotte untergefaßt hielt, öffnete ihr gerade das Gartentor.
Nina eilte zu Hilfe. »Oma! Wie geht's dir? Willst du dich hinlegen?«
»Hinsetzen genügt«, antwortete Charlotte. »Ich bin schon wieder fit. Ich habe nur eine Zeitlang Sterne gesehen, nachdem dein Bruder die Freundlichkeit hatte, mir den Ball an den Kopf zu schießen.«
»Und wo ist Guido jetzt?«
»Der ist mit irgendwelchen Saufkumpanen losgezogen.«
»Na, das ist ja sehr gnädig von ihm, daß er wenigstens Zéca zu deiner Hilfe abkommandiert hat.«
»Hat er gar nicht. Den hab ich mir selbst gegriffen. Nicht wahr, junger Mann?« Sie kniff Zéca in die Wange.
Zéca grinste und holte sich ein Bier aus der Küche.
Als Charlotte sich gesetzt und ein Glas Wasser getrunken hatte, fing sie an, von Miriams Kabinettstückchen auf dem Fußballplatz zu schwärmen. Tobias sei zwar ebenfalls ein guter Spieler, aber Miriam sei ein Ausnahmetalent, ein torgefährliches Dribbelgenie, dem nur noch etwas Training fehle. Und naturgemäß noch etwas Puste im Wettlauf mit den Großen. Aber wenn zwei Flügelspielerinnen Miriam die Laufarbeit abnähmen, werde jede Abwehrreihe ins Wanken geraten. Am besten sei es, so bald wie möglich eine Frauen-Elf aufzustellen, mit Miriam als Mittelstürmerin, ein bißchen zu trainieren und dann eine Männer-Elf herauszufordern. Und sie haushoch zu schlagen!
Charlotte, mitgerissen von ihrer eigenen Idee, begann sofort damit, die anwesenden Frauen ins Team zu berufen.

Nina wurde als Vorstopperin eingeteilt und Mareike im offensiven Mittelfeld positioniert. Von »neumodischem Tüdelkram« wie Raumdeckung und Viererkette wollte Charlotte nichts wissen. Sie hielt die strategischen und spieltaktischen Regeln der Vergangenheit noch in Ehren. Und Ninas Einwand, daß ihr letzter Auftritt als Fußballspielerin mehr als zwanzig Jahre zurücklag und nichts Dolleres gewesen war als das Kicken eines Plastikballs gegen die Hausmauer, wurde von Charlotte ungeduldig vom Tisch gewischt. »Du hast meine Gene«, sagte sie. »Das genügt.« Dann erteilte sie Nina und Mareike den Auftrag, sich nach geeigneten Mitspielerinnen umzusehen. »Und ab morgen wird trainiert. Wir beginnen mit einem Strandlauf und dem Spiel zwei gegen zwei ...«

Jemand schlug mit einem Stock aufs Gartentor und räusperte sich. Es war der Kommissar.

»O nein, nicht der schon wieder«, stöhnte Nina.

Aber der Kommissar hatte es diesmal auf jemand anderes abgesehen. »A Zéca!« rief er in rüdem Ton.

Nach einigem Hin und Her stellte sich heraus, daß der Kommissar in der vergangenen Nacht noch sieben Leute verhaftet hatte, die an einer Kneipenschlägerei beteiligt gewesen waren. Nur Zéca sei es gelungen zu entwischen. Nach Ansicht des Kommissars sollte Zéca nun zur Strafe einen Tag im Knast abbrummen.

Er sei aber unschuldig, beteuerte Zéca.

Daß Mareike sich einmischte, kam dem Kommissar nicht sehr gelegen. Er mißtraute dieser Frau, das war ihm anzusehen. Aber er blieb hart. Zéca wurde verhaftet. Nina erbot sich, eine Kaution zu zahlen, doch der Kommissar wies das Geld zurück und führte Zéca, der das alles nicht sehr ernst zu nehmen schien, unwiderruflich ab.

»Wir können ja eine Bürgerinitiative gründen: Freiheit für Zéca!« schlug Miriam vor. Und so geschah es.

Die Protestdemonstration vor der Polizeiwache war ein voller Erfolg. »Liberdade por Zéca!« stand auf den Transparenten, die Charlotte, Nina, Mareike, Miriam und Tobias in die Höhe hielten. Einige Passanten blieben stehen, und manche schlossen sich der Demonstration auch an, denn alle, die mitmachten, kriegten Freibier. Das war Mareikes Idee gewesen. Als es keinen Nachschub mehr gab, war die Menschenmenge schon groß genug, um aus eigener Kraft für weiteren Zulauf zu sorgen.

Es sprach sich schnell herum, daß vor der Polizeistation eine Art Volksfest stattfinde, bei dem eine uralte weiße Frau auf einer Bierkiste stehe und Freiheit für einen gewissen Zéca fordere. Immer mehr Neugierige strömten herbei, zum Entsetzen des Kommissars.

Am Anfang hatte er noch laut krakeelt und vielleicht auch daran gedacht, abermals von seiner Waffe Gebrauch zu machen und wieder ein Loch in die Luft zu schießen. Aber dann hatte er sich in seiner Wache verschanzt und Verstärkung aus Espargos angefordert.

Aber die Verstärkung traf erst eine Stunde später ein und kam nicht dem Kommissar zugute, sondern Zéca, der auf höheren Befehl sofort auf freien Fuß gesetzt wurde. Für den Kommissar war es die schlimmste Demütigung seiner Karriere, doch für die Gerechtigkeit war es ein Sieg, der in die Dorfgeschichte einging. Zéca wurde gefeiert wie ein Volksheld und mußte mit so vielen Leuten anstoßen, daß er bald darauf sternhagelvoll war.

Zur bewunderten Lokalprominenz gehörte jetzt auch

Charlotte. Sie machte sich das zunutze, indem sie unter ihren weiblichen Fans gleich ein paar Spielerinnen für das Frauenteam rekrutierte. Wenig später war die Aufstellung komplett. Im Tor stand Heidi, in der Abwehr würde die viersprachige Dorfschönheit Neusa als Libera spielen und Nina als Vorstopperin, Rudschya und eine robuste Frau namens Isa wollten als Außenverteidigerinnen antreten, das Mittelfeld setzte sich aus Mareike, Ceu und Fernanda zusammen und der Sturm aus der Französin Julie, der Spanierin Ricarda und natürlich Miriam. Bei der Auswahl verließ sich Charlotte auf ihren Instinkt, aber sie verpflichtete auch noch ein halbes Dutzend Ersatzspielerinnen, die mit den anderen um einen Platz im Team konkurrieren sollten. »Und daß ihr mir heute nicht über die Stränge schlagt!« rief Charlotte, der Neusa als Dolmetscherin zur Seite stand. »Geht früh ins Bett, und schlaft euch aus. Der erste Trainingstag ist der schwerste. Und wenn eine von euch Guido sieht, soll sie ihm sagen, daß er noch sechs Tage Zeit hat, eine Mannschaft aus dem Boden zu stampfen, die es mit uns aufnehmen kann.«

Als Guido von Mareike erfuhr, welche Aufgabe seine Großmutter ihm zugedacht hatte, war es Mitternacht. In der *Bar Nada Ver* tobte der Bär, und Guido war in bester Partylaune, befeuert von vielen Bieren. »Okay!« rief er. »Okay! Macht euch auffas gefaßt! Wir schapielen ... spielen euch annie Wand! Ruckzuck!«

Aber als er zwölf Stunden später mit pochendem Kopfweh, unrasiert und unausgeschlafen zu seinem Haus ging, um den Schurken in Brüssel via E-Mail neue Geldforderungen zu stellen, war er nicht mehr ganz so zuversichtlich. Helle, scharfe Trillerpfeifenpfiffe, ausgestoßen von Charlotte, gellten über den Strand. Das Frauenteam

hatte das Training aufgenommen. Guido blieb stehen, runzelte die Stirn und zählte. Zwölf, fünfzehn, sechzehn – siebzehn Frauen machten Kniebeugen und Liegestütze nach Charlottes Kommando. Dann folgten Sprints, im tiefen Sand, über dreißig Meter Distanz, und immer wieder ertönte die schreckliche Trillerpfeife.
Es würde schwer werden, auch nur einen einzigen Mann zu finden, der bereit war, sich auf diese Weise schleifen zu lassen. Schon gar nicht von Guido, dem zukünftigen Spielertrainer. Aber gewonnen wurde schließlich immer noch auf dem Platz und nicht beim Training, sagte sich Guido und ging ins Haus. Gegen elf entschlossene, wenn auch untrainierte Männer wie ihn würde Charlottes Hühnerhaufen niemals bestehen können. Die kannten ja vermutlich nicht einmal die Abseitsregeln.

Im Training rannte Nina allen davon, und Mareike mußte sich sehr zusammenreißen, um nicht beleidigt zu sein bis in die dritte Generation. Immerhin hatte Mareike jahrelang gesurft und gejoggt und sich in jeder nur denkbaren Sportart versucht, während Nina allenfalls den Kochlöffel geschwungen hatte. Gerecht war das nicht!
»Du wirst unsere Geheimwaffe«, sagte Charlotte zu Nina. »In der ersten Halbzeit hältst du dich am besten noch zurück, bewachst die gegnerische Sturmspitze und sparst dir deine Kräfte auf. In der zweiten Halbzeit übernimmt Neusa die Bewachung, und du gehst in die Offensive. Darauf werden sie nicht gefaßt sein, daß auf einmal eine Wunderstürmerin nach vorne stößt. Vor allem mußt du dann Miriam entlasten. Ich will sie erst in der zweiten Halbzeit einsetzen. Um neunzig Minuten mithalten zu

können, muß sie leider noch ein bißchen wachsen. Sie soll sowenig wie möglich laufen und so oft wie möglich im gegnerischen Strafraum stehen. Am Anfang werden sie Miriam nicht sonderlich ernst nehmen, da muß sie besonders häufig angespielt werden. Und wenn die Kerle dann gemerkt haben, wie gefährlich Miriam ist, kann sie immer einen oder zwei Spieler an sich binden und dadurch für euch den Weg zum Tor freimachen. Ich frage mich allerdings«, fügte Charlotte nachdenklich hinzu, »ob Guidos Gurkentruppe überhaupt so viel Spielverstand hat, daß sich taktische Überlegungen lohnen. Ich halte es durchaus für möglich, daß die Tölpel einfach immer alle Mann hinter dem Ball herrennen und in einem dichten Pulk zu zehnt über den Platz hetzen, so wie Fünfjährige das machen. Es wäre gut, wenn wir das schon vorher etwas genauer wüßten. Ein bißchen Betriebsspionage kann jedenfalls nicht schaden ...«

Aber Guido wollte nicht verraten, wen er in sein Team berufen hatte, und er machte auch ein großes Geheimnis daraus, wann und wo er mit seinen Leuten trainierte. »Das geht niemanden was an«, beschied er Charlotte, als sie ihn danach gefragt hatte. »Wir sehen uns am Samstag auf dem Platz. Und dann wird meine Traumelf deinen Amazonenverein nach Strich und Faden auseinandernehmen. Es tut mir leid, dir das sagen zu müssen, aber du hast es ja so gewollt.«

»Ja, ja, red du nur«, entgegnete Charlotte, der die Heimlichtuerei verdächtig vorkam. »Wer wirklich gut ist, dem braucht vor Trainingsbeobachtern nicht bange zu sein.«

»Mir ist auch gar nicht bange. Aber wir trainieren eben nach den allerneuesten Konzepten. Das ist was anderes als der Turnunterricht, den du deinen Mädchen erteilst. Wir üben Freistoßvarianten und offensive Bewegungsabläufe ein, die bis jetzt nur echten Spitzentrainern bekannt sind, und ich wäre schön blöd, wenn ich mir in die Karten schauen ließe. Warte bis Samstag. Dann wirst du schon sehen, worauf du so neugierig bist.«

Doch kurz darauf verriet Tobias Miriam unter dem Siegel der Verschwiegenheit, daß er und die anderen aus Guidos Mannschaft am nächsten Nachmittag ab fünf Uhr auf einem kleinen Hartplatz am Dorfrand trainieren wollten. Miriam erzählte es sofort Charlotte, und die schickte tags darauf Nina und Mareike als Kundschafterinnen aus.

Sie nahmen ein Fernglas mit und gingen so früh los, daß sie schon um halb fünf an Ort und Stelle waren und so genügend Zeit hatten, sich einen Platz zu suchen, von dem aus sie das Geheimtraining unauffällig beobachten konnten.

Kurz nach fünf fuhr Guido mit dem Pickup vor. Nina und Mareike trauten ihren Augen nicht. Bis auf Tobias waren die Männer, die von der Ladefläche sprangen, allesamt reifere Semester – lauter dicke europäische Touristen, die ungefähr so sportlich wirkten wie nasse Sandsäcke.

»Das gibt's doch nicht«, murmelte Nina und stellte das Fernglas schärfer. »Er ist es! Er ist es wirklich!«

»Wer ist was wirklich?« fragte Mareike.

»A-Ypsilon-Mayer ist dabei!«

»Nein! Bist du sicher?«

»Kein Zweifel möglich. Sieh selbst!« Sie reichte Mareike das Fernglas.

»Tatsächlich ... kaum zu glauben ... also, ich möchte deiner Familienehre ja nicht zu nahe treten, aber ich fürchte, dein kleiner Bruder leidet seit neuestem an einer schrecklichen Geisteskrankheit.«

»Ja, sieht leider ganz so aus!«

Das folgende Training bestand darin, daß die Sandsäcke rund zehn Minuten lang einen schlaffen Kinderball hin und her kickten. »Reicht für heute! It's enough!« rief Guido dann, holte eine Kiste Bier aus dem Führerhäuschen und stellte sie auf die Ladefläche. »Let's have a drink! Here we go!« Mit diesen Worten verteilte er das Bier an die Männer.

»Ich faß es nicht«, sagte Nina. »Wenn Guido das da für Training hält, was macht er dann wohl erst, wenn er mit seinen Spielern feiern will?«

»Dazu wird er keinen Anlaß haben«, erwiderte Mareike. »Nicht mit diesen Fettwänsten! Komm, ich glaube, wir haben genug gesehen. Ich bin mal gespannt, was deine Oma dazu sagt.«

Charlotte geriet ins Grübeln, als sie den Bericht vernommen hatte. »Guido ist nicht unbedingt der hellste«, sagte sie, »aber daß er ein solcher Blödian ist, das erschüttert mich nun doch. Er kann doch nicht ernsthaft glauben, daß wir uns von irgendwelchen dicken, alten Biertrinkern vom Platz fegen lassen? Also, von mir hat der Junge das jedenfalls nicht, dieses Ausmaß an Vernageltheit. Das muß er wohl von meinem seligen Mann haben. Oder von der Vaterseite her. Oder er legt es darauf an, uns die Freude am Sieg zu verderben. Es ist ja keine Kunst, ein paar alte Herren mit dicken Bierbäuchen zu besiegen. Na, warten wir mal ab ...«

Nina kam es so vor, als ob die Tage immer schneller vergingen. Sie verbesserte ihre Fähigkeiten als Surferin, übte Doppelpässe mit Miriam, ließ sich gelegentlich durchs dörfliche Nachtleben treiben und war jedesmal todmüde, wenn sie ins Bett ging. Das Gefühl, in Zéca verliebt zu sein, war so still und leise vergangen, wie es gekommen war. Geblieben war Nina die Erfahrung, daß sie längst nicht so erwachsen war, wie sie gedacht hatte. Jedenfalls nicht immer. Doch wenn Erwachsensein bedeutete, daß es keine Überraschungen mehr gab im Leben, war sie gar nicht so wild darauf, als Erwachsene zu gelten. Irgendwann würde es ja wohl auch mal angenehme Überraschungen geben. Angenehmere als solche mit zwei langen Beinen, einem lasziven Augenaufschlag und dem Namen Enelda Fortes dos Santos.
Aber die konnte Nina jetzt sowieso gestohlen bleiben. Sie hatte Wichtigeres zu tun! Sie mußte ihre Kopfballstärke verbessern, Elfmeterschießen üben und lernen, wie man Bälle anschneidet. Charlotte war eine strenge, aber exzellente Lehrmeisterin und verstand es, den Ehrgeiz ihrer Schülerinnen zu wecken. Weiter angestachelt wurde er durch die Siegprämie, auf die sich Charlotte und Guido geeinigt hatten: Die Zeche für die Siegesfeier mußte vom unterlegenen Team beglichen werden. »Bei mir selbst fällt das nicht ins Gewicht«, sagte Charlotte ihren Spielerinnen. »Was kosten schon drei oder vier Eierlikörchen? Aber ihr seid noch jung, und ihr könnt was vertragen. Bei der Siegesfeier müßt ihr alles austrinken, was gut und teuer ist. Die Kerle sollen spüren, daß sie verloren haben. Und verlieren müssen sie. Ich will nicht, daß sich diese häßlichen Schluckspechte auf unsere Kosten besaufen. Ich will, daß wir gewinnen!«

Neusa gab sich alle Mühe, Charlottes Worte in die verschiedenen Sprachen zu übersetzen.
»Was heißt Sieg auf portugiesisch?« fragte Charlotte dann.
»Vitória«, sagte Neusa.
Charlotte holte tief Luft, reckte die Faust gen Himmel und schrie: »Vitória!«
»Vitória!« brüllten die Spielerinnen zurück.
Hier ging es ums Ganze. Wer das noch nicht gewußt hatte, erfuhr es durch gezielte Mundpropaganda. Charlotte hatte rechtzeitig daran gedacht, Schlachtenbummlerinnen anzuwerben, die das Frauenteam anfeuern sollten. Aber auch Guido hatte dafür gesorgt, daß seine Mannschaft nicht ohne Unterstützung blieb. Es gehe um die Ehre der Männerwelt, hatte er allen erzählt, von denen zu erwarten war, daß sie sich damit ködern ließen.
Am Samstag nachmittag umlagerten Hunderte den Bolzplatz, auf dem die Entscheidung fallen sollte. Die Bars im Dorf hatten zugemacht und dafür mobile Verkaufsstände am Spielfeldrand errichtet. Irgendwer – wahrscheinlich Guido, wie Charlotte annahm – hatte sich aus dunklen Quellen mehrere Trompeten beschafft und sie ans Publikum verteilt. Jetzt dröhnten von allen Seiten die markerschütternden Trompetentöne übers Feld.
Streit gegeben hatte es bis zuletzt um die Frage, wer die Partie leiten solle. Charlotte hatte dafür plädiert, daß es in der ersten Halbzeit ein Mann und in der zweiten eine Frau tun solle. Guido wollte es lieber umgekehrt haben – erst eine Frau und dann ein Mann. Am Ende hatte das Los entschieden und zu Guidos Gunsten ausgeschlagen. Das war bitter, aber nicht zu ändern.
Lange hatte Charlotte nach einer geeigneten Schieds-

richterin für die erste Halbzeit gesucht und sich schließlich für Miss Gregson entschieden. Es war ein glücklicher Umstand, daß sie aus Liebe zu Andrew Urlaub genommen hatte, auf der Insel geblieben war und für Guido offenkundig immer noch Angstschauer über den Rücken jagte. Ihr in aller Eile die Fußballregeln beizubringen, war eine Aufgabe, die Miriam freiwillig übernommen und bravourös gelöst hatte.

Guido wiederum hatte die Unverschämtheit besessen, als Schiedsrichter der zweiten Halbzeit den Dorfkommissar zu engagieren.

»Dann spielen wir eben gegen zwölf Versager statt nur gegen elf«, hatte Mareike gesagt. »Unser Tor treffen sie trotzdem nicht. Und wenn der Kommissar den Platz unbewaffnet betritt, müssen wir ja auch keine Angst davor haben, gleich umgenietet zu werden …«

Miss Gregson hatte sich für einen schwarzen Hosenanzug entschieden. Charlottes Team trug rot. Nicht allen Spielerinnen war es gelungen, das beste Schuhwerk aufzutreiben. Fernanda trug Treter von ihrem Freund, die zwei Nummern zu groß waren, Ricardas linker Schuh hatte vorne rechts ein Loch von beachtlicher Größe, und unter Rudschyas Adidas fehlte mehr als die Hälfte der Schraubstollen. Aber als die Frauen unterm Jubel ihrer Fans den Platz betraten und Aufwärmübungen machten, schien es gar nicht mehr so wichtig zu sein, ob die Stollenzahl zu klein war oder die Schuhnummer zu groß. Der Sieg lag zum Greifen nahe, obwohl das Spiel noch nicht einmal angepfiffen war.

Dann kam Guido mit dem Pickup angebrettert, bremste scharf, würgte den Motor ab, sprang nach draußen, klatschte in die Hände und schrie die Männer an, die von

der Ladefläche sprangen. Es war kein einziger dabei, der einen Bierbauch hatte.
Nina erkannte Zéca, Napoleon, Fritjof und Tobias. Die anderen sechs waren baumlange, athletische Kapverdianer, die Nina nie zuvor gesehen hatte. Es war verabredet worden, daß Guidos Team grüne Hosen und gelbe Hemden tragen solle. An diese Verabredung hatte Guido sich gehalten.
»Stimmt was nicht?« fragte Guido, als er gesehen hatte, daß Nina in der Nähe stand und vor Staunen den Mund nicht mehr zubekam. »Das ist meine Mannschaft. Einige davon kennst du ja schon. Die anderen sind gute Freunde von mir, die auf der einen oder anderen Nachbarinsel zu Hause sind. Willst du uns nicht mal begrüßen? Hast du Maulsperre?«
Inzwischen war auch Charlotte herbeigeeilt. Sie faßte Guido scharf ins Auge und zeigte auf die grün-gelb gekleideten Männer, die sich warm liefen. »Ist das dein Team?«
»Ja. Was dagegen?«
Charlotte runzelte die Stirn und wußte nicht, was sie sagen sollte.
»Liebe Oma«, meinte Guido und lief auf der Stelle, »wenn ich deinen Gesichtsausdruck richtig deute, bist du ein wenig erstaunt. Und wenn mich nicht alles täuscht, dann erstaunt dich vor allem die Tatsache, daß meine Mannschaft nicht aus lauter Dickwänsten besteht, sondern aus durchtrainierten jungen Männern. Richtig?« Er hielt inne und ging dann zu Dehnübungen über. »Das Training auf dem Hartplatz habe ich nur angesetzt, weil ich genau wußte, daß du nicht davor zurückschreckst, mich auszuspionieren. Tobias ist so nett gewesen, den Termin und den Ort des Trainings zu euch durchsickern

zu lassen. Es ist übrigens gar nicht schwer gewesen, mit einer Kiste Bier einige Männer zu ködern, die ein paar Minuten lang so tun sollten, als ob sie trainierten. Du hast ja schon immer gesagt, daß Männer korrupte Schufte sind. Wirklich, Oma, ich muß zugeben, daß du in dieser Hinsicht vollkommen recht gehabt hast.«

»Du«, sagte Charlotte, »du arbeitest mit schmutzigen Tricks!«

»Was denn? Ich?« Guido richtete sich auf. »Schicke ich vielleicht Spione aus, um irgendwas über die Taktik und die Trainingsgeheimnisse meiner Gegner zu erfahren? Nein, ich bin immer eine ehrliche Haut gewesen. Und ein fairer Sportsmann. Ich habe zehn gute Freunde mitgebracht und keinen einzigen Ersatzspieler, weil ich keinen brauche. Möge das bessere Team gewinnen!« Nachdem er das gesagt hatte, sprintete er zur gegenüberliegenden Außenlinie.

»Fahr zur Hölle, du Betrüger!« rief Nina ihm nach. »Ove tchok!«

»Das ist die richtige Einstellung«, sagte Charlotte. »Zur Hölle mit den Männern! Vitória!«

»Vitória!« brüllten die Frauen, und sie meinten es ernst.

»Ka b'sôt bibê!« brüllten die Männer zurück. *Nicht besoffen sein!* hieß das, und es kam so an, wie es gemeint war – als bodenlose Frechheit.

Dann pfiff Miss Gregson die erste Halbzeit an.

Die Männer ließen den Ball in der eigenen Hälfte kreisen. Julie und Ricarda gingen dazwischen. Napoleon leistete sich einen Fehlpaß, der bei Mareike hängenblieb. Sie verstolperte den Ball, er rollte zu Fritjof, und der wollte von der Strafraumgrenze zum Torwart zurückpassen,

legte aber etwas zuviel Wucht in den Schuß und erzielte ein bildschönes Eigentor.
Die Frauen brachen in Jubel aus. Sie lagen in Führung, und es waren noch nicht einmal hundert Sekunden vergangen. Besser hätte es kaum laufen können.
Aber diese Schmach wollten Guidos Männer nicht auf sich sitzenlassen. In der nächsten halben Stunde liefen sie Sturm, schossen aus allen Lagen und trafen alles, Latte und Pfosten und Galerie, aber nicht das Tor. Und wenn doch, warf Heidi sich dazwischen. Sie hatte sich von einer Fischersfrau nahezu pfannendeckelgroße Handschuhe anfertigen lassen und hielt einfach alles, einmal sogar mit letzter Kraft einen von Zéca extrem fies angezirkelten Freistoß, den das Publikum bereits im Tor gesehen hatte. In solchen Momenten hallte ein Stöhnen über die Insel.
Miss Gregson machte ihre Sache gut und mußte nur einmal die gelbe Karte ziehen, als Guido nach einem mißglückten Hackentrick einen Kraftausdruck benutzt hatte, den Miss Gregson als tabu betrachtete. Das Risiko, gegen die gelbe Karte Protest zu erheben und dann womöglich vom Platz gestellt zu werden, ging Guido nicht ein, obwohl er vor Empörung schäumte.
»Jetzt haben wir sie!« schrie Charlotte vom Spielfeldrand herein. »Vitória!«
Und tatsächlich gelang es nun Ceu, Julie und Ricarda, die gegnerische Abwehr auszutricksen. Auf einmal lief Ricarda ganz alleine mit dem Ball aufs Tor zu. Der Torwart, ein Mann von immerhin fast zwei Metern, breitschultrig wie ein Konzertflügel, stürzte ihr entgegen, aber Ricarda tunnelte ihn, und der Ball rollte zum 2:0 ins Netz.
Das war auch der Halbzeitstand.
»Bravo«, sagte Charlotte und verteilte Mineralwasserbeu-

tel an die Spielerinnen. Sie hatte einen hochroten Kopf. »Gut gemacht! Gudio hat gelb gesehen, und Fritjof schämt sich zu Tode wegen des Eigentors. Und ein Torwart, der getunnelt worden ist, hat kein Selbstbewußtsein mehr. Nina, du gehst mit nach vorne. Und ihr alle müßt jetzt Miriam unterstützen. Flache Pässe in den Strafraum! Wie wir's tausendmal geübt haben!«

Bevor der Kommissar die zweite Halbzeit anpfeifen konnte, mußte ein Mann, der zuviel getrunken hatte und mit einer wehenden kapverdischen Fahne über das Spielfeld lief, eingefangen werden.

»Ist das nicht A-Ypsilon-Mayer?« fragte Mareike.

Nina nickte. »Ebender. Hätte mich auch gewundert, wenn er zu Hause geblieben wäre.«

A-Ypsilon-Mayer wehrte sich mit Händen und Füßen gegen die Leute, die ihn abführen wollten, gab schließlich nach, trottete mit, riß sich dann wieder los, fiel nach ein paar Metern auf die Knie, machte die Kuntz-Säge und johlte irgendwas Entsetzliches auf hessisch. Danach wurde er endgültig überwältigt und entfernt.

»War das ein Fan von deinem Onkel?« fragte Rudschya.

»Nö«, sagte Miriam. »Nur ein Fan von Guido, und der ist nicht mehr mein Onkel. Der ist für die nächsten fünfundvierzig Minuten mein Todfeind!«

Schon gleich nach dem Anpfiff zur zweiten Halbzeit stellte sich heraus, auf wessen Seite der Kommissar stand. Er zeigte kurz nacheinander Isa, Mareike, Ceu und Julie die gelbe Karte, gewährte den Männern völlig grundlos Freistöße und hätte vielleicht noch öfter gepfiffen, wenn er seine Pfeife nicht von Miss Gregson bekommen hätte. Es war nicht zu übersehen, daß es den Kommissar

jedesmal einige Überwindung kostete, die bereits von Miss Gregson benutzte Pfeife zwischen die Lippen zu nehmen.
Als er nach einer harmlosen Rempelei zwischen Zéca und Neusa auf Elfmeter für Grün-Gelb entschied, reagierte das Publikum mit Buhrufen. Auch viele der bestellten Fans entzogen Guidos Team jetzt die Gunst und jubelten lieber den Frauen zu. Napoleon, der den Elfmeter mit einem unhaltbaren Schuß verwandelte, wurde mit Schmährufen bedacht.
Daß der Kommissar den Männern sogar ein Handspiel im Strafraum und mehrere grobe Fouls durchgehen ließ, trug den Frauen auch die Sympathie der letzten verbliebenen Fans des Männerteams ein. Doch es nützte nichts. Tobias erzielte mit einem brillanten Fallrückzieher den Ausgleich, und nach einem Steilpaß von Zéca brachte einer der Athleten von den Nachbarinseln Guidos Team mit einem Böllerschuß in Führung – aus abseitsverdächtiger Position, aber davon wollte der Kommissar natürlich nichts gesehen haben.
Es war Ninas innigster Wunsch, endlich einmal durchzubrechen und Miriam flach anzuspielen, aber immer wieder verlief sich der Angriff auf den Flügeln, und der Ball drellerte über die Außenlinie. Die Zeit verging. Plötzlich waren nur noch drei Minuten zu spielen, und es stand immer noch 2:3.
Dann spielte Neusa einen langen Paß auf Nina, scharf am Seitenaus entlang. Nina schaffte es, den Ball unter Kontrolle zu bringen. Sie spielte Fritjof aus, der seit dem Eigentor nur noch ein Schatten seiner selbst war, paßte flach in den Strafraum auf Miriam, aber was machte Miriam? Sie ließ den Paß an sich vorüberstreichen. Und das

war geradezu genial, denn hinter ihr hatte Julie freie Bahn und schlenzte den Ball ins rechte obere Toreck. 3:3.

Es war fast ein Wunder, daß Julie die Glückwünsche ihrer Mitspielerinnen ohne Quetschungen und Knochenbrüche überstand. Selbst Charlotte war auf den Platz gerannt und hatte sich an den Ausschreitungen beteiligt.

Der Kommissar pfiff die Begegnung noch einmal an und sofort wieder ab. Er konnte nicht mehr. Und er war es leid, sich ausbuhen zu lassen.

»Verlängerung!« keuchte Guido und sank zu Boden. »Auch das noch!« Mit dieser Möglichkeit hatte er nicht gerechnet. Er hatte gedacht, daß die Mädel der geballten Männerkraft nicht länger als fünf Minuten gewachsen wären. Gut, darin hatte er sich geirrt. Na und? Er stand wieder auf und ging auf Charlotte zu. »Und was jetzt?« fragte er. »Golden Goal?«

»Quatsch«, sagte Charlotte und massierte weiter Ricardas Unterschenkel. »Golden Goal, wo gibt's denn so was? Wir spielen noch zweimal fünfzehn Minuten, und wenn dann noch keine Entscheidung gefallen ist, gibt's Elfmeterschießen. Basta. Und Schiedsrichterin ist jetzt wieder Miss Gregson. Das versteht sich ja wohl von selbst.«

Aber in der halben Stunde der Verlängerung wollte kein Tor mehr fallen. Miriam traf zweimal knapp vorbei, und nach einer Ecke von Fernanda war schon ein Jubelschrei des Publikums erklungen, doch sie hatte nur das Außennetz getroffen. Auf der anderen Seite mußte Neusa einmal auf der Linie klären, und Sekunden vor dem Abpfiff lenkte Heidi nach einem akrobatischen Hechtsprung mit viel Glück und Fingerspitzengefühl einen gutgezielten Schuß von Napoleon zur Ecke ab.

Und dann war Schluß.
»Jetzt kommt's drauf an«, sagte Charlotte. »Ihr kennt die Spielregeln. Wir haben genau fünf Schuß. Und wir werden alle verwandeln! Vitória!«
Es ging Schlag auf Schlag. Rudschya traf, Napoleon traf. Ricarda traf und Zéca traf. Mareikes Gewaltschuß prallte an der Unterkante der Latte ab, ging dann aber doch noch ins Netz. Danach lief einer der Kapverdianer an. Er hieß Hercules und schoß Heidi bewußtlos. Der Ball hatte sie an der rechten Schläfe getroffen und trudelte dann neben das Tor.
Das Publikum war außer Rand und Band. Heidi wurde wachgetätschelt, mußte aber ersetzt werden. Rudschya erklärte sich bereit, als Ersatztorhüterin einzuspringen.
»Wie steht's denn jetzt überhaupt?« fragte Miriam und kaute auf allen zehn Fingern gleichzeitig.
»Drei zu zwei«, sagte Charlotte. »Jetzt sind wir wieder dran.«
Es war Isa, die als nächste antrat. Ihr Schuß war zweifellos unhaltbar, ging aber leider einen Meter über das Tor.
»Scheiße«, sagte Charlotte.
Nina bekam einen trockenen Mund. Sie war die letzte vom Frauenteam, die noch schießen sollte. Es stand immer noch drei zu zwei für die Frauen. Jetzt legte sich Guido den Ball auf dem Elfmeterpunkt zurecht. Wenn Guido trifft, dachte Nina, und wenn ich dann danebenschieße, steht es drei zu drei, und dann haben die Männer immer noch einen Schuß frei. Aber wenn Guido den Ball in die Wolken schießt, und wenn ich dann treffe, steht es vier zu zwei, und wir haben gewonnen.
Guido lief an. Rudschya sah ihm in die Augen. Sie fixierte nicht den Ball und nicht Guidos Füße, sondern seine Pu-

pillen, und sie legte allen Haß, den sie besaß, in den Blick hinein. Es war nicht viel, denn Haß war Rudschya fremd, aber es genügte, um Guido zu verunsichern. Er traf den Ball nicht richtig, und es war ein Kinderspiel für Rudschya, ihn aufzufangen.

Eine Leuchtrakete wurde abgefeuert. Das Publikum skandierte Sprechchöre, die Nina nicht verstand. Sie sah Guido mit hängendem Kopf vom Platz schleichen. Dann warf ihr jemand den Ball zu. Sie war dran.

Jetzt liegt es an mir, dachte sie und trug den Ball zum Elfmeterpunkt. Gerade eben war sie noch nervös gewesen wie ein Hemd im Durchzug, aber jetzt nicht mehr. Sie sah den Torwart unruhig zwischen den Pfosten umherzittern und wußte, daß sie gewonnen hatte, wenn sie sich nicht völlig blöd anstellte.

Blöd angestellt habe ich mich jetzt lange genug, dachte sie, als sie Anlauf holte. Drei Sekunden später sah sie, wie der Ball das Tornetz wölbte. Und dann brach der Jubel über sie herein.

Am Sonntag war das Dorf wie ausgestorben. Nur ein paar Hunde strichen durch die Straßen oder rannten über den menschenleeren Strand. Es wehte ein starker Wind (ein »geiler Hack« hieß so was in Mareikes Fachsprache), und er trieb hohe Wellen vor sich her, aber niemand surfte. Es war auch kein einziges Fischerboot hinausgefahren. Die Siegesfeier hatte sich bis zum Morgengrauen hingezogen, und die meisten, die an ihr teilgenommen hatten, brauchten noch Tage, bis sie wieder die alten waren. Wenn die Barbesitzer nicht erst tief in der Nacht auf die Idee gekommen wären, aufgrund der großen Nachfrage die Preise zu verdoppeln, hätten Guido und seine Teamkameraden wahrscheinlich eine Bank überfallen müssen, um die Zeche bezahlen zu können.

Die ungewohnte sonntägliche Stille hatte etwas Melancholisches. Aber als die neue Woche begann und langsam wieder Leben in das Dorf kam, hatte Nina nicht das Gefühl, daß die Melancholie verflogen war. Im Gegenteil, sie nahm zu, und zwar um so stärker, je näher der Abreisetag kam.

In Hamburg gab es nicht viel, worauf Nina sich freuen konnte. Es war höchst unsicher, was auf sie zukommen würde, wenn sie wieder zu Hause war. Sie wurde den Verdacht nicht los, daß ihr ein Kraftakt bevorstand, wenn sie jemals wieder eine rundum glückliche Frau werden wollte. Eine, die wieder so viel Ordnung in ihr Leben gebracht hatte, daß sie von Überraschungen nicht umgeworfen wurde. Aber von Ordnung in Ninas Leben konnte weniger denn je die Rede sein.

Am Abend des letzten Urlaubstags saß Nina allein auf der Terrasse. Auf der Suche nach fehlenden Strümpfen und Ringen und Pässen klabasterten Charlotte, Miriam und Mareike durchs Haus, und alle drei mußten noch mehrere dringende Telefongespräche führen, aber das mußte auch Guido. Sein tragbares Telefon ging schon seit dem späten Nachmittag wie ein Wanderpokal von Hand zu Hand.

Nina hatte ihre Sachen längst gepackt, sich dann ein Glas Wein eingeschenkt und sich damit auf die Terrasse verzogen. Es dämmerte. Jenseits der Gartenmauer war alles, wie es sein sollte. Das Meer rauschte, die Sterne blinkten, Liebespaare schlenderten über den Strand, und der

Wind transportierte gratis und gutmütig alle Wohlgerüche der Kapverden.
Doch von alldem nahm Nina nicht viel wahr. Sie sah ins Leere. Den letzten Schluck Wein hatte sie schon vor mehr als einer Stunde getrunken.
Mareike kam nach draußen. Ihr Gesicht war leicht gerötet. »Sitzt du gut?« fragte sie.
»Was?«
»Ich will nur nicht, daß du umfällst, wenn du die Neuigkeiten vernimmst. Ich habe eben meinen Anrufbeantworter abgehört. Mit Fernabfrage. Die mageren Jahre sind vorbei, mein Kind. Ich bin reich. *Steinreich.* Ein Großonkel hat mir seinen gesamten Immobilienbesitz vermacht.« Sie wartete auf eine Reaktion, aber es kam keine. »Was ist los mit dir? Hast du nicht gehört, was ich gesagt habe?«
»Doch, schon«, antwortete Nina matt.
»Und freust du dich gar nicht?«
»Doch, schon.«
»Doch, schon! Doch, schon! Ist das alles, was du zu sagen hast?«
»Nicht ganz. Ich habe ebenfalls Neuigkeiten.«
»Und? Schlechtere als meine?«
»Wie man's nimmt. Aber mach erst mal die Terrassentür zu.«
Mareike schloß die Tür. »Da bin ich ja mal gespannt. Also, was liegt an?«
»Ich glaube, ich bin schwanger«, sagte Nina.
Obwohl Mareike normalerweise ausgesprochen schlagfertig war, brauchte sie fast fünf Sekunden, bis sie begriff, was sie da gehört hatte. Und dann hätte sie Nina am liebsten ein halbes Dutzend Fragen gleichzeitig gestellt: *Seit wann? Von wem? Doch wohl nicht von Zéca? Woher weißt du*

das überhaupt? Bist du sicher? Soll ich dich zu Manuels Tante fahren?
Bevor Mareike entschieden hatte, welche Frage die wichtigste war und am dringendsten einer Antwort bedurfte, öffnete Guido die Terrassentür. »Tröstet mich mal«, sagte er und ließ die Schultern hängen. »Ich habe schlechte Nachrichten. Diese Schweine aus Brüssel haben mir nun doch noch den Geldhahn zugedreht. Ich hab's gerade erst erfahren. Jetzt muß ich wieder nach Deutschland und mir eine Arbeit suchen. Ohne Napoleon! Wie soll ich das bloß aushalten?« Er machte einen Schritt auf den Tisch zu, blickte ratlos in die Runde und schüttelte sich. »Warum sagt ihr denn nichts? Hat's euch die Sprache verschlagen?«
Nina suchte nach passenden Worten, fand aber keine.
Miriam kam auf die Terrasse, setzte sich zu Nina, legte den Kopf an ihre Schulter und sagte: »Papa hat gemailt. Er kann uns morgen nicht abholen. Er muß nach Brasilien fliegen und wahrscheinlich mindestens zwei Monate lang dableiben.«
Tiefes Schweigen folgte diesen Worten.
Dann steckte Charlotte den Kopf aus der Tür. »Was ist denn hier los? Große Vollversammlung im Klub der trüben Tassen?«

Ein Jahr später

Als sie die Autohupen hörte, unterbrach Frau Krüger die Gartenarbeit, stützte sich auf die Laubharke und lauschte. Kein Zweifel, das Hupkonzert wurde lauter, und die Autos kamen näher.

Es war eine ganze Kolonne. Vorneweg fuhr der museumsreife Käfer, der in letzter Zeit schon öfter drüben in der Einfahrt gestanden hatte. »Just married«, stand auf einem handgemalten, über die Heckscheibe geklebten Pappschild. An der Stoßstange hing ein Rattenschwanz scheppernder Blechbüchsen.

Na, das war ja mal ganz was Neues! Frau Krüger ließ die Harke los und pulte hastig ein Papiertaschentuch aus dem Strickjackenärmel, nahm die Brille ab, hauchte die Gläser an und wischte mit dem Taschentuch drüber, aber das nützte nicht viel.

Frau Krüger zwinkerte. Sie stellte sich auf die Zehenspitzen und spähte über die Rhododendronhecke.

Hauptsächlich Stangenanzüge, stellte Frau Krüger fest. Dafür hatte sie einen Blick, auf den sie sich auch mit beschlagener Brille verlassen konnte. Aber nicht alle Leute, die aus den Autos stiegen, hatten sich in Schale von der Stange geworfen. Manche trugen Räuberzivil, und ein paar waren aufgetakelt wie für eine Karnevalsparty.

Geheiratet schien jedenfalls die Frau mit dem Rotschopf zu haben. Und zwar den Schwarzen. Nun ja, warum auch nicht? Vielleicht war er ja Rechtsanwalt oder sogar Chirurg oder so was? Frau Krüger war seit elf Jahren bei einem

Urologen in Behandlung, der aus Ghana stammte, und hatte niemals einen Grund zur Klage gehabt.
Das kleine Mädchen, das immer sein Fahrrad im Vorgarten liegenließ, warf jetzt dem Bräutigam etwas an den Kopf. Etwas Weißes, das ein bißchen größer als ein Tischtennisball war. Und gleich noch so ein Ding. Batsch! Andere Zeiten, andere Sitten! In Frau Krügers Jugendzeit war bei solchen Anlässen noch mit Reis geworfen worden. Oder waren diese Wurfgeschosse vielleicht Kochbeutel mit Reis drin?
Frau Krüger zog die Handschuhe aus und lief ins Haus. Die Birkenblätter konnte sie auch später noch vom Rasen harken.
Es war nicht üblich in dieser Gegend, neue Nachbarn unangemeldet mit Besuch zu überfallen. Aber wenn sie eine Hochzeit feierten, durfte man ja wohl kurz rübergehen und Glückwünsche überbringen. Und bei dieser Gelegenheit ein paar Erkundigungen einziehen.
Nach dem Tod des alten Herrn hatte das Haus gegenüber monatelang leergestanden. Ab und zu waren Handwerker gekommen. Sie hatten hier und da neue Fenster eingesetzt und ein paar Dachpfannen ausgewechselt, waren aber hauptsächlich dadurch aufgefallen, daß sie bis tief in die Nacht im Haus das Licht brennen ließen, laute Musik hörten, lachten und mit Flaschen klöterten. Mit Bierflaschen, wie zu vermuten war.
Und dann, es mochte jetzt fünf oder sechs Wochen her sein, war drüben jeden Tag ein neuer Umzugswagen vorgefahren, vier Stück insgesamt, und es waren sechs Personen eingezogen. Oder sogar sieben, wenn man das Baby mitrechnete. Eine alte, aber noch sehr rüstige Dame, zwei junge Frauen, ein strohblonder junger Mann, der gleich

nach dem Einzug im Garten einen Brunnen ausgehoben hatte, und ein Schwarzer, der nur mit Pudelmütze und im Wintermantel vor die Tür ging. Und dazu der dunkelhäutige Säugling, ein Frühaufsteher, der die Angewohnheit hatte, spätestens ab drei Uhr morgens so laut zu brüllen, daß Frau Krügers Perserkatze sich jedesmal unterm Wohnzimmerschrank verkroch.

Zusätzlich untergraben worden war das Weltvertrauen der Katze durch die Streifzüge eines Hundes, der ebenfalls zum Haushalt der neuen Nachbarn gehörte. Es war ein Hund, der so aussah, als ob der eine oder andere seiner Vorfahren hoch oben auf Bäumen oder auch tief unter Tage beheimatet gewesen wäre. Von jeder Reinrassigkeit war dieser Vierbeiner jedenfalls Lichtjahre weit entfernt.

Frau Krüger zog sich um, frisierte sich, legte sorgfältig Make-up auf und zerbrach sich den Kopf, was sie dem Brautpaar schenken sollte. Sie ging in den Keller und stand wieder einmal ratlos vor dem Weinregal. Von allem, was Alkohol enthielt, bekam sie von Natur aus Sodbrennen, ob es nun Hustensaft war oder ein Spitzenwein. Zu Lebzeiten ihres Mannes hatte sie nie daran gedacht, sich mit seinem Weinkeller vertraut zu machen, und nun war es zu spät.

Sie zog auf gut Glück eine Flasche heraus – 1966er Romanée-Conti Grand Cru –, spülte den Staub ab, verpackte die Flasche adrett und trug sie zum Nachbarhaus, das von tollem Lärm erfüllt war.

Ob man die Klingel drinnen bei dem Radau überhaupt hörte? Frau Krüger drückte sicherheitshalber ein zweites Mal drauf.

»Guten Tag«, sagte sie, als die Tür geöffnet wurde, »ich

wollte nur eben ...« Aber mehr konnte sie nicht sagen, denn sie bekam einen Beutel Kochreis an den Kopf geworfen, und gleich danach drückte ihr der Bräutigam persönlich einen Kuß auf den Mund.

»Vitória!« brüllte irgend jemand.

Dann wurde Frau Krüger ins Haus gezogen, begrüßt, umarmt und weitergereicht. Sie wurde irgendwann die Flasche los, ließ sich ein Glas Champagner in die Hand drücken und kam erst wieder zu sich, als ihr in der Gartenveranda ein Stuhl untergeschoben worden war.

»Herrje«, sagte sie, nippte am Glas und stellte es ab. Ihr schwirrte der Kopf.

»Sie arbeiten zuviel«, meinte das Mädchen, das immer sein Fahrrad im Vorgarten liegenließ. »Wenn Sie wollen, kann ich für Sie die Blätter zusammenharken. Das kostet aber.«

»So? Wieviel denn?« fragte Frau Krüger.

»Sieben Euro die Stunde. Oder vierzehn Mark, wenn Ihnen das lieber ist.«

»Ein stolzer Preis.«

»Wir sind hier auch stolze Leute.«

»Ja, das sieht man. Darf ich fragen, wie du heißt, bevor wir die Tarifverhandlung fortsetzen?«

»Miriam. Und Sie?«

»Wilhelmine Krüger. Angenehm.«

Die beiden gaben sich die Hände. Miriam setzte sich auf den wackligen Klavierschemel, den Guido auf dem Flohmarkt gekauft hatte. Zu einem Klavier hatte es noch nicht ganz gereicht, aber der Schemel war ein guter Anfang.

»Wollen Sie wissen, wer hier wer ist?« fragte sie.

»Wieso? Sehe ich so aus?«

»Ja«, antwortete Miriam.

Frau Krüger dachte nach. »Kostet das wieder was?«
»Nur einen Zehner.«
»Mark oder Euro?«
»Mark.«
»Aha. Kann man bei dir auch anschreiben? Ich hab mein Portemonnaie nicht hier.«
»Okay«, sagte Miriam und angelte sich zwei Riesenscampi vom Freßtablett auf dem Verandatisch. »Mit wem soll ich anfangen?« Sie legte den Kopf in den Nacken und ließ sich die Scampi schmecken.
»Du könntest doch zum Beispiel mit dem Brautpaar anfangen. Ich meine, wenn du mit dem Essen fertig bist.«
»Das geht auch so«, sagte Miriam und kaute. »Die Frau, die Sie da vorne sehen, die mit dem verschmierten Lippenstift, ist die Braut. Mareike. Das ist eine Freundin von meiner Mutter.«
»Ach? Und wer ist deine Mutter?«
Miriam sah sich um. »Das ist die auf der Sofalehne.«
»Interessant! Und wer ist dein Vater?«
»Der ist nicht hier. Der ist in Brasilien geblieben.«
An dieser Stelle hätte Frau Krüger ein paar Zusatzfragen gehabt, aber sie war von Jugend auf zur Sparsamkeit erzogen worden. Sie wollte sich lieber erst einmal die Anwesenden vorstellen lassen, bevor Miriam auf die Idee kam, neue Geldforderungen zu erheben. »Und die ältere Dame da hinten? Die gerade einen Eierlikör trinkt?«
»Das ist Oma. Meine Urgroßmutter. Aber Sie müssen Charlotte zu ihr sagen, sonst kommt sie sich zu alt vor und beißt um sich. Sie ist übrigens gerade zum zweitenmal Urgroßmutter geworden.«
»Ach nein?« Frau Krüger griff nach ihrem Champagnerglas. »Erzähl!«

»Erzählen kostet extra.« Es war Miriams fester Wille, sich so bald wie möglich ein neues Paar Rollerblades zu kaufen. Vierzig Mark hatte sie schon gespart. Sie hatte befürchtet, bis nächstes Jahr Weihnachten weitersparen zu müssen, aber aus der Neugier dieser Nachbarsfrau ließ sich vielleicht noch so viel Kapital schlagen, daß der Kauftermin blitzartig um Monate näher rückte.

Frau Krüger nahm einen großen Schluck Champagner. »Einverstanden. Noch ein Zehner, wenn du mir nicht nur verrätst, wer hier wer ist, sondern mir noch ein bißchen mehr erzählst.«

»Soll ich wieder anschreiben?«

»Ich bitte darum.«

»Wie Sie wollen. Also, meine Urgroßmutter ist zum zweitenmal Urgroßmutter geworden, als meine Mutter eines Töchterleins genas.« Diesen Ausdruck hatte Miriam in einem vergilbten Kinderbuch aus Charlottes Beständen aufgeschnappt und benutzte ihn seit neuestem ziemlich oft. »Tja. Wie gesagt, meine Mutter genas eines Töchterleins, und Napoleon ist der Vater.«

»Napoleon? Wer ist das denn nun schon wieder?«

»Sie sind ganz schön neugierig, finden Sie nicht?«

Frau Krüger fegte sich imaginäre Krümel vom Schoß. »Ich bin in der Kirchengemeinde aktiv«, sagte sie, »da zeigt man Interesse an seinen Mitmenschen!«

»Verstehe. Also, Napoleon ist der, der heute Mareike geheiratet hat. Da hinten steht er. Vor der Standuhr. Der mit den Rastazöpfen.« Miriam deutete mit einem fettigen Zeigefinger ins Wohnzimmer.

So schnell kam Frau Krüger nicht mit. »Moment mal. Du sagst, dein Vater ist in Brasilien?«

Miriam nickte.

»Und deine Mutter hat jetzt ein Kind von Napoleon?«
»Richtig. Lili. Meine kleine Schwester. Niedlich, aber laut.«
Abermals trank Frau Krüger vom Champagner und sah Miriam dann fest in die Augen. »Aber geheiratet hat Napoleon doch die Freundin von deiner Mutter?«
»Ja, weil er sonst keine Aufenthaltsgenehmigung gekriegt hätte. In Wirklichkeit ist Napoleon mit Guido verlobt.«
»Guter Gott! Und wer ist Guido?« fragte Frau Krüger atemlos.
»Mein Onkel. Der Bruder von meiner Mutter. Dem das Hemd hinten aus der Hose hängt.« Miriam wies mit dem Daumen in die Richtung, wo Guido stand.
Frau Krüger hatte sich von ihrem Höflichkeitsbesuch Aufklärung über die undurchsichtigen Familienverhältnisse ihrer Nachbarn erhofft. Jetzt wußte sie zwar sehr viel mehr als noch vor zehn Minuten, aber undurchsichtig war das alles immer noch im höchsten Maße. »Und ihr lebt hier jetzt alle unter einem Dach?« fragte sie.
»Ja, das war eine geniale Lösung für sämtliche Probleme. Mamas Freundin hat die Hütte hier geerbt, als mein Onkel arbeitslos geworden ist und kein Wasser mehr auf den Kapverden suchen durfte. Und Oma Charlotte ist die Wohnung gekündigt worden, wegen Eigenbedarf, mein Vater ist mit einer Brasilianerin nach Rio de Janeiro ausgewandert, und Napoleon ist bei uns eingezogen, in die alte Wohnung, aber nur für einen Monat, und dann hat Mareike die Idee gehabt, daß sie Napoleon doch heiraten kann, damit er in Deutschland bleiben darf. Mama hat sich einen neuen Job gesucht und auch einen gefunden, bei einer Golfzeitschrift, obwohl sie von Golf überhaupt

keinen Schimmer hat, doch sie hat gesagt, das macht nichts, und sie ist schon in Amerika gewesen, bei den US Open, aber jetzt hat sie Mutterschaftsurlaub. Sie hat zuerst Angst davor gehabt, daß Guido sauer ist, wenn rauskommt, daß sie das Kind von Napoleon hat, aber Guido hat vor Freude auf dem Tisch getanzt. Er wollte schon immer mit Napoleon ein Kind haben, und da konnten wir ja auch gleich alle zusammenziehen. Mareike arbeitet jetzt in der Werbung. Zuerst hat sie ja gedacht, daß sie nie mehr arbeiten muß, weil sie soviel geerbt hat, aber sie hat nur das Haus hier geerbt, und da muß noch 'ne Menge Arbeit reingesteckt werden. Guido hat rausgefunden, daß der ganze Dachstuhl schief ist und neu gemacht werden muß. Guido ist Ingenieur. Er hat jetzt eine Halbtagsstelle bei einer Firma, die Meerwasser mit Windenergie entsalzen will. Und wenn Lili aus dem Gröbsten raus ist, will Napoleon Tourismus studieren. Aber Oma hat gesagt, das kann noch dauern. Oma ist in das Kaminzimmer eingezogen, das zum Garten rausgeht. Mein eigenes Zimmer ist ganz oben. Wollen Sie sonst noch was wissen?«
Nein, mehr als das konnte Frau Krüger an diesem Tag nicht aufnehmen. Ihre Festplatte war voll.

Um drei Uhr morgens waren alle schlafen gegangen, bis auf Nina, Mareike und Mareikes tüddelige Patentante Waltraud, die nie so recht wußte, ob sie schlief oder wach war und ob ihr noch jemand zuhörte oder nicht. »Wenn er mal fremdgeht, Mareike«, erklärte sie zum achten- oder elftenmal, »dann sag dir einfach, das sind die Hormone. So sind sie nun mal, die Männer.«
Mareike ignorierte das. Sie hatte schon vor Stunden auf

Durchzug gestellt, was Tante Waltrauds Belehrungen betraf.

Auf dem Wohnzimmertisch brannte ein letztes Teelicht. Nina seufzte zufrieden. »Mareike, hättest du vor einem Jahr gedacht, daß das alles noch mal so ein gutes Ende nimmt?«

»Wieso Ende? Jetzt fängt der Spaß doch erst richtig an. Das ist immer so in der Hochzeitsnacht.«

»Und? Hast du dir die so schön vorgestellt?«

»Nicht einmal im Traum«, erwiderte Mareike und mußte so fürchterlich gähnen, daß sie sich fast den Unterkiefer ausgerenkt hätte. »Wie es aussieht, werde ich wohl auch die Flitterwochen ohne meinen neuen Mann verbringen ...«

»So? Und wo?«

»In Love Mi Not.«

»Klingt ja nicht gerade wie ein Flitterwochenziel. Wo soll das denn sein?«

»In the middle of nowhere. Auf Madagaskar. Love Mi Not ist ein Geheimtip unter Surfern, ein Spot, den noch so gut wie keiner kennt. Von den Profis sind nur Jason, Renaud, Furuya und noch zwei oder drei andere schon mal dagewesen, und Renaud soll dort den höchsten Aerial aller Zeiten gesprungen sein. Mit geschlossenen Augen. Haie gibt's da auch. Und Schildkröten.« Mareike grinste. »Genau das richtige für eine gelangweilte Ehefrau wie mich.«

»Und wo nimmst du die Zeit her? Ich denke, du stehst bei dieser Werbefirma unter Vertrag?«

»Ja, genau. Und jetzt bereiten wir einen Werbespot für Waveboards vor, der in Love Mi Not gedreht werden soll. Ich fliege nächste Woche hin.« Mareikes Blick fiel auf das Etikett einer leeren Rotweinflasche, die auf dem Tisch stand. »Donnerwetter! Warum sagt mir keiner was, bevor er so was niedermacht?«

»Wieso? War da was Besonderes drin?«

»Allerdings. Das war ein Romanée-Conti Grand Cru. Noch älter als ich! Einer der teuersten Rotweine der Welt! Welche Sau hat den ausgesoffen?«

»Guido wahrscheinlich. Der war gut dabei heute abend.«

»Ich werd nicht mehr«, ächzte Mareike. »Da tausche ich aus reiner Menschenliebe mit Napoleon die Ringe, nur damit Guido nicht vor Sehnsucht sterben muß, und was macht er, der Halunke? Er gluckert mir einen 66er Romanée-Conti Grand Cru vor der Nase weg! Das war doch garantiert ein Hochzeitsgeschenk! Weißt du, wer das mitgebracht hat?«

Nina zog die Brauen hoch. »Nö, weiß ich nicht. Oder warte mal! Unsere Nachbarin war das. Frau Krüger. Von gegenüber. Die soll ein ziemliches Tratschmaul sein, hat Miriam mir erzählt.«

»Ausgeschlossen«, sagte Mareike. »Wer solche Weine verschenkt, der kann kein schlechter Mensch sein.« Sie stellte die Flasche weg und zündete sich eine Zigarette an. »Ich glaube, diese Nachbarin sollten wir uns warmhalten.«

»Das sind die Hormone«, warf Tante Waltraud ein und saugte an ihrer Unterlippe. »So sind sie, die Männer. Alle miteinander!«